塔湖·書
TOWER LAKE BOOK

主　编　潞　潞　孙俊峰
编　著　刘一豪　全　斌
编　委　潞　潞　孙俊峰　朱晋平　刘新华　孙铭洽　赵　锋　仝十一妹　骆冰兰　韩沛奇
苏　婧　何　欢　杜　萌　张　霞　张　璇　张芳莲　张建军　张　月　董　娟
董　霞　董树萍　董润泽　陈继东　范永慧　刘　听　刘一豪　刘　颖　刘明星
刘　芳　钱　芳　韩　炜　王　沅　王娜娜　王永清　王玉萍　高　燕　翟惟一
赵春梅　杨霞芬　杨秀萍　李彦琪　李春花　李文荣　许艳秋　黄瑞霞　贾杨玉
李媛媛　宋献惠　王少霞　王桂平　裴志彬　焦天兰　孙素斌　冯素红　李　静
陈立伟

13

Reading plan

一生读书计划

地理与旅游书架

主　编 - 潞　潞　孙俊峰
编　著 - 刘一豪　全　斌

山西出版传媒集团　山西教育出版社

目 录

和作者一起漫游世界

追寻失落的远古文明

探求中华文明之根

地理学的大学问

善待我们的地球母亲

再　序 |

阅读，感受喜悦

▨潞潞

听编辑说这套丛书即将再版，这真是一个好消息，甚至多少让我有些意外。四年前，《一生读书计划》问世之际，正是电子书及各种线上阅读对传统纸媒大举倾覆之时，形势不可谓不严峻。作为主编，我知道这套丛书的编撰和运行已然跨过四个寒暑，团队集中了各个学科的优秀学者和编辑，他们日复一日为这套丛书贡献着思想和体力。我担心这么好的一个选题能否实现，更隐隐担忧它问世以后的命运。幸运的是出版者毅然决然坚守初衷，这套丛书如期和读者们见了面。

编辑当初，我们即预想到这套书不会“大红大紫”，因为这不是为市场流行制作的，并不企图为此赚个“盆满钵满”，这应该是为读书人和爱书人准备的一份礼品，符合他们的心意就好，是他们心头一条长久流淌的清澈的溪水。让人欣慰的是，尽管互联网时代大潮凶猛，阅读平台和阅读方式呈现种种演变，但万变不离其宗，纸媒阅读说到底还是阅读的“根儿”，不可能被不断翻新的花样所取代。《一生读书计划》能够再版，表明了读者的认可，表明了这套丛书的生命力。读者的不离不弃，是对我们最大的厚爱和奖赏。

《一生读书计划》到读者手里已经四年了，其间不断有一些反馈，比如，一些重要的作家或作品漏选了，一些新的更有时代感的作品需要补充，一些观点不够严谨需要商榷，等等。为此，再版时梳理了这些反馈，并做了补充和修订，以便尽可能使其完美，尽可能让读者满意。

既是作者又是读者的最著名爱书人博尔赫斯说：“身为读者的喜悦是超乎作者之上的，因为读者不需要体验种种烦恼焦虑：读者只要感受喜悦就好了。”作为编者，此时，我们的喜悦也是不言而喻。

2016 年 5 月

总　序 |

阅读，一种可能的生活?

潞潞

四年前，这套书的策划者孙轶女士跟我探讨是否有这种可能，像搞一个图书超市或图书馆那样，里面分门别类摆放着若干书架，读者可以根据自己的需求想看什么看什么，广告语似乎可以是：只要抽出你想看的，其余由我们来做。当然这是戏说，后来的广告语那要精彩得多。

开始，我觉得这个想法有点像读书指南，好像别人有搞过的。但是孙女士坚持她的想法，且让我听来和以往那些读书指南很是不同，尤其她把这套丛书命名为“一生读书计划”，不仅仅是读书，还涉及人生、涉及人的一生该如何度过。这可不是一个读书范畴的问题了。

想想，人生和读书还真是一个越来越掰不开的事儿。现代人如果从七岁读书算起，这是晚的，许多孩子两三岁读书都不稀奇。幼儿园、小学、中学、大学、硕士、博士、博士后，成人教育，个人爱好，一直到七老八十老眼昏花，皓首穷经、手不释卷，人之一生何其短暂，而读书生涯又何其漫长。说一生读书，一点都不夸张，孙女士要把一生读书做个规划，不是件容易的事。

转眼间，这套丛书已然堂皇矗之，付梓而出。对此让人不禁肃然起敬。当初孙女士热情邀请我做主编，我很是惶然，因为我只是个褊狭的读者，最多能在有限范围内说点话。好在有诸位学者和专家的参与，他们以专业眼光和判断力遴选出各类佳作，毫不吝惜贡献出自己的学识和睿见。

这是一个庞大的工程，大致分为两大系列，纵向看有“小学生书架”“中学生书架”“大学生书架”“女性书架”等，横向看有“经济书架”“国学书架”“法律书架”“文学书架”等，且可以一直繁衍下去。其纵横交错，编织细密，既像一张大网，把茫茫书海里有价值的真金白银捞取上来，又像一张巨细无遗的地图，古今中外、东西南北无不覆盖，给读书人以路标和方向，亦使胃口不同的读者拥有了可选择的佳肴。

中国古代有成语曰：“汗牛充栋”“学富五车”，以谓书之多，其实就是一堆刻了字的竹片儿，放到现在，大概连一个小芯片也存不满。多即是少，少即是多，少有少的难处，多有多的麻烦。“文化大革命”期间书遭劫难，我曾连夜手抄一本借来的诗集，不知东方之既白。现在多少人却在书市中四顾茫然，面对滚滚书海不知所措。套用莎士比亚的话，选择，还是选择，是个问题。

我是一个褊狭的读者，谁都可能是褊狭的读者，这是人的个性使然。书也有书的个性。把这么多的个性统一起来，然后各取所需其乐融融，难于蜀道之难。比如有人喜欢“经典”、有人为了“实用”、有人贪图“好看”，怎样在三者上找到平衡点，始终让编者们颇费踟蹰。有本书给了编者很好的启示，这本书叫《苏菲的世界》，你可以说它是小说，也可以说是哲学。人们想象中，哲学该是多么枯燥乏味，许多读者为此却步。但这本书里，从古希腊哲学到西方的中世纪、文艺复兴、浪漫主义、弗洛伊德等等，都通过一个小女孩爱丽丝漫游仙境般的故事娓娓道来。作者乔斯坦·贾德是挪威一个高中哲学教师，大概他对中学生讲授哲学之难有深切体会，所以写出这样一部融艺术与哲学、通俗与深奥为一体的书来，他也因此成为一位知名作家。此书自 1986 年出版以来，销量达几百万册，成为全世界的畅销书。

比如，在“文学书架”里，人们耳熟能详的《红楼梦》等未选入，而入选了一些不那么艰深、名气也不够大的书，它们可能是一般读者更感兴趣的。按照法国符号学家罗兰·巴特的观点，供市场消费的通俗小说应该排除文学之列，我个人同意罗兰·巴特的说法，但在编这本书的过程中，我还是赞同那种更宽泛的做法，即将很多通俗小说之类也摆进了文学书架。我们最终还是要相信读者，经典不会因为通俗而消失，阳春白雪和市场并非不能共存。

我的一位朋友曾在文章里问：阅读是一种生活吗？他说不知道。其实很多人愿意在书斋里度过一生，只是没有这种幸运而已。阿根廷作家博尔赫斯八岁时写出第一篇神话故事，此后一生都在读书和写书中度过，当他成为国家图书馆馆长时已经双目失明，这是他的宿命。尽管如此，他仍然继续买书，充实他的私人书架。他甚至断言：世界就是一本书。

我个人觉得，阅读起码是一种生活方式。人生虽然短暂，但消磨起来，也有许多空虚，读书不失为一种好的选择。再者，中国人一向注重传统，书本中尽是前人的经验和智慧；中国人注重人际关系，读书恰恰可以调整和疏离过于亲密和庸俗的人际来往；中国人向往城市化和现代化，岂不知在行囊里夹带一本书正是一个现代人和都市人所必备的。读书往小里说是一种个人生活方式，但连锁起来就可能成为一个民族的生活方式，而且可能内化为民族性格和精神。

阅读为什么不能成为一种生活呢？虽然它可能是奢侈的。

2011 年 8 月

前 言

“一生读书计划”丛书之《地理与旅游书架》为地理学研究者和广大旅游爱好者重点推介了80本最适合他们阅读的古今中外优秀经典地理读物以及大量的参考阅读书目。

地理，一个古老的话题。毋庸置疑，地理环境与人类的生存与发展息息相关，人类从诞生之初就一直与之打交道。古往今来，关于地理的著作可谓汗牛充栋，数不胜数。其中既有异彩纷呈的精美游记，又有影响深远的经典著作；既有生动灵活的文学笔记，又有精密严谨的科学论证……

读万卷书，行万里路。从某种意义上说，读书是行路的前提，读什么书、怎么读书将决定一个人的成败。我们本着披沙拣金、宁缺毋滥的原则，从众多地理与旅游方面的著作中精选了80篇介绍给读者朋友，希望对您有所裨益。

在本书中，我们首先将带领您和作者一起漫游世界。从国内到国外，从古代到近现代，从单一视角到多视角，跟随着众多的经典游记中作者的脚步，我们将领略到世界各地的自然之美、文化之美和人文之美。

接下来，我们将来到历史与现实的交接点，从埃及、庞培、马雅等废墟中追寻失落的远古文明，揭开失落的远古文明的面纱，使之完整地展露在读者面前。随后，我们将着重探求中华文明之根，从宏观和微观两个角度深入探讨中国的自然地理与人文地理。

最后，我们将回到地理学本身并探讨如何善待我们的地球母亲。地理学不等同于地理，其本身就是一门大学问，而这一学问的落脚点和归宿就是如何保护我们的地球母亲，使她不再伤心流泪。

“地理学不同于其他自然科学，它源自行动，而且是富于冒险色彩的行动，对足不出户的人有着莫大的吸引力。他们喜欢在想象中历经风雨闯世界，一如囚徒在铁窗后面想象着自由的生活——人类珍爱的自由生活中那一切艰辛困苦和危险。”康德拉在《关于地理学和一些探险家》中如是说。正因为如此，在生活节奏日益加快、社会竞争日益激烈的今天，地理和地理学的价值和意义才更加凸显。

这是心灵的一片净土，这是灵魂的一泓浅湾，相信读者朋友能从这里寻觅到属于自己的一片天地。

和作者一起漫游世界

《沿着古代中亚的道路：斯坦因哈佛大学讲座》

〔英〕奥里尔·斯坦因　著

关于作者

奥里尔·斯坦因（1862—1943），匈牙利犹太人，21岁便取得东方语言博士学位的他注定是一个不平凡的人。崇拜亚历山大和玄奘的他并不甘心于只做一个普通的大学校长，在英国和印度政府的支持下，他开始了多次深入亚洲腹地的中亚大冒险。

1900年他初次来到大漠这片神秘土地时，发现了和田地区的尼雅遗址。1906年他第二次来到中国时，不仅发掘了古楼兰遗址，还深入河西走廊，在敦煌长城沿线挖出大量汉简，又打开了敦煌莫高窟藏经洞。他以唐僧之徒为名，从无知的王道士手中骗取了24箱敦煌古写本和五大箱精美的绢画、丝织品，这便是历史上著名的敦煌骗宝之事。这些收获极大地鼓舞了斯坦因，1913年他进行了第三次中国西部探险，除了发掘出黑城子和吐鲁番等遗址外，又再次从王道士手中骗取了570余本敦煌写本，这些写本多为王道士所整理的完整长卷，具有极高的学术价值。最后他结合这三次大冒险写出了《沿着古代中亚的道路》这一通俗著作，该书对他的发现作了全面而详细的阐述。

斯坦因所得文物全部被运往英国和印度等地，造成了中国文物的大量外流。鉴于此，当斯坦因在1930年第四次申请进入中国时，遭到了南京政府的拒绝和中国学术界的联合抵制。虽然他是20世纪上半叶享誉世界的考古探险家和东方学学者，但对于中国人而言，他也是一个臭名昭著的文物大盗。因为他这种不分国界随心所欲的探险活动使汉唐时期大量重要遗迹和遗址遭受了严重破坏，所出遗物也被席卷一空。但他却因此开启了敦煌学。他总结自己探险经历所写出的专著，也代表着当时最高的研究水平。

荐读理由

著名东方学大师季羡林曾说："世界上影响深远的文明体系有中国、印度、伊斯兰和希腊四个，这四大文明唯一的一个交会点，就是敦煌和新疆地区。"然而，对敦煌人文地理文化最有发言权的却不是中国人，而是被国人称为"文物大盗"的斯坦因。这个匈牙利人在勘探了多处西域文明遗址的同时，掠夺了大量宝贵文物，在获得千秋骂名的同时，也成为研究新疆地区古代文明的世界权威。

借着哈佛大学校长邀请他在波士顿罗维尔研究院作学术讲座的机会，斯坦因把他过去的游历和考古探险的发现作了一次系统性的整理，促成了这本书的诞生。此书概述了斯坦因在中国新疆和亚洲腹地及其相邻地区的探险考察经过，是一本老少皆宜的通俗读物，为广大非专业读者打通了探寻这些地区悠久历史的一条道路。沿着斯坦因的足迹，我们在大漠中一路走来，翻越西部令人畏惧的高山，在尼雅、安迪尔、米兰、古楼兰等古遗址流连忘返，在长城沿线发现那深埋在地底的秘密。从湖泊到盆地再到河流与洞窟，斯坦因为我们展现了辽阔西域的全景。

此书关于中亚地区的叙述为人们对这一区域历史文明的研究提供了新的视角。全书内容简明扼要，对于中亚历史上各种问题也有着自己独到的见解，并得到了学界的基本认同，是我们了解西域及20世纪中国西部探险情况不可多得的佳作。

巫新华翻译的这部著作可以说是斯坦因此前探险分册的浓缩精华版，有了向达的译本为蓝本，巫新华翻译得更加如鱼得水。书中配有大量精美的巨幅插图和斯坦因当年拍摄的珍贵照片，为读者还原了一个真实而具体生动的神秘西域。

除此之外，这本书的写作背景所附带的那段历史故事也为它增添了一层神秘的色彩。作为一位深入探寻古敦煌秘密的考古学家，斯坦因在他的旅程中究竟有怎样不为人知的发现？同时，作为一个大量劫掠中国文物的文物贩子，斯坦因又偷走了中国多少珍贵的文化宝藏？在斯坦因的大冒险中，他的目的是仅仅局限在发掘遗迹和文物方面，还是另有所图？在他冒险的背后还隐藏着怎样的不可告人的动机？对于这些问题，读者将在本书中一一得到解答。这解答不仅来自于译者巫新华精彩的中译本序言，更来自于斯坦因原文的字里行间。细细咀嚼，读者将发现其中大有可玩味之处。而为什么中国这样一个泱泱文化大国，在西域文物发掘和保护方面竟会被斯坦因这样一个来自遥远国度的外来者抢了先机，这也是读者在掩卷之后应该深思的问题。

先睹为快

考察进行的地域范围西到阿姆河［Amu Darya，即古Oxus（妫水）］，东抵中国本部的新疆省。那里无论是崇山峻岭，还是滴水俱无满目黄沙的荒漠，在漫长的历史舞台上都曾占据过十分重要的地位。那里是古代印度、中国以及希腊诸种文明相互交流融合的通道。这种交流融合，曾经历时数百年甚至更久，从而构成了人类文化史上光辉灿烂的篇章。

很明显，这是一个正在等待我们开发的新奇而无比珍贵的古代文化宝库。在亲手触摸到它之后，我的心情由刚开始几个小时的愉快和兴奋，变得极为丰富和复杂起来。王道士自从被我们用心开导之后，便十分热心地把那些举世仅见的古代写本文书卷子一捆又一捆地从密室中抱出来交给我。在这里，我不想讨论他的这种热心真诚与否，仅说说我从这些新拿出来的卷子中获得的新发现。如此之多的古代藏文写本呈现在我的眼前，有整卷整卷的长卷，也有一包一包的贝叶写本，它们全部都是古藏文佛经。毫无疑问，这些古代藏文经卷应该是古代西藏吐蕃人占据这片地区时遗留下来的写本，大致年代应该在8世纪中叶到9世纪中叶。

8月27日，我决定在此地休息一天。当日阳光照耀湖滨，湖面波光粼粼，冰冷的微风从将近14 000英尺高处的山地湖岸吹送过来，虽然异常寒冷，但是空宇澄明，旭日当空，感觉却很爽快。早晨温度计的温度最低降到华氏表冰点以下12度。四周一片岑寂，丝毫没有古往今来人们在此地频繁活动的扰乱痕迹，这种平静，很易使人忘却岁月的流逝，我的眼前不由得浮现出古代大旅行家百折不挫、义无反顾地行进于这里的身影。万千感慨，一时俱集。

延展阅读

《亚洲腹地旅行记》

〔瑞典〕斯文·赫定著。

本书记录了瑞典探险家斯文·赫定与斯坦因在同一时期展开的亚洲腹地探险之旅，用跨越时空的文字和图片为读者再现了当年的驼铃、海洋、庙宇和宝库，也再现了他们在塔里木河流域、西藏东部和戈壁滩上死里逃生、惊心动魄的故事。本书出版后取得了巨大的成功，被译成几十种语言，影响了几代读者。

《旅途日记五种》

叶圣陶　著

关于作者

叶圣陶（1894—1988），原名叶绍钧，江苏省苏州市吴县人。他出生的时间决定了他的一生都将与国家的命运紧密结合在一起。从甲午中日战争到百日维新，从辛亥革命到五四运动，在动荡不安的旧中国成长起来的叶圣陶亲身感受到了人民生活之艰难和民族命运之危急。这也成为他终生投身于新闻和教育事业的重要原因。

他曾积极参与北京大学学生组织创办的“新潮社”，又在1921年和沈雁冰、郑振铎等人一同创办了“文学研究社”，提出“文学为人生”的主张，并撰写了大量反映民间疾苦的文学作品。他在开明书店主办的《中学生》杂志成为那个年代最受青少年欢迎的读物。九一八事变后，他发起了“文艺界反帝抗日大联盟”和“文艺界抗敌后援会”，用文艺为抗日战争增添了强大的力量。

叶圣陶还是一名伟大的教育家。他发掘了一批杰出的优秀人才，如巴金、丁玲和戴望舒等。他的《藕与莼菜》《爬山虎的脚》《苏州园林》和《记金华的双龙洞》等作品多次入选中小学语文课本。他还为中文教育引入了一个全新的观念：应当教给学生学习的方法，而不是长期详细地给学生灌输书本知识。教是为了不教，学生应当具备自己独到的批判思维与学习能力。

叶圣陶的作品大都通俗易懂，他在出版领域大力提倡使用白话文，并且编纂和规范了出版物的文字，参与制定了现代汉语拼音方案。这些贡献促进了中国现代新闻业的发展。

他创作了大量儿童读物，是中国现代童话创作的奠基人。他的童话风格新颖独特，描写细腻。叶圣陶认为，与其用意想的美陶冶儿童，不如为他们展现人间的不平。他的代表作《稻草人》影响广泛而深远，鲁迅曾赞许它“为中国的童话开了一条自己创作的路”。

荐读理由

叶圣陶是我国著名的文学家和教育家。他的文笔闲适清新，善于发掘生活中的美。叶圣陶的散文除了抒发己怀，还常描摹外物，这使他的游记兼具文学和地理学双重价值，非常适合地理爱好者阅读。本书收录的是叶圣陶五次旅行的日记，时间跨度长达 19 年。读者不仅能从中看到叶圣陶在人生不同阶段的心境与际遇，亦可窥见社会转型期间的某些历史侧面。

1942 年，正值抗日战争期间，桂林以其特殊的政治情况成为文化人的集中地。叶圣陶长年流落在外，直到 1942 年，才辗转到桂林，与好友相见。这一部分的日记中充满了与老友久别重逢的叙旧之情，记录了他们在颠沛流离的生活里苦中作乐的逸闻趣事，是那一特殊年代知识分子面貌的缩影与再现。

第二段旅行，是在抗战胜利后，叶圣陶和同事、亲友一起冒着翻船和遭劫的危险，从重庆乘着木船慢悠悠地到了上海。途中困苦不堪，屡遇险境，船只数次触礁，险些沉没，但他们沿途一路游历，饮酒聚餐，笔墨不辍。如今看来，却“颇有点儿浪漫意味”。

在1949年的北上旅途中，一同乘船的有马寅初、柳亚子等民主人士，也有郑振铎、曹禺等文化界人士。用叶圣陶的话来说，就是“大多数都年过半百，可是兴奋的心情却还像青年”，而他们这一趟不寻常的旅途，是为了去参与一项极其伟大的工作——建国。这一部分的日记不仅记录了北上旅途，也记录了他们在香港逗留期间的活动。

到了1956年，中国作家协会预备组织一个代表团去印度参加亚洲作家会议，前来邀请叶圣陶。此时叶圣陶的妻子重病在床，眼见时日无多。叶圣陶十分不舍，但在妻子与儿子的劝导下，还是勉强地踏上了旅途。这一部分的日记充满了印度的异域色彩，也带着叶圣陶对妻子的深切挂念，感情真挚动人。

1961年，叶圣陶与老舍、吴组缃、曹禺、梁思成等20多人一同组成了文化参观访问团，前往内蒙古促进民族间的文化交流。最后的这部分日记，记录了他在内蒙古的所见所闻和所感所想，以及各项活动的安排和情况。

五次旅行，五个不同的文化氛围和地理环境，五种不同的心情。19年的时间跨度让这五次旅行各有不同的侧重，不同的收获。跟随叶圣陶的笔触，我们可以领略桂林的山水，也可欣赏异域风情，可以看他与友言欢，亦可见其思乡之苦。这不仅是一部详细而忠实的游记，更是具有丰富社会历史意义的珍贵的文学史资料。由于它兼具人文精神与思想智慧，且落笔为文而又平易畅达，因而入选了《三联精选》丛书，成为书架上必备的经典之作。同时，此书也是那些想要进一步了解叶圣陶的读者们不可错过的读物。

先睹为快

六月四日　星期四

五时起身，见窗外下雨，念桂林将到，殆可以不复在车中遇警报。讵意六时许车抵横山即传有警，车遂停止不进。询知敌机来者仅一架，颇不足怕。察头等卧车所谓“蓝皮钢车”者，车箱顶下有钢件颇多，伏其间避机枪弹绰绰有余，因不复他适。同车之客则有避之路旁山上者。等候两时许始解警，车复开行。

九时抵桂林。经检查及呈验证明书，乘人力车至环湖路开明，已十时矣。晤洗翁、锡光、士敭及开明其他同人，皆欣然握手。洗翁精神如前，为别四年，绝不见老。而不见清华，询知近方小产，因移居乡间乃妹处休养。少顷仲持来、仲华来，俱叙别后之情。仲持亦是由香港退回此间者。

饭后看收到之信件，墨与诸儿共有五六封，知家中安好为慰。此外又有朋友之信五六通。洗翁为余发一电致成都，告今日到达。

倦甚，入睡一时有半。醒时云彬来。云彬风度依然，不减当年。吴朗西、韩祖琪来，朗西先到此多日矣。四时随云彬至其寓。寓中熟人聚居，有雁冰、仲华、联棠诸家，共占两楼两底，颇为热闹。

雁冰夫妇亦仍如前，他们五年来行路最多，见闻自广。雁冰方作一长篇小说，俟其出世当为佳作。

傍晚在云彬处小饮。其夫人特为余煮面，颇可感。酒罢与诸友在楼廊乘凉闲谈。

八时后归。既而阵雨大作，而并不转凉。与洗翁谈开明近况，直至十时。洗翁特为余购蚊帐，假以新席。因新购之床未到，旧者恐多臭虫，令余睡士敭之床。孰知其床亦有臭虫，熄灯之后即潜出肆虐，一夜仍未得美睡。

一月二十八日　星期五

今日为阴历除夕，广东人特喜放爆竹，自下午起，其声连续不断，如在战场。

傍晚，至云彬所。邵老夫人邀吃年夜饭，我等与云彬夫妇狄超白为一席，青年男女又为一席。食罢，笑呼歌唱，欢腾一室。

十时后，以群来，导往沫若之寓所，即晚会所在地。沫若已北上，惟其夫人在耳。到者殆五十余人，多为种种博戏，呼笑震耳。入此少年之场，余与墨固不感兴趣也。我二人摸彩得奖品，为巨橘一枚，枣子一匣。十二时半归旅舍，彼辈兴犹未阑也。

延展阅读

《叶圣陶作品精选》

本书收录了叶圣陶的小说、散文和童话名篇，以及一些脍炙人口的歌谣。本书入选世界少年经典文学文库，是全面了解叶圣陶文风的佳作。相信它会给读者带来丰富的阅读感受。

《梁启超游记：欧游心影录　新大陆游记》

梁启超　著

关于作者

梁启超（1873—1929），字卓如，号任公，又号饮冰室主人，别署中国之新民，广东新会人，光绪己丑年（1889）举人。他是中国近代史上著名的政治活动家、启蒙思想家、资产阶级宣传家、教育家、史学家和文学家。戊戌变法（百日维新）领袖之一。曾倡导文体改良的“诗界革命”和“小说界革命”。

梁启超一生勤奋，各种著述达1 400万字。他的学术研究涉猎广泛，在哲学、文学、史学、经学、法学、伦理学、宗教学等领域，均有建树，以史学研究成绩最著，其著作合编为《饮冰室合集》。

荐读理由

梁启超，中国近代史上永远无法回避的人物。作为近代中国典型的知识分子，梁启超的思想无疑凝聚了时代的特点，是我们了解近代中国知识分子心路历程的一把钥匙。

美游和欧游，是梁启超一生中最重要的两次游历，对其思想产生了重大影响。戊戌变法失败后，梁启超一度倾向“革命”，美游归来，他彻底放弃“破坏主义与革命之排满主义”。欧游之前，他对中国传统文化之批评本有取舍，甚至怀疑；欧游归来，他彻底放弃“科学万能”之迷梦，主张在中国文化上“站稳脚跟”。于是，《新大陆游记》被视为他告别孙中山的“宣言”，而《欧游心影录》则是他告别“科学万能”并从而倡导“中国不能效法欧洲”的“告白”。

1903 年 2 月，梁启超自日本横滨起航，开始美洲之行。他先至加拿大温哥华，后转至美国纽约，了解美国的政治经济、社会文化、人情风俗等。回日本后加工整理沿途日记，辑为《新大陆游记》。名为游记，实则删去了“无关宏旨”的佳奇风景，多记政治性内容，专记“美国政治上、历史上、社会上种种事实”，对“无关宏旨”“耗人目力”之“风景之佳奇”“宫室之华丽”则不载；文章夹叙夹议，轻快自如，感情充沛……被视为“1903 年前后中国舆论界的‘执牛耳者’”“一部全面介绍 19 世纪末 20 世纪初的美国政治、经济、文化、社会等情况的综合性著作”“国内秘密传布的维新立宪名著”“散文杂著第一书”。

《新大陆游记》夹叙夹议，可谓妙笔生花，字里行间渗透着作者强烈的爱国之情。梁启超每到一处，无不先顾及华人之生活状况、待遇若何，既同情其艰辛困苦，又忧心其学识不足，经营不能与西人竞争；他每论一事物，常常落脚于吾国如何如何，以达到他“于吾幼稚之社会，或亦不无小补”的目的。如讲述华人在外受尽欺压，渡美之途困难重重，不禁质问：“以祖国数万里膏腴之地，而使我民无所得食，乃至投如许重金以糊口于外，以受他族之牛马奴隶，谁之过欤？”这次北美之旅，给梁启超以极大的震动。

1917 年底，梁启超辞去段祺瑞内阁财政总长一职，决心脱离官场。1918 年 10 月他对《申报》记者表示“毅然中止政治生涯”，“决不更为政治活动”。1918 年底协约国巴黎和会前后，他与同人筹划欧游，目的在“想拿私人资格将我们的冤苦，向世界舆论申诉申诉，也算尽一二分国民责任”。1919 年 1 月，梁一行抵达伦敦，开始了为期一年的欧游，后以巴黎为大本营，足迹遍及欧洲大部分国家。巴黎和会休会期间，他和随行记者考察一战西部战场、莱茵河右岸、比利时首都布鲁塞尔等地，游历比利时、荷兰、瑞士、意大利、德国等国，考察伦敦、爱丁堡、伯明翰等城市，访问亚当·斯密、莎士比亚等名人故居，参观剑桥大学、牛津大学等著名学府，“对战后欧洲的政治、经济、文化等作了全面细致的考察”。

全书的重点在于第一章“欧洲中之一般观察及一般感想”。在这里，作者首先从政治、经济、社会、军事到科学、文学、思想等角度对一战前后的欧洲社会进行了系统而全面的分析，尖锐地指出“欧洲人做了一场科学万能的大梦，到如今却说起科学破产来”。接着，作者的思绪转移到了中国，他从 12 个反面深刻地反省中国社会，积极为中国的兴起出谋划策，他深信“循着这条大路，把国家挽救建设起来绝非难事”。不仅如此，作者还为未来中国设置了更大的目标和责任：“拿西洋的文明，来扩充我们的文明，又拿我们的文明去补助西洋的文明，叫他化合起来成一种新的文明。”读到此处，我们不得不佩服梁启超的睿智和魄力。

为了方便读者阅读，东方出版社把《新大陆游记》和《欧游心影录》合二为一，辑为一书出版，并根据文章内容相应地穿插了近 500 幅精美的历史图片，以帮助读者清晰地了解梁启超的旅行和思想历程。这种编排方式独具一格，与原文相得益彰，相信一定会受到读者朋友的欢迎。

先睹为快

天下最繁盛者宜莫如纽约，天下最黑暗者殆亦莫如纽约。吾请略语黑暗之纽约：

排黄热者流，最诋华人不洁。以吾所见之纽约，则华人尚非不洁。其意大利人、犹太人所居之数街，当暑时，老妪、少妇、童男、幼女，各携一几，箕踞户外，街为之塞。衣服褴褛，状貌猥琐。其地电车不通，马车亦罕至也，顾游客恒一到以观其风。以外观论，其所居固重楼叠阁也，然一座楼中，僦居者数十家，其不透光不透空气者过半，燃煤灯昼夜不息，入其门秽臭之气扑鼻。大抵纽约全市，作此等生活者，殆二三十万人。

……

观各公司之制造工场，更令人生无穷之感。近世之文明国，皆以人为机器，且以人为机器至奴隶者也。以分业之至精至纤，凡工人之在工场者，可以数十年立定于尺许之地而寸步不移。其所执之业，或寸许之金，或寸许之木，磨砻焉控送焉；此寸金寸木以外，他非所知、非所闻也。如制针工磨尖者不知穿鼻之事，穿鼻者不知磨尖之事，而针以外之他工无论矣，而工以外之他事业、他理想更无论矣。以是之故，非徒富者愈富，贫者愈贫而已；抑且智者愈智，愚者愈愚。如彼摩尔根、洛奇佛拉之徒，以区区方寸之脑，指挥数千兆金之事业，支配数十百之职员，历练日多，才略日出。而彼受指挥受支配之人，其智识乃不出于寸金寸木。呜呼！何其与平等之理想太相远耶！此固由天才之使然，然亦人事有以制之。准是以谈，则教育普及之一语，犹空言耳。呜呼！天下之大势，竟滔滔日返于专制。吾观纽约诸工场，而感慨不能自禁也。

——《新大陆游记·由加拿大至纽约》

第一，我们须知，. 世界大同为期尚早，国家一时断不能消灭。而且各国战后所耗元气，都要取偿于外，环顾宇内，就剩中国一块大肥肉，自然远客近邻，都在那里打我们的主意。若是自己站不起来，单想靠国际联盟当保镖，可是做梦哩！虽然如此，我们却不能将国际联盟这件事看得毫无价值，还要尽自己的力量，促他的进步。这回国际联盟总算世界主义和国家主义调和的发轫，把国家相互的观念深入人心，知道国家意志并不是绝对无限，还须受外部多大节制。质而言之，国家与国家相互之间从此加一层密度了。我们是要在这现状之下，建设一种“世界主义的国家”。怎么叫作“世界主义的国家”？国是要爱的，不能拿顽固褊狭的旧思想当是爱国。因为今世国家不是这样能够发达出来。我们的爱国，一面不能知有国家不知有个人，一面不能知有国家不知有世界。我们是要托庇在这国家底下，将国内各个人的天赋能力尽量发挥，向世界人类全体文明大大的有所贡献。将来各国的趋势都是如此。我们提倡这主义的作用也是为此。

——《欧游心影录·中国人之自觉》

延展阅读

《欧洲十一国游记》

本书是我国近代著名思想家、政治家康有为于1898年戊戌变法失败后流亡国外时所写。百日维新后，康有为开始了“流离异域一十六年，三周大地、遍游四洲，经三十一国，行六十万里路，一生不入官，好游成癖”的考察生活，“其考察着重于各国政治风俗及其历史变迁得失，其次则文物古迹”。作者在意大利和法国的游历使他感触颇多，回国后写成《意大利游记》和《法兰西游记》，即本书收录的主要篇章。这些游记文字涉及了很多方面的观感记录，对今天的读者来说具有极高的历史文化价值。

《波伏瓦美国纪行》

〔法〕西蒙娜·德·波伏瓦　著

关于作者

西蒙娜·德·波伏瓦（1908—1986），20世纪法国著名的存在主义哲学家和文学家。法国前总统密特朗称她为“法国和全世界的最杰出作家”；另一位法国前总统希拉克则在一次讲演中说：“她介入文学，代表了某种思想运动，在一个时期标志着我们社会的特点。她的无可置疑的才华，使她成为一个在法国文学史上最有地位的作家。”她的小说《达官贵人》获得了法国最高文学奖“龚古尔文学奖”。波伏瓦最重要的代表作是《第二性》，她在书中详细剖析了女性是如何在社会中被塑造为依附男人的“弱者”形象，并指出女性获得解放的最终途径是获得自由选择生育与否的权利，并且走向中性化。这本书被视为女性主义的“圣经”，奠定了波伏瓦在女性主义领域的领袖地位。其英译本在美国极其畅销，对20世纪60年代的女权运动潮流产生了重大影响。

出身于一个守旧的富裕家庭的波伏瓦从小就是一个特立独行的孩子。早在19岁那年，波伏瓦便声称“决不让我的生命屈从于他人的意志”，她用自己的一生践行了这项“独立宣言”。早年其所感受到的父母价值体系之间的政治和宗教意识形态的冲突，鼓励她日后成为一名激进的知识分子。在她去世后，法国共产党总书记马歇给予她高度的赞誉：“波伏瓦远不同意共产党人的所有观点，她同我们的争论是毫不动摇的，但我代表法国全体共产党员向她致意，因为她始终代表着我们社会进步思想发展的一个重要时刻。”

波伏瓦引人注意的另一方面是她与萨特长达半个世纪的爱情。他们拥有共同的兴趣爱好，有着相同的理想与志向，虽然并未步入婚姻的殿堂，却成为彼此终生的灵魂伴侣。他们约定相互尊重，并保证在生活、感情和性方面给对方充分的自由。虽然这看似混乱的情感生活在当时给波伏瓦惹来了大量的谩骂批评，但后人却不得不承认她与萨特实际上达到了伴侣的最高境界。在萨特去世之后，波伏瓦写下《永别的仪式》一书（又名《萨特传》），对与萨特共同生活的日子作了痛苦的回忆，感情深厚真挚，淳朴动人。1986 年波伏瓦逝世后，与萨特合葬于巴黎蒙帕纳斯公墓。达尼埃尔·萨乐纳芙在为她写自传时，将她称为一只“战斗的海狸”。

荐读理由

这是一本根据笔记、书信和回忆写成的旅行日记，可以看作是展现美国 20 世纪 40 年代人文精神的波伏瓦心灵游记。虽然名为“日记”，但本书中的这些文章却并非波伏瓦当时写就，而是事后补写的。之所以如此，波伏瓦有自己的解释：“我提供的不是严肃研究（对我而言，这种尝试太僭越了），而是美国行的忠实记录。因为具体经验包括主观与客观两面，所以我同意以下说法：它是真实的，只因为它包含了每个发现发生当时的独特个人情境。这是我采用日记体的原因。”虽然采取了如此私人的记录形式，但全书视角却始终向外而不涉及个人内心。不同于一般女性作家特有的柔弱与温婉，波伏瓦的文风磊落洒脱，富于理性，在触目所见的文化表象之下，她往往能通过哲学式的思考而挖掘出深刻的内涵。

1947 年的纽约，文化气氛整体沉闷、平庸单调、保守内向，知识分子在日益严苛的出版检查与文化审核面前闭口不谈社会与政治问题。种族歧视也极为严重，在哈林区，恐惧之感始终萦绕在她的心头。而当她跨越了州界，来到美国的南方，亲眼目睹的“种族隔离”更是将她压得喘不过气，“虽然我们已有心理准备，依然觉得肩头重压，整趟南方之旅，都无法放下重负；那使我们的皮肤变得沉重、僵硬，我们的肤色让我们心头烧灼”。当然，更为严峻的是贫富分化、两极差距拉大的社会局面。酒吧里扭动臀部的老女人、大街上似乎脏到骨头里的流浪汉使波伏瓦意识到：在美国，穷人似乎受着最可怕的诅咒，乐观主义早已判定他们有罪，而这一切都是他们自己造成的过错。更让波伏瓦难以想象的是，美国人对二战后的法国毫无了解，而天真地相信给法国援助了罐装奶粉的自己就是他们的救世主。

从纽约一路往南，波伏瓦四个月的美国之行终究使她与这里达成了和解。她也曾愤怒、疑虑、恐惧和迷茫，但在最后她终于找到了爱上纽约和芝加哥的理由，那就是它们背后人性的意气昂扬。尽管这本书在法国刚出版时并未受到太多重视，但随着时间的推移，人们不得不承认它在游记中有着举足轻重的地位。这本书向读者全面而深刻地介绍了美国的风土人情与人文精神，它告诉读者：20 世纪 40 年代的美国，其实便是如此。

著名作家维维安·戈尼克对本书评价道：“1947 年，波伏瓦在纽约。就像所有欧洲人，一开始，她也慨叹纽约显而易见的缺点：困顿艰难、蝇营狗苟、没有咖啡文化，但突然间，她自我放逐于纽约的孤独中，对纽约的辉煌美好产生由衷共鸣。事隔五十年，能与波伏瓦同行，看她意外爱上纽约，还是一个令人兴奋的经验。”

先睹为快

美国生活之所以怡人，是因为美国人的幽默与友善。当然，此种素质也有它的负面，我对触目可见、不断蛮横邀请你“放轻松点”的影像与文字极端反感，桂格麦片、可口可乐、“幸运牌”香烟等展露白牙的广告笑容看起来都像破伤风。便秘女孩对着舒畅肠胃的柠檬汁露出可爱微笑。不管是地铁、街头或杂志书页，这些笑容鬼魅般纠缠我。我在一家药房前读道：“不苟言笑是罪恶。”每个人都服膺这个规矩、这个体制。“开心点，放轻松”，乐观主义是维系美国社会和平与经济繁荣的必要条件。如果银行员肯慷慨贷放五十美元给无担保的窘困法国人，如果我的旅馆经理人蒙受风险收受房客支票，那是因为这个社会建构在信用与消费之上，而人与人之间必须互信。

美国人着迷于具体现实，但他唯一认得的真实性表征却是全然抽象的“金钱”。其他价值都太难体会。在一个人还没有成功之前，就要去判断他是否有才气，这个责任太痛苦了；没有人愿意冒这个风险，大家都把他推给别人。这种态度的危机是对未来没有信心。美国人对过去不感兴趣，也就不相信未来。如果你现在有才气，值得大书特书；如果你将来会有才气，那不值一哂。你必须现在就有。当你敢说“我有才气”的那一天，人们会对你感兴趣。至于你如何从默默无闻到成功，那是你的事。如果你有钱，你可以雇用宣传经纪人；如果你没钱，便自己想办法。在作品需要时间（甚至缓慢的研究）才能萌发的领域，这种规则显得特别邪恶。

哥伦布圆环、百老汇、时代广场。四个月过去了。同样的人群、计程车、车辆与闪亮的灯光。药局与摩天大楼的魅力丝毫未失。我知道我为什么喜爱它们。在这个安逸富足的文明之上，漂浮着诱人的海市蜃楼：这是此地生存方式给人的印象，它绝不停止损耗自己，总是努力徐徐前进。温饱与行动，一切均有效轻松达成而后，一切可以开始。美国总让我目眩神移，拓荒史记忆犹新，仿佛触手可及，它就像超然存在的国度在时间洪流里压缩，奇妙穿越空间，它的历史就是这个世界的创造。这就是摩天大楼令我感动的地方：它宣告人类并非沉滞的生物，而是充满能量与扩张、征服的欲望。药局的辉煌丰富有一种类似巴洛克风格教堂的诗意：人类在欲望的陷阱里捕捉到粗糙之物，却在征服物质的过程里肯定了自己的想象力。纽约与芝加哥都反映了这种傲慢梦想的创造力，这也是为什么它们是我见过最人性、最意气昂扬的城市。

延展阅读

《第二性》

本书是波伏瓦作品中的扛鼎之作，分为上下两卷，第一卷为《事实与神话》，是女性主义的理论框架；第二卷为《体验》，分析了女人从童年到老年的身心发展。此书是女性主义不可多得的佳作，被誉为“有史以来讨论妇女的最健全、最理智、最充满智慧的一本书”。

《考史游记》

〔日〕桑原骘藏 著

关于作者

桑原骘藏（1870—1931），日本近代东洋史学的创始人之一。他的一生有两大学术成就：一是以他在研究生在读期间编撰的《中等东洋史》为代表的历史教科书的编纂，二是对包括中国文化史论、东西交通史论和中国法制史论在内的东洋史具体课题的研究。他的考证与研究涵盖了中外学者的研究成果，而《桑原骘藏全集》已成为中日关系史上的不朽著作。

对桑原骘藏所作的《中等东洋史》，梁启超曾给予极高评价："现行东洋史之最良者，推《中等东洋史》……颇能包罗诸家之所长，专为中学校教科用，条理颇整。……繁简得宜，论断有识。"而在此书出版的第二年末，王国维作序的中译本《东洋史要》也由上海东文学社刊行。这是近代最早从日本翻译过来的历史教材，一经出版，国内学界竞相翻刻，给清末中国历史教学带来了广泛而深远的影响。

留学期满后，他回到刚成立不久的京都帝国大学担任教授，负责东洋史第二讲座，从此与第一讲座主持者内藤湖南一起，成为京都大学东洋史的代名词。桑原骘藏在京都大学一直执教了21年，直到1931年，他在京都大学夏期讲习会上昏倒。此后一病不起，他还一度以“无法再继续进行学习”为由，要求给自己实施安乐死。同年5月，桑原骘藏在京都家中去世，享年61岁。

荐读理由

桑原骘藏的《考史游记》，是他在中国留学期间的实践性学术成果。1870年出生于日本福井县的桑原骘藏在中学时即怀有成为“世界性历史学家”的梦想。大学毕业后成功留校任教，教授东洋史课程。1901年5月，他当选为日本史学界最有影响的史学会评议员。六年后，他开始了在中国为期两年的官费留学与研究。这两年间，他进行了数次实地考察，完成了《考史游记》。全书由《长安之旅》《山东河南游记》和《东蒙古纪行》三部分组成，内容翔实丰富，虽是访古考史游记，但兼具极高的学术价值，被日本学界誉为游记中的上乘之作。

从书名《考史游记》就可看出，这是一部综合了考古与旅行的著作。前者为主线，后者为辅线，突出了旅途中所见的各大古迹。桑原骘藏的动机十分明确，在中国的旅途，基本全是出于学术目的，因此这本书中充满了浓厚的学术气息。游记中所引用的各类文献多达130余部。作者对各地文物古迹的所在位置与沿革由来了然于胸，侃侃而谈。全书正文后还附有120多页的图片以及将近40页的索引目录，足见其学问作风之严谨。而他在旅途中对社会经济、文化等状况的所见所闻，对于今人了解清末社会现状有着极大的价值。

本书像是一张长篇时刻表，时间精确到分钟，记载着1907年的某月某日，一个千里迢迢来到中国的日本学者在某地做了些什么：也许正奔波于长途旅行之中，或是凭碑怀古，又或是站在皇陵前遥想当年繁华一世，感慨如今的破败衰落。桑原骘藏的记录如此细致入微而又精确无误，一旦开始记录，则每一日都不曾中断。很难想象，若无超乎凡人的耐心与毅力，以及持之以恒的决心，将如何做到这一点。也正因如此，后世的人们看到此书，就能立即准确地在脑海中勾勒出他的行迹图，并根据他详尽的记载，找到他在那一年代曾发现的古迹。

当然，这本书的魅力不仅仅局限于此。对于有兴趣做田野调查的读者而言，它是一个极好的典范。从出发前的路线选择与资料搜集，到旅途中的精确记录，包括照片的拍摄、碑文的抄写等，桑原骘藏都会一丝不苟地完成整个流程。通过他的文字，读者不难看出他对中国文化的了解之深，典故与诗词信手拈来，毫不做作。而正是得益于广博的知识积累，才使他在考史旅途中有如此丰富的收获。

当然，读者不应忽略的是这本书的时代背景。当时日俄战争刚结束不久，日本国内民族主义思潮和国家主义思潮高涨，日本与中国的关系，也显得微妙而复杂。好的游记，相当于一部好的历史。通过这本书，读者将看见，在一名20世纪初的日本学者眼中，当时的中国是什么样子。

先睹为快

下午一点离开龙门就归途。四点十五分复渡洛水，溯流访天津桥遗址。隋唐时，洛水横贯都城，天津桥架其上，为往来要道，在当时极为繁华。唐代刘廷芝（刘希夷《公子行》）有所谓“天津桥下阳春水，天津桥上繁华子。马声回合青云外，人影摇动绿波里”诗句。如今桥废流变，在破砖累累中，仅能依稀识得少许旧容。四望荒凉寥落，不见人影，不闻马声。宋代邵康节先生听杜鹃声卜国运兴衰之地即此处。如今觉罗氏的天下，亦酷似赵宋之末期。桥边杜鹃声究意如何呢？落晖熹微，秋风萧瑟，徒使万里来客生怀古之念。

中国人尤好附会，敢于牵强。因此，若乡里名为董家，则必设董仲舒墓；若阵营称细柳，则必建周亚夫祠，比比皆然。其实，像直隶景州的董家里，像细柳营等，与二人毫不相干。所以探访中国古迹时，需加以细心留意。

始皇为稀世豪杰，中国四千年的史乘，始皇之前无始皇，始皇之后亦无始皇。但由于昏聩者不察，乱放恶言，耳食之徒随之附和，终使千古豪杰，枉与桀纣为伍。说什么焚古经，说什么坑儒生，举世责其暴，但这是当时所需之政策，始皇以前已实行，并被倡导。说什么求仙药，说什么崇坟墓，举世笑其愚，但这是当时流行的社会风习，不只是始皇如此。他所实施的郡县制度、中央集权，此后为历代所循奉，直至今日。纵然有圣人出现，也一定要改变吗？我平生对始皇素有好感，寄予同情，于笔于口皆已公开过几分。如今亲自来到骊山下，吊其陵墓，不知始皇遗灵果然能知否？当时乌云累累，悲雨潇潇。四点半辞始皇陵，复驱车进发，过新丰，经鸿门坡，七点四十分抵冷口镇（距临潼县四十里），投宿于当地官舍。

延展阅读

《蒲寿庚考》

本书是桑原骘藏中年后对海陆交通研究的集大成之作，内容涉猎广泛，资料翔实，是研究中世纪中西关系史尤其是中国和阿拉伯国家海上交通史的扛鼎之作。中华书局与上海商务印书馆分别于 1929 年和 1930 年出版了此书两个不同译本。同时本书也是桑原骘藏东洋史研究著作中的代表之作。

《穿行内陆亚洲：伊斯兰教建筑与人文之旅》

〔英〕罗伯特·拜伦　著

关于作者

罗伯特·拜伦（1905—1941），出生在英国的威尔士郡，是英国诗人拜伦勋爵的远亲。他从小便聪颖过人，中学就读于英国最有名的私立男校伊顿公学，后顺利考上牛津大学梅顿学院。他显然不是一个只会读书的书呆子，早在年轻时候，他就已游历了英国周边的大部分国家，并创作出大量的旅游文学作品。如 1926 年的《透明玻璃内的欧洲》以及 1928 年的《驿站》等。在一次前往希腊的旅行中，他发现希腊是一个研究拜占庭文化艺术的理想场所，于是多次重返希腊，并将研究成果写成了两本关于拜占庭文化的先驱之作：一本是《拜占庭的成就》，而另一本则是讲述艺术史的《西方绘画的诞生》。前者全方位介绍了拜占庭时代的辉煌成就，涉猎之广，内容之博，令人难以相信这出自于一位自学成才的 24 岁的青年之手。而在 1933 年，他推出的《先访俄罗斯，再入西藏》一书，更是奠定了他旅行文学家和艺术史家的地位。

随后，他将目光投向了更为广阔的世界，决心再次向着东方进发。1933 年，他从意大利的威尼斯出发，展开了一场为期 11 个月的追寻伊斯兰教建筑起源的旅行，途经塞浦路斯、巴勒斯坦、伊拉克、波斯和阿富汗等地，最终抵达奥萨斯。旅行结束后，他又耗费三年心血，完成了《穿行内陆亚洲：伊斯兰教建筑与人文之旅》（以下简称《穿行内陆亚洲》）这本著作。这本书为他赢得了1937年的《星期日泰晤士报》文学奖。美国旅行文学作家乔纳森在《纽约时报书评》中评论道："罗伯特·拜伦堪称当时首屈一指的旅行作家，他的经典作品《穿行内陆亚洲》机智、雄辩、好斗、博学，充分展现了他的广博学识以及无人能比的描述功力。"

然而在第二次世界大战期间，他在搭船前往西非，打算赶赴中东麦什德担任英国观察员的途中，所乘船只遭到鱼雷攻击而沉没。他的生命定格在36岁，命运过早地终结了他短暂而灿烂的一生。

荐读理由

当代社会，伊斯兰世界在与基督教世界的"对抗"中步步倒退，甚至被"污名化"，成了"恐怖主义"的代名词。这绝对是片面的。那么，伊斯兰世界到底是什么样子的呢？一个基督徒能够在穿越中东的旅程中有哪些收获呢？《穿行内陆亚洲》会告诉你答案。

1933年，英国探险家拜伦和他的旅伴克里斯托弗展开了穿越中东之旅。

在赫拉特，他因无意间在伊赫提亚尔丁城堡的角落发现了一处炮场，而被当成间谍；他也曾在波斯波利斯的黑暗中神游并迷失了方向；他们的车子在达姆甘淹水的沙漠里抛了锚；在麦什德，他们乔装成一个衣衫褴褛的波斯人和一个打喷嚏的病人，跟着向导混进了歌哈珊清真寺的宏伟中庭；在德黑兰，他跟着美国大学的图书馆馆长一起参观波斯传统摔跤武馆祖哈纳，欣赏了一场精彩绝伦的表演。这一路上，他们困难重重，危险万分，多次被盘查、怀疑，身陷囹圄，受到疾病困扰，然而又一次次地化险为夷，转危为安。

旅途中，他以日记体的形式，用细腻的文笔记录下了沿途的民风民情与奇闻趣事，又详细地展现了他所拜访的伊斯兰教建筑遗址。他的书中充满了对异域的热情和幽默家的机智风趣，以惊人的洞察力和细腻的描写使这部作品变得深刻而动人。他也用自己的探险家气质向世人展现了“旅行家”与“观光客”的区别。

在今天看来，当年拜伦所经之地，如阿富汗与伊拉克，都已饱受战火摧残，无数珍贵的文物古迹都在战争中毁于一旦。内陆亚洲的万种风情与昔日辉煌，只能从各种记录中窥豹一斑。因此，这本《穿行内陆亚洲》便成了弥足珍贵的文字资料。伊斯兰教墓塔、圣祠、清真寺的魅力，被拜伦镌刻在他的文字之中，给后人留下了无限的遐想空间。

这本书一经面世便风靡英国。科林·施伯龙在《卫报》上评价道：“罗伯特·拜伦是一个即兴创作的天才，在这本书中，他巧妙融入了学术论文、格言警句、笑闹短剧，更以精准的手法描绘了许多特殊场景与奇人妙语。此书表达了一种睿智的现代感性，记述了一个人在亚洲腹地漂泊的遭遇。”而英国旅行文学作家简·莫里斯更是直接称它为“所有旅行文学中最好、最博雅、最具娱乐性的一本书”。数十年来，本书在东方学、旅行文学和建筑艺术史领域一直具有举足轻重的地位。而拜伦所记载的瑰丽而又苍凉的中东人文地理景观，也始终为旅行家、文学家、建筑家们提供着源源不断的灵感。而对于想要深入了解伊斯兰教的读者而言，这也是一部不容错过的经典著作。

先睹为快

然而耶路撒冷不只是景色出众，也不仅是诸多东方城市的翻版。这里或许肮脏污秽，却见不到砖头、灰泥，也没有崩塌或褪色的颓象。所有的建筑物都是石造的，一种宛如乳酪般的白色石材，光洁亮丽，在阳光的照耀下，反射出层次丰富的温润金光。这里没有神秘浪漫的气息，一切都是开放而和谐的。幼年时期深植于脑海中有关历史与信仰的种种联想，在身历其境的这一刹那，一一消解。自然流露的信仰，犹太教徒与基督教徒的哀歌，以及伊斯兰教信徒对圣岩的膜拜，皆使得此地的氛围不带有一丝神秘气息。那是真情的表露，迷信般的崇敬仪式或许有助于维系信仰，但信仰本身并不需要迷信。它的慈悲是赐予百夫长而非教士僧侣。只见百夫长们又来了。这回他们穿着短裤，戴着遮阳帽，交谈时操的是约克郡口音。

只有考古学家看得出萨珊建筑之美。因为他们关心的是历史价值。这座王宫兴建于公元3世纪初，是建筑发展史上的重要里程碑。王宫中所出现的内角拱，即呈某个角度跨越两道墙的简单拱形，正好呼应了在叙利亚出现的三角穹，即以一根角柱支撑的风筝形穹隆；这两项新发明进而衍生出两种主要的建筑形式，并配合两种宗教向外传布：一是中古波斯式，渐次传向美索不达米亚、地中海东岸与印度；二是拜占庭仿罗马式，一直传抵北欧边界。在此之前，人类还无法将圆顶建在方形的四壁之上，或是建在任何其内侧面积大于圆顶本身的建筑物上。然而有了这两项发明之后，只要把内角拱和三角穹加大，再把内角拱区分为数个钟乳石状和蝙蝠翼状区域，则任何形状、任何大小的建筑物都可以采用圆顶。基督教世界在这方面的尝试，以君士坦丁堡的圣索菲亚大教堂为巅峰，后来又在佛罗伦萨由布鲁内勒斯基设计的圆顶上，再一次展现它的活力。这两项发明在伊斯兰教世界的成就还有待考察，但前提是这位考察者必须能对现代考古学界互忌相轻的风气无动于衷才行。不过有一点可以确定，若是没有这两项重要发明——其中之一可在这里找到原型——今日的建筑史必定会全面改写，而当前世人最熟悉的许多著名建筑，例如罗马的圣彼得大教堂、美国国会大厦和泰姬玛哈陵，也将不复存在。

延展阅读

《拜占庭的成就》

本书是拜伦年轻时的著作，它以宏大的叙事手法详述了拜占庭时代的政治、宗教、地理、经贸，乃至艺术、建筑、服饰、习俗和室内装饰等，是一本能够帮助读者全方面了解拜占庭辉煌成就的著作。

《漫卷西风》

陈丹燕　著

关于作者

1958年出生于北京的陈丹燕在8岁时就移居到了上海，由于口吃，她从小就是一个沉默寡言的女孩。然而也正是由于这种言语表达上的缺失激发了她对文字极强的操控力，感性而敏锐的内心又为她的文字注入了活泼的生命力。

从华东师范大学中文系毕业后，陈丹燕全身心地投入到儿童文学的创作之中。她的作品受到了广泛欢迎，并多次获得各大奖项。她的第一部中篇小说《女中学生之死》更是开启了中国青少年文学中少女文学的先河，并被日本儿童文学协会评选为20世纪最好的一百本世界儿童文学作品之一。

20世纪90年代，陈丹燕开始走出中国，探索新的世界。对她而言，旅行逐渐成为一种生活方式，而她也逐渐习惯于在行走中不断追寻新的自我。带着这样的信念，她远赴北极，并在归来后推出新作《北纬78°》，把一个正在消失的冰雪世界和积极的环保理念展现在读者的面前。

在她的欧洲游历系列散文中，德国、西班牙、奥地利、法国等一些遥远而陌生的国家变得亲切而熟悉起来。十几年的欧洲游历生活使她把欧洲当成了自己的精神故乡。从《木已成舟》中的博物馆，到《今夜去哪里》中的小旅馆，再到《咖啡苦不苦》中的咖啡馆，陈丹燕用女性特有的温婉细腻的笔调为读者细细勾勒出了一个充满小资情调和人文气息的欧洲，这种味道在《漫卷西风》里被延续下来，并显得更为突出。这套系列散文丛书在读者群中引起了巨大的反响，而"陈丹燕的欧洲"也由此成为一个经典意象而流传开来。

荐读理由

《漫卷西风》是一本描述中国女性知识分子在欧洲所见所闻、所思所想的著作，在介绍欧洲社会风土人情的同时，饱含着作者独立的思考、深刻的洞见。陈丹燕说："西风浩浩荡荡地摇撼着我半生的生活。这本书，不比咖啡馆的书好读，是特别为我的同时代人写的，我们有着共同的回忆。在我的生活里，那些共同经历过的浩荡西风，演化成维也纳的日日夜夜。可以说，这是一本纠缠于 80 年代的旅行记录。"

20 世纪 80 年代里的共同回忆是什么呢？是茨威格在他小说后闪烁的眼睛，是华丽而简单的带着巴洛克遗风的《希茜公主》，是奥地利圆舞曲之王施特劳斯写的《蓝色多瑙河》，还是贝格街上精神诊所里的弗洛伊德？陈丹燕用随性而富有灵气的散文把这些回忆杂糅在自己的欧洲游历之中，读来令人饶有兴味，而又带着一股淡淡的忧伤。女性作家特有的温婉柔和在她的文字中体现得淋漓尽致，独到的视角又使欧洲别样的美感在她的笔下显露出来。历史与现实、大人物与小市民融合在一起，却不会显得突兀或者分离。

更多的时候，陈丹燕写的是她自己的回忆以及她个人的内心。维也纳这座城市和德国这个国家对她而言都有着非凡意味。无论是 13 年前去过的哈维卡咖啡馆，还是第一次到德国时寄宿的德国家庭，在她的笔下都有着超出了它们自身意义的形象，想象中的欧洲与现实中的欧洲以不易觉察的方式发生着激烈的碰撞。不仅如此，作为一个上海来的文艺女青年，在陈丹燕的心里，欧洲与上海无时无刻不产生着联系。她看见美泉宫高坡上希茜公主的塑像，却闻到了新光电影院那已经消失在二流餐馆和三流旅店的放映厅的气味；她看着多瑙河上飞翔的白天鹅，便不由自主地想起上海穿着白衬衫骑单车的少年；她坐在蓝色多瑙河边，就会想起华东师大中文系解禁后的第一次学生舞会和食堂里回响着的施特劳斯圆舞曲。这种联想与对比在书中随处可见，给这本散文集烙上了深深的中国印迹。

书中还配有许多精美的插图，如维也纳的街景、咖啡馆、宫殿和歌剧院，希茜公主家的老宅和领地，慕尼黑的郊外风光和蓝色多瑙河的清晨与黄昏等。然而更多的是一本叫作《兔子的故事》的插图。《漫卷西风》的封面正是这样一只兔子："它微微垂着头，以致耳朵都向前耷拉下来，它的体面里有点黯然与紧张，因为命运让它勉为其难。它拖着长长的影子，走着，并不回避自己的责任，但并不热衷。"在陈丹燕的叙述里，维也纳和德国也就是这个样子。

总之，这是一本会让读者想到"温暖"两个字的书。在开篇的《旅行》中，陈丹燕写道："有时我要长风万里，有时我要归于内心，有时我要抹去自己身上所有身份的痕迹，就渴望当一个透明的人，有时万里、十万里之外，竟然回到的是自己的内心。"这本书作为陈丹燕经典的人文随笔之一，将带着人们走进她的内心世界，体会其中交织于20世纪80年代的情感，一同感受浓郁的小资情调和完美主义背后那深藏不露的欧洲。

先睹为快

我知道我有点想维也纳，所以我买下那本有太多德文、我几乎看不懂的图画书。柏林秋天的下午，天早早就要黑，满城灰色。而维也纳即使下雨，也是灰绿色的，它那样柔和。在柏林想维也纳，那真是极自然的事，也是极放任自己的事。柏林硬，维也纳软。柏林严肃，维也纳妖娆。柏林激励你上进，而且给你机会，维也纳鼓励你细腻，怎么细腻也不过分。在柏林你不得不让你的意识很合乎逻辑，尽可能的理性，做一个有秩序感的人。在维也纳你可以无穷无尽地翻检你的潜意识，将一切乖张的行为统统推给它，自己则可以体面地全身而退。在柏林得做个一板一眼负责的人。但在维也纳，脆弱和崩溃本身就是正当的理由。有了弗洛伊德和他的病人，茨威格和他小说里的女人，克里姆特、瓦格纳和他们那些阴郁的、充满情欲的金色曲线，千奇百怪的隐衷都可以得到宽恕。

生活也是真的，但不是那样的真，生活也是美的，但不是那样的美，生活也是善的，但不是那样的善。幻想和现实之间，就是相差了这样微妙而致命的，令人感伤的距离。

六月，在多瑙河边的克莱姆斯，我独自住在一栋房子的顶楼，写作《慢船去中国》的前几章。从写字桌上侧过头去，越过窗子，就能看到树丛后面的多瑙河。初夏的阳光下，多瑙河流淌着蓝绿色的水波，有时，有天鹅飞过。那飘摇的白色影子，让我突然就想起从前在上海街头看到的穿着白衬衫，忽忽悠悠，骑着脚踏车一晃而过的少年。他们敞着七十年代的白衬衣，让风带起衣服。那情形带着因为不自知而动人的诗意。

延展阅读

《木已成舟》《今夜去哪里》《咖啡苦不苦》

这是陈丹燕欧洲游历系列散文丛书中的另外三本，带着作者一贯特有的优美抒情风格，分别从博物馆、小旅馆和咖啡馆三个小视角切入，深入欧洲文化精髓内蕴之中，为读者带来别出心裁的全新感受。

《从巴黎到耶路撒冷》

〔法〕夏多布里昂　著

关于作者

在海水退潮的时候，人们能够从法国的圣马洛这座海盗城出发，沿着湿漉漉的小路踏上格朗贝岛。这座小岛因为埋葬在它土中的一位思想者而声名远扬。每一年都会有慕名者从千里之外赶来，只为在他的墓地前缅怀追忆。

夏多布里昂（1768—1848）就葬在这里，面对着他最喜欢的大海和对岸那座他出生的城市。在 1802 年，他曾因发表《基督教真谛》一文受到拿破仑的赏识，并由此被任命为驻罗马大使馆一等秘书。但他却由于与拿破仑在宗教和政治上存在着根本分歧，两年后便辞去职务，开始了以耶路撒冷为目的地而周游地中海各国的行程。这次长达一年的游历成就了《从巴黎到耶路撒冷》这部精彩的游记作品。

作为一个敢于平视拿破仑的人，夏多布里昂无疑对自己有着充分的自信。他不仅相信《论波拿巴与波旁王室》这本小册子给路易十八带来了超过十万军队的威力，更是声称“拿破仑在政治上称霸，我则在文学上称霸”。这种自信并非毫无道理，夏多布里昂在文学史上的地位之高、影响之远，是颇值得世人瞩目的。雨果在少年时便曾立下宏愿：“要么成为夏多布里昂，要么一事无成。”

《阿达拉》和《勒内》的出版使夏多布里昂成为19世纪初法国的浪漫主义先驱，而他的鸿篇巨制《墓中回忆录》更是为他立起了一座不朽的丰碑。他的散文作品以优美绮丽、音韵和谐而著称于世，福楼拜曾称在他的《殉教者》中听见了“长笛小提琴二重奏”，龚古尔更是在《日记》中表明他愿意用人之初以来的所有诗篇换取《墓中回忆录》的头两卷。莫洛亚在《夏多布里昂传》中，则将他形容为“情感上的浪漫主义与理智上的现实主义的矛盾结合”。

荐读理由

1804年，夏多布里昂从西方文明发源地希腊出发，踏上了通往宗教圣地耶路撒冷的旅途。途经希腊、土耳其、以色列、巴勒斯坦、埃及、法国等地，夏多布里昂充分领略了不同宗教、不同文化下的各国生态。他将自己在旅途中的见闻记录下来，并最终结集出版。这就是《从巴黎到耶路撒冷》一书。作者以第一人称的叙述忠实地再现了自己的行程，并且在记述事件的同时穿插了自己对于当地历史、文化、风俗的独到思考与见解。夏多布里昂把自己当作“最后一个怀着旧日朝圣者的思想情感和带着去圣地瞻仰的目的的法国人”，这样的写作心态给全书带来了浓重的宗教意味。

除了朝圣的目的，对自身有所欠缺的知识架构感到不满也成为促使夏多布里昂动身的一个重要原因。他坦承：“对于人类的辉煌文明，我却只了解克尔特文化和罗马文化；雅典、孟菲斯还有迦太基文化的遗迹都有待我去参观了解。”因此，这是作者的一场收获之旅，在探寻和接触中，作者直面古老的异域文化，并且尽自己最大的努力将它们还原并展现在读者的面前。

这本游记还可被看作是夏多布里昂另一部作品《殉教者》的基础材料。在《殉教者》定稿之前，作者认为“应该先看看书中故事的发生地”，并将这视为弥补素材来源之空白的一种努力手段。而《殉教者》又是对《基督教真谛》一书的进一步阐发。因此，若希望对夏多布里昂的思想体系有深入全面的了解，这本《从巴黎到耶路撒冷》是不可绕过的著作之一。

自出版以来，这本书便以浓厚的异国情怀和细腻的描写笔调开启了人们对东方的浪漫情怀，从古至今吸引着不计其数的人沉浸在东方之旅的美梦之中。它与拉马丁的《东方之旅》一起被推为东方旅行文学史上的两部重要作品。然而，本书亦不可避免地存在着一些偏颇的观点。突尼斯的历史学家和哲学家希沙姆·贾伊特对此评论道：“很难想象有什么人的态度会是比夏多布里昂在《从巴黎到耶路撒冷》中所体现的态度更加本质二元论；他唤起了中世纪时期的所有激情，重新肯定了他所引以为自豪的残忍而排外的‘我们’的显赫，重复不断地将中世纪视为一个伟大传统的核心和历史上的一个关键时期。”但这类带有历史局限性的观点无损于本书在文学史上的重要地位，而且读者从中可以看出当时西方人对于东方究竟抱有怎样的幻想，从而可以对西方自我中心主义语境下的“东方主义”作进一步的思考。

先睹为快

若与自然界中其他事物的静止永恒相比，人事的更迭变迁就显得更加鲜明突出。似乎是为了嘲笑人类社会的不安定，连动物王国都未曾经历过动荡，而动物们的习性也未曾改变过。站在缪斯山顶时，我见到鹳鸟们集结、展翅飞向非洲。两千年来，它们就是这样走着相同的迁徙路线，无论是在梭伦的治理下还是在黑衣太监首领的统管下，在这座城市中它们都一样地自由幸福。站在革命无法涉及的山上，它们看到了人类的变迁。当在埋葬着笃信宗教的先人的土地上成长起了蔑视宗教的新一代时，年轻的鹳鸟却仍一如既往地赡养着它的老父。

我头一次意识到我踏在亚洲的平原之上。啊！这片土地尚未留下过我的足印，还未知晓我与全人类共有的忧愁：这片古老的土地上诞生了人类，生活着各族人民，提尔与巴比伦屹立在这里，上帝从这儿召走了居鲁士与亚历山大，而耶稣就在此完成了拯救人类的使命，我心中充满了对这片土地的敬意。一个陌生的世界展现在我面前：我将遇上我不了解的民族，见到不同的风俗习惯，我将遇见别样的动植物，看到一片新的天空，一个全新的自然。我将渡过赫尔木斯河与格勒奈克斯河，萨狄斯也已离我不远，而我正向着帕加马与特洛伊进发：历史为我翻开了有关人类变革的另一篇章。

坦率地说，一看到金字塔我就被它们迷住了。我知道，当哲学家看到人类创造的最伟大的建筑只是一堆墓冢时，会感到痛苦或可笑。但是难道人类在谢奥普斯金字塔里看到的只是一堆石块或一具骷髅吗？人类建造这样一座陵寝不是感到自身的乌有，而是出于追求永恒的本能。这座陵寝不是死亡的临界，而是进入永生的标志。这是一座矗立于永恒世界边缘的永恒之门。西西里的迪奥多拉斯说：“埃及人认为，人生有如白驹过隙，毫无意义。相反，他们非常注重高尚的德行为死者留在活人中间的长久记忆。因此，他们把活人的居所视为寄居躯体的驿站，而把死者安息的陵墓叫作永恒的家园。所以，国王对修建宫殿显得漠不关心，营造陵寝却倾尽财力。”

延展阅读

《东方之旅》

拿破仑远征埃及使西方世界掀起了一阵对东方的狂热之风。法国象征主义和超现实主义诗人杰拉尔·德·奈瓦尔的《东方之旅》便是其中一部作品。这部著作被东方文化研究权威爱德华·W. 萨义德在其《东方学》中援引、提及达40余次，对了解和研究东方文化具有举足轻重的作用。

《欧洲在发酵》

〔美〕比尔·布赖森　著

关于作者

《泰晤士报》曾评价道："比尔·布赖森是目前活在世上最有趣的旅游文学作家！"

比尔·布赖森（又译作比尔·布莱森）之所以有趣，很重要的一个原因是由于他诙谐幽默的写作风格。在他的作品中，你找不到冗长乏味的旅游手册式介绍，他也不会拼命地塞给你一大堆转眼就会忘记的知识，他所叙述的大多是自己在旅途中遇到的各种奇遇和困难，还有令人发笑的趣味小事件，读来令人轻松愉悦。而他对于文字的高超驾驭能力，不必赘言，即可从他的《麻烦词汇字典》《母语》和《美式英语》等作品中窥豹一斑。这几部幽默风趣的非学院派语言学著作在业内大受好评，广为流传。

比尔·布赖森的有趣很大程度上得益于他的经历。1951 年他出生于美国艾奥瓦州，21 岁那年他毅然搭上了从美国飞往卢森堡的飞机，随即耗费了整整四个月的时间做了一场漫长的徒步旅行，从挪威来到了伊斯坦布尔。途中他经过英国，立即意识到这是他希望继续生活下去的地方。于是，他开始了长达20年的英国定居生活。在此期间，他为《泰晤士报》和《独立报》等著名报社工作，同时也在为《纽约时报》《国家地理杂志》等刊物撰文。他的科普作品《万物简史》登上了亚马孙网站2003年科学类图书排行榜的榜首。

离开英国之前他决定最后看这个国家一眼，于是背起行囊开始了他的英国环岛之旅，并写出了《哈！小不列颠》一书。回到阔别20年的美国之后，他借来母亲的雪佛兰，踏上了横跨北美大陆的行程，最终写成了《一脚踏进小美国》一书。这两部书与《欧洲在发酵》一起构成了“俏胡子逛世界”系列，在20世纪的旅游文学作品中占据了重要的一席之地。《纽约时报书评周刊》评价道：“布赖森绝对是旅行的好伴侣，而且也是一位用谐谑之眼观察入微的作家！每个阅读他作品的人都会不断地遇上乐趣，而且惊觉自己在他的发现之旅中有着高度的参与感！”

荐读理由

1972年，年仅21岁的比尔·布赖森从美国来到欧洲，做了一次环欧旅行。20年后，人到中年的比尔·布赖森决定再度重温青春岁月中曾完成的这场漫长旅途。20年的光阴把他从一个瘦弱、羞涩、喜欢独处的青年变成了一个博学睿智而不失尖刻的中年男人。在记录新的旅程时，他的脑海里时而会回想起20年前他和大学同伴卡兹一同经历过的事情，然而在这20年里，路上的风景和结伴旅行的人都变了许多，因此虽然是相似的路线，却仍有着全新的感受。

事情是从布赖森想要看一眼北极光开始的。随后，他搭上了从奥斯陆去哈默佛斯特的公车，开始了第二次环游欧洲的旅程。他决定从欧洲大陆的最北端出发，一路玩到伊斯坦布尔，途中尽可能地重新游历所有他年轻时曾经到过的地方。因此，他经过了挪威、瑞典、英国、德国、比利时、卢森堡、法国、瑞士、意大利、奥地利、南斯拉夫、保加利亚，直到土耳其的伊斯坦布尔。站在欧洲大陆的尽头，他的心中感到一股“继续前进的非理性冲动”。他说道：“旅游的动力中有着某种促使你想要继续走下去，永远也不要停止的奇特能量。”而正是这种能量，帮助他圆满完成了这漫长的旅行，《欧洲在发酵》一书便是比尔·布赖森这次旅行的完美记录与升华。

作为一个在英国生活了 20 年的美国人，他的作品中充满了开朗风趣而有时又带些粗俗的美式调侃，同时兼具犀利冷峻、一针见血的英式嘲讽，他用这种语言将所有把旅途浪漫化的面纱扯下来再撕个粉碎。在他的书里，你很难找到缓慢的步调或是脉脉温情，布赖森始终像是一阵风，脚步不停地吹过欧洲的大街小道，然后把最坏的一面与最好的一面都展现在你的面前。而正是由于看过了他对最坏的一面的描写，你才不会怀疑那最好的一面的真实性。

在他的描述中，法国人就是没办法好好排队，英国人则对用餐的基本原则毫无概念，德国人浑身上下没有一点儿幽默细胞，瑞士人完全不懂什么叫乐趣，西班牙人觉得三更半夜才吃晚餐没什么好大惊小怪的，而意大利人则永远也不应该参与任何汽车发明工作。《好书情报》在对此书的书评中写道：“爆炸性的绝妙讥讽……不仅使人忍不住捧腹大笑，同时也使人领教到他不得不然的坦诚，这份坦诚即使无法得到当事者的宽恕，至少也应该因他确实踩到痛处而获得谅解。”

对布赖森来说，异国旅行的最可贵之处，就在于一个完全陌生的国家会激起你孩童般惊喜的美妙感受，忽然之间一切又重回 5 岁的时候，对于周围的一切只有最粗浅、最基本的认识，而整个存在处境如同一连串有趣的冒险一样令人兴奋。在这本书里，读者将和他一起感受这种神奇的力量，感受旅途给人带来的莫名悸动。

先睹为快

在阿姆斯特丹中央车站下车是一个相当奇怪的经验。它位于市中心一个阳光普照的广场上，而这里就是本城主要街道丹拉克街的起点。你一走出火车站大门，出现在你眼前的竟然是——我的天啊——所有在六十年代滞留欧洲不归的老嬉皮。我从不知道他们的人数竟是如此之多，就算称不上成百上千，至少也有好几十人，他们以六至八人为单位，神态悠闲地四处闲晃，弹吉他唱民歌，共同分享大麻烟，懒洋洋地斜躺着晒太阳。他们看起来就是花了四分之一个世纪、在公共场所四处闲晃与吸食迷幻药的人所应有的那副德性。许多人的牙齿跟头发都掉光了，但却获得了为数众多的孩子与狗来作为补偿。小孩和狗都有着他们自得其乐的方式，孩子们光着脚丫在太阳下玩耍，而狗则是在我经过的时候跑过来咬我一口。

令我感到又惊讶又悲哀的是，为什么人类在过去数个世纪中，可以轻而易举地建造出一些与自然环境搭配得天衣无缝的建筑——小拱桥与石头农庄、教堂、蜿蜒的道路、灌木篱笆——为周遭的风景增添光彩，而现在，这份能力却退化到不管在乡野地区加上什么东西，看起来全都像是狠狠掴了大自然一个耳光。这些年来，造得最好的东西，不是只能称得上方便实用，例如随着我车窗外的风景迅速退去的笨重风车，就是显得廉价而简陋，就像我们可以在每一个稍具规模的城镇边缘，所看到的那些权充做超大型卖场的小锡屋与混凝土库房。我们过去曾经建造过文明。现在我们却只能建造出一些大型购物中心。

这真是一个奇妙的地方，伊斯坦布尔并不是一个城市——它是一种集体性的狂乱状态。我从未看过如此充沛的活力——人们推着手推车，端着一盘盘食物或是咖啡，扛着巨大笨重的货物（我曾看过一个男人背着一张十尺长的沙发，轻轻松松地在人群中穿梭游走，就好像他背的只不过是一副扑克牌似的），精力无穷地四处横冲直撞，每隔五尺路，就会出现一名摆摊叫卖的小贩，向你推销乐透彩券、手表、香烟，或是冒牌香水。每走几步路，就会有某个人走过来表示想要替你擦皮鞋、卖给你明信片或是观光手册、为你照相、帮你称体重、带你去他哥哥开的地毯店，或是其他种种可以诱惑你掏出一点儿钱来的手段。世上没有其他任何地方会像这个城市一样，让访客感到他的每一条神经，无时无刻不在被残酷地拉扯与晃动。这是一种同时混杂了迷惑、些许不安与极端刺激的特殊经验。

延展阅读

《哈！小不列颠》

本书是对布赖森在离开英国之前做的最后一次环岛旅行的记录，全书充满布赖森式的幽默诙谐以及可爱的调侃。《泰晤士报》告诫读者要躲起来读这本书，否则“你可能会因为爆笑得太厉害或持续痴痴傻笑而吓着了别人”。这本书得到了多家书评报刊的好评，更被英国《好书指南》选为20年来的最佳好书。

《沿着塞纳河到翡冷翠》

黄永玉 著

关于作者

2008 年 8 月 24 日，为了嘉奖黄永玉对人类文化发展所作出的杰出贡献，国际奥委会决定将四年一度的“奥林匹克艺术奖”颁发给这位 84 岁的老人。他不仅是第 29 届奥运会主办国（中国）唯一获此殊荣的艺术家，而且是现代奥林匹克史上唯一获此殊荣的中国人。

1924 年出生在湖南省凤凰县的黄永玉和他的表叔沈从文一样，在十几岁的时候就背井离乡，出外闯荡。他只受过小学教育和不完整的初中教育，却在美术和文学两方面自学成才，终成一代大师。对他而言，社会是最大的学校，生活是最强的动力，兴趣是最好的老师。在 16 岁那年，他已经可以靠着木刻养活自己。20 世纪 50 年代回到北京后，他先后担任中央美术学院的副教授、教授和中国美术家协会副主席。1956 年出版的《黄永玉木刻集》轰动了整个中国文坛。而他富有特色的版画作品更是饮誉海内外。1978 年，英国《泰晤士报》曾用整整六个版面对黄永玉和他的画进行专题报道，中国中央电视台《东方之子》也对他作了专题介绍。他的作品在世界各地巡回展出，并获得了无数的奖项与美誉。

除了在作画方面显露出过人天赋外，在文学领域黄永玉也表现出极高的才华。他的诗集曾夺得《诗刊》年度创作一等奖，而散文与小说的语言风格如诗般优美流畅，如“童叟之言，百无禁忌”，深受读者喜爱。

美术评论家陈履生评论黄永玉时说道：“他有着湘西人的倔强、刁蛮的个性，也有着一种轻盈、浪漫、抒情的文人情调，同时，他又始终刻意地与主流社会保持着某种若即若离的关系。他的经历和艺术风格都具有一种特殊的‘复杂性’。”被誉为“画坛鬼才”的黄永玉身上确实带着湘西烙下的深深痕迹。那里彪悍自然的民风造就了他不屈不挠、乐观坚强的性格，而迷人美丽的故乡风光又赋予了他源源不断的创作灵感。如今，湘西、沈从文、黄永玉，这三个名词已被自然地联系在了一起，共同成就了一段湘西神话。

荐读理由

《沿着塞纳河到翡冷翠》是黄永玉的一部艺术游记散文集，收录了20世纪90年代黄永玉在法国、意大利生活时的旅行札记以及当时所作的百余幅图画。当时的黄永玉已是年逾六旬的老人，书中所写的，不是这个60多岁的老人在街头作画时的所见所闻，就是他在回忆和畅想中的所思所感。若除去插图所占的部分，全书的篇幅并不长，文字轻松质朴、简明有趣，又弥漫着浓浓的哲理情思。全书既是一本生动的游记，也是一部优美的人文随笔。细细品来，隽永悠长。

黄永玉曾经对出版这本书的出版商得意地“吹牛”道：“你们哪里找得到那么认真、够分量的插画。”他在说这句话的时候是充满了底气的。书中每一篇文章都配有黄永玉亲手绘制的油画、水彩等作品，读者在欣赏他幽默而富有灵气的文字叙述时，还能从他的画里感受到巴黎和翡冷翠这两座城市迷人的异域风情。黄永玉的画笔与文笔在这部书里同时得以展现，给读者带来了一场从视觉到心灵的双重盛宴。

全书共分成两个部分，第一部分《沿着塞纳河》讲述的是巴黎的故事，而第二部分《翡冷翠情怀》，则与意大利相关。黄永玉用一个画家的眼睛打量着这两座城市并对它们的街道、文化、建筑作出了自己特有的评价。不得不承认，艺术家发现美的能力是惊人的，重现美的能力也是超群的。在黄永玉的笔下，我们重温了洛东达咖啡馆的黄金岁月，感受了巴黎塞纳河上的桥，欣赏了意大利菲埃索里山的美丽，并对意大利人的友善热情会心而笑。在这本书中，我们还将了解到在这样一位艺术造诣极高的中国画家眼中，梵高、罗丹、薄伽丘、拉斐尔和但丁等人究竟给他留下了怎样的印象。

在描绘异域时，黄永玉不免流露出对祖国的牵挂与痛心。曾饱受“文化大革命”摧残的他心底至今仍有那个时代留下的深深伤痕，以至于在他观察外界时，总摆脱不掉这样的文化背景。在《迷信和艺术的瓜葛》一文里，他略带恐怖地回忆起当年“文化大革命”中毁灭艺术珍品的场景，又不无凄凉地对比道：“不管文艺复兴时期或前或后，外国的皇帝和封建主都有个不成文规矩，打仗归打仗，攻陷城池，谋财害命，绝不毁坏艺术珍品；甚至拿破仑、墨索里尼、希特勒，都流露过对文化艺术的爱好的修养。”痛心之意，溢于言表。

因此，这本书并不是一本简单的游记。它并不仅仅停留于对景点的介绍或是趣闻的叙述，而是要通过一切手段来深入到这两座城市的文化深处，去寻找它们的艺术之根。读完这本书，我们不禁会问：是什么让艺术在这里有了如此巨大的力量？为什么居住在这里的人，“连疯子都是尊重艺术的”？并且，我们的目光最终将返回自己身上，重新对这半个多世纪以来我们的所作所为进行深刻的反省与审视。这部作品就像是一个联结点，在艺术的层面上把中国与欧洲这两个遥远的点结合到了一起。相信读者在读完黄永玉的文字之后，也会有自己的结论。

先睹为快

我从历史的角度发现，巴黎和意大利诸城的艺术环境很像一个装蜜糖的大缸。收藏之丰富，艺术之浓稠，原是千百万蜜蜂自己酿出来的。但人们却常在大缸子里发现被自己的蜜糖淹死的上百只蜜蜂。

一般的观众和爱好者欣赏名作时，是无须担心给“淹死”的。从事艺术者却不然。他每天和艺术的实际性东西接近。年深月久，欣赏水平远远把自己的艺术实践水平抛在百里之后。眼光高了，先是看不起同辈的作品，评头品足；最后连自己的劳作也轻蔑起来，干脆什么也不做，粘住手脚，掉进缸里淹死完事。

艺术的蜜罐里，不知淹死过多少创造者。

我这个老头丝毫没有任何系统的文化知识，却也活得十分自在快活。我要这些知识干什么？极系统、极饱和的庞大的知识积聚在一个人的身上，就好像用一两千万元买了一只手表。主要是看时间，两三百元或七八十元的电子表已经够准确了。不！意思好像不是在时间之上。于是，一两千万元的手表每天跟主人在一起，只是偶然博他一瞥。

“读那么多书，其中的知识只博得偶然一瞥，这就太浪费了！”

“我这个老头子一辈子过得不那么难过的秘密就是，凭自己的兴趣读书。”

“认认真真地做一种事业，然后凭自己的兴趣读世上一切有趣的书。”

在米兰大教堂面前写生，是一种考试。不管平常牛皮吹起多狠，画一张米兰教堂便见分晓。（自然，还有一个更难的考题留在罗马梵蒂冈广场周围的那一圈走廊。是一场你死我活的血肉的拼搏，有一天我终于会去试试。)

这一天，儿子陪着我，选了个人烟稍少的街角画将起来。三个钟头左右，远远一个要不是酒鬼便是疯子的人，指手画脚，连唱带说冲我而来。

儿子说："坏了！"马上做战斗应变准备。

这人来到面前，看见我在画画，当面鞠了一个躬，静悄悄地移步到我的背后看起画来。据儿子事后告诉我，他严密注视，一有动作马上就扑向敌人，绝不手软。

直到完成，意料之内的险象并未发生。那人一直看到画完，道了声多谢转身走了。没走几步，便又连嚷带唱地闹了起来。

在这里，我长了一个见识，连疯子都是尊重艺术的。

延展阅读

《比我老的老头》

在本书中，黄永玉用朴素的语言深情地回忆了他与钱锺书、沈从文、李可染、张乐平、林风眠、张伯驹、许麟庐等人的交往过程，为读者讲述了许多关于这些中国现代最优秀的艺术家、学问家不为人知的故事，还原出那个时代的记忆以及老一辈学者们的精神追求与人格魅力。

《游牧长城》

周涛　著

关于作者

1969年就毕业于新疆大学中文系的周涛是典型的出道晚、成名快的大器晚成的作家。直到1979年，他才出版了自己的第一本长诗小册子《八月的果园》。但却仿佛从此打开了灵感之门，在短短几年之内他又出版了多部诗集如《神山》《野马群》等。并在1986年获得了全国第二届新诗（诗集）奖，被誉为新边塞诗的代表人物。因诗成名的周涛在1990年突然以一部散文集《稀世之鸟》宣告自己将从诗歌转向散文创作，而他在这个全新的文体领域中同样取得了巨大的成功。1992年写成的《游牧长城》使他达到了一个新的高度，而随后人民文学出版社专门出版的《中华散文珍藏本·周涛卷》为他赢得了1996年首届鲁迅文学奖。

余秋雨曾说："周涛对我来说是远方的山……在中国文化的发展过程中，新疆文化的地位肯定高于人们所想象的那样的地位。我相信新疆这块地方，或者比新疆更大的地方是中华文化拓展自己生存空间，然后改变自己存在本质的一个前沿。我想周涛的意义就在这儿，他把这块土地上曾经有过的时间意义上的一种力量和他本来所具有的一种空间意义上的力量组合起来了，组合在一个生命体上，变成一种当代话语。而这种当代话语不是一般意义上的采风，而由于它通过自己的生命来体现，所以一直保持着一种高贵。”

周涛的文字正是给人这样一种高贵之感。他的足迹踏遍了大西北的土地，在他的笔下，生命的力量在时间的沉淀中逐渐显现出来。

荐读理由

长城是中华民族精神的象征，古往今来，赞美长城的诗词歌赋数不胜数，研究其军事学、政治学价值的著作更是屡见不鲜。但能够为长城单独创作一本散文集，对其横跨的众多区域加以介绍的作品却绝无仅有。《游牧长城》是一部在文体、手法和境界上都取得了新的突破的以单篇组合为形式的长篇系列散文作品。全书分为《甘肃篇》《山西篇》和《陕北篇》，共收录38篇散文。周涛为创作此书倾注了大量心血。他在后记里说：“我只觉得像是吐完了最后一口气，再长一点儿，我都没话说了。好像是一个人把他家里的东西搬出去搞展览，搬着搬着，一回头房子全空了。”

是什么让区区十万字就几乎耗尽了作者的心力？在这用生命写成的、同时又承载着大西北沉重的历史的字句里，答案清晰可见。本书提出的核心问题之一是：长城究竟是什么？作者给出了种种答案：长城是中国先人最公开的心理，是秦始皇想象力的极限。长城是一条奇长的拉链，由东向西，横缀在中国北部的土地上。当它闭合时，就把两边的人连接在一起；当它拉开时，便把两边的人撕裂开来。长城是把农耕民族和游牧民族分隔开的一道界线，是祖先们痛苦的纪念碑，值得每个中国人细细品读。不同于那些轻巧的小散文，本书呈现出一种“长、大、重”的大文化散文气象。作者像是一位精神游牧者，沿着长城策马而过。他既不属于长城里，也不属于长城外，他既是中原文化一脉相传的嫡亲，同时又是天山山麓的游牧人的养子。站在这道关内关外的分割线上，作者摆脱了狭隘的民族立场的束缚而使眼界变得更为开阔。但本书并没有简单流于对宏大历史的空洞感叹或是对长城的盲目赞美。作者明白地看到了长城伟大光辉的另一面，并把它展现在读者面前。

《游牧长城》是一部带着读者去读长城的书，它回顾当年的马文化与牛文化交错纠葛的历史，对中华民族作了重新的审视。而书中纵横捭阖的文字与精妙绝伦的比喻使人不得不惊叹作者出众的才华与独特的匠心。绿原在本书序中说道：“作者写到的地方，我惭愧都没有去过，除了兵马俑的故乡。那时他们已经出土，整整齐齐站在露天坑里……他们的面孔千篇一律，毫无表情，呆滞和沉默增加了一股严峻的气氛。但是，刹那间，我又明明听见他们在众目睽睽之下窃窃私语……为活着的世人所不理解的瞬息的永恒而窃窃私语。他们究竟说了些什么，可惜我一个字也没听清，但本书作者都听见了并且记录下来了——凭着这点眼见为实的体验，我诚恳并郑重地向你推荐这本怎么说也值得一读的奇书。”

先睹为快

长城不仅是一部中国的战争论，长城比战争大得多。战争假如是一条江河的话，长城就是大海，它容纳它。你可以同时把长城说成是任何论：种族论·史纲，经济发展的缩影，政治兴衰的见证，文化交融论，宗教变迁史……全都可以，遑论战争？

这是一部众神之车。

这是一个形而上的载体。

你仔细读下去，就会看得到：在长城的土墩、废垒、残墙、断隘之上，在堠、庭、障、塞、烽燧之上，还有一座凌驾于长城之上的长城，它正从古长城里升浮出来，如魂魄附着并游离于躯体之上，悬浮在半空，大气游虹，缠绵云朵，它俯看着它。

长城里边的那个孩子，驯化了牛，也被牛驯化了。他坚韧、有耐性，吃得起苦，受得起劳累，索求不多而贡献一切；他强壮有力，不言不语却内蕴丰富，他从不张扬自我，不主动侵犯别人，他的双角纯粹是一种防御，甚至连防御的功能都退化了；他是一种稳劲，崇尚扎实，但也失于缓慢、笨重；他虽然力大无比，身躯粗壮，但总是把自己看得很低，很渺小，很容易服从。据说牛眼睛里看到的东西都是放大的，他看什么都比自己大……

长城外边的那个孩子抓住了马，他驾驭了马的时候也难免不受马的驾驭。他迅疾，灵敏度高，无牵无挂，喜欢合群；孤独的时候，他是多情的，美丽忧伤，但是一旦成队成群，他的多情就变成了激情，亢奋、猛烈、急躁，一种渴望奔跑的欲望被群体的力量所鼓动、裹胁之后，便产生横扫一切的凶猛攻击精神；他是情绪的产物，群体的召唤很快可以使他达到高潮，飞扬跋扈，不计后果。但情绪是短暂的，缺乏持久力，这是一种迅猛而轻浮的爆发力。

延展阅读

《周涛散文》

本书收录了周涛著名的《巩乃斯的马》《天似穹庐》《红嘴鸦及其结局》等文章，是全面了解周涛其人其文的经典之作。在一次与张占辉的谈话中，周涛曾给当代的散文界列举了八大罪状，条条鞭辟入里，一针见血，犀利直率。他主张散文创作不应受陈腐理论约束和形式捆绑，把自由的生命还给散文。在周涛的散文中，读者无疑能感受到如脱缰野马的思绪带来的大开大合之美，同时也将被这张沉重的思想之犁挖出的深沟所震撼。

《房龙地理》

〔美〕亨德里克·威廉·房龙　著

关于作者

亨德里克·威廉·房龙（1882—1944），著名作家。郁达夫曾在评价他的写作手法时说道：“房龙的这一种方法，实在巧妙不过，干燥无味的科学常识，经他那么的一写，无论大人小孩，读他的书的人，都觉得娓娓忘倦了。你一行一行地读下去，就仿佛是和一位白胡须的老头儿进了历史博物馆在游览。你看见一件奇怪的东西，他就告诉你一段故事……这不过是将文学家的手法，拿来用以讲述科学而已。……从前试过的人，也许有过，但是成功的，却只有房龙一个。”

对先后就读于美国康奈尔大学和德国慕尼黑大学并最终拿到历史学博士学位的荷裔美籍作家房龙而言，他的兴趣可不仅局限于历史。作为一位畅销书作家，房龙的作品涉及历史、地理、艺术、传记、政论、寓言、科普、歌曲集、儿童教育和旅行指南等领域，一生中他以惊人的高产能量连写带编出版了40多本书。除此之外，在房龙绝大多数的作品中，都带有他自绘的插图，这些插图和他的文字一起证明了他是一个既可爱又幽默风趣的人。他的书在欧美热销了20多年，卖出

600多万册，并为他赢得了数百万的读者。就连在中国，他也创下出版界奇迹。其著作的中文译本在20世纪20年代中期就被引入国内，虽没过多久，抗日战争便转移了人们的视线，但经典作品的魅力是长久不衰的，过了50多年之后，房龙的作品又重新被人挖掘出来，并且在20世纪90年代后期至21世纪初掀起一股颇有气势的“房龙热”。

重要的不只是他的博学多才和受欢迎程度，关键在于，从房龙作品的字里行间，读者在会心一笑之余还能感受到他对人类的终极关怀。事实上，任何一个发自内心地热爱历史、地理与写作的人都不可能绕过对人类自身命运的思考。凭借着这种敏锐的感应力，房龙早在1930年便感受到了世界的紧张局势，他在写给朋友的信件中预言“我们正走向另一场战争”。并且在1938年出版了一本叫作《我们的奋斗——对希特勒所著〈我的奋斗〉的回答》的小册子，把矛头指向了美国的孤立主义者、绥靖主义者和为希特勒辩护的人。二战爆发后，他又通过美国的短波广播，给被攻陷的荷兰传去源源不断的信息。然而，房龙还没来得及等到二战结束，1944年便在家中突发心脏病死亡。长年患有忧郁症的房龙把写作当成自己最好的精神麻醉药，他在书中以诙谐轻快的笔调给读者们带来了极大的心灵愉悦。在他的葬礼上，400多位从世界各地赶来的人挤满了小小的教堂。

荐读理由

据传，地理学家侯仁之先生曾说:“在我的生活历程中，有两部通俗的地理著作曾经强烈地吸引着我，甚至把我引向一个我始终未能达到的写作境界。”其中一本便是《房龙地理》（又名《人类的家园》）。

这本书1932年在美国一经出版便广受欢迎。直到进入新的一年，它仍然稳居非虚构作品销售榜的榜首，虽然定价不菲，但似乎丝毫不受经济大萧条背景的影响，每周能售出1 000册。在英国，年销售量亦高达138 000册。同时，该书还被翻译为德文、西班牙文、意大利文、匈牙利文和瑞典文等，在欧洲大陆流传甚广。

一方面，当时的书评家纷纷给予此书极高的评价，把它称为“从未有过的既给孩子也给大人读的最好的地理书”和“这一年最有可读性的非虚构作品”。但是另一方面，地理学家也对房龙所绘制的地图，对上面河流的走向、山脉的具体位置以及某些地理数据提出了质疑。

房龙对事实方面的差错表示了道歉，但他在书中已很明确地表明了自己对这些地理学家们所看重的所谓“事实”的看法：河谷与内陆海域消消长长，世界上任何平均温度都不会平均太长时间，海洋底部隆起或消沉，看似可靠的数据其实并不可靠。更何况每个国家都有自己的数据，借以表明其主权国家的独立身份。这种不幸的观点差异是无可救药的民族主义恶习的结果。与其过分地注重这些并不稳定的烦琐的地理数字，房龙更愿意把目光投向那些活生生的、与我们一样共同生活在这个世界上的人。

因此，这是一本地理书，但更是一本关于“人”的书。书中，作者带着读者从欧洲起步，飞越亚洲，掠过太平洋岛屿，回顾非洲大陆，抵达美洲，并在最后给读者展开了一幅新世界的蓝图。房龙用他独特而有趣的语言告诉我们世界各地的人们在如何生活，他们过去、现在甚至未来是什么样子，以及他们为什么会是这个样子。

当然，再伟大的灵魂也会受到其所处时代和历史的局限，房龙亦不例外。书中的一些观点，读者也许不能认同，所以带着批判性的分析态度来阅读是必要的。但比起简单的否定，不如想一想这种观点产生的深层原因。毕竟每一种看法的背后都会有一个潜在的思想体系作为支撑。在这种分析思考的过程中，读者一定会受益良多。

先睹为快

在我们开始一次旅行之前，我们通常会大致弄清楚我们前往何处以及我们计划如何抵达那里。读者打开一本书就会获取同样类型的少量信息，因此关于“地理”这个词的简短定义将不会超出叙述范围。

我的书桌上碰巧有一本《简明牛津词典》，它和其他词典一样能派上用场。我所寻找的这个词出现于344页底部（1912年版）：“地理：有关地球表面、形状、自然特征、自然以及政治区划、气候、出产、人口的科学。”

我不可能给出更好的定义，但是我将会以牺牲其中某些方面为代价而强调另一些方面，因为我试图将人置于这个舞台的中心。我的这本书不仅仅只讨论地表以及自然特征，还要讨论其政治区划和自然区划。我乐于将它称为人的研究，就是研究人怎样为自己和家人寻找食物、遮风避雨之所以及娱乐，尝试找出人类使自己适应背景或重塑自然环境，使它与自己有限的能力和谐并且变得舒适、滋润并幸福的方式。

无论好坏，我们的行星已经变成了一个巨大的运转当中的公司，入口处上方的日期是1932年，而不是公元932年或公元前32年。

但是，有一个解决办法，里德（美国军医，在黄热病研究方面成就卓著）和罗斯（英国医生、细菌学家，发现蚊子为疟疾的传播者）的劳动为我们指明了所要因循的道路的总方向。因为这两个人既不“拿走”也不“给予”，他们合作。如果没有数以千计的其他人的帮助，他们将永远无法达成他们所取得的成绩。他们并不专门为黑人、白人或黄种人驱除疟疾和黄热病。他们不看肤色和信仰，他们将其祝福赐予全人类。当哥瑟尔斯（Goethals，1858—1928，美国陆军军官、工程师、巴拿马运河区第一任总督）和戈格斯医生（Dr. Gorgas，1854—1920，美国军医，在巴拿马运河挖掘期间消灭了运河区的黄热病，保证了工程顺利进行）挖掘巴拿马运河时（哥瑟尔斯绘出蓝图，而戈格斯医生给予他人力，借此将其蓝图变成了立体式岩基），他们并没有单独考虑太平洋或大西洋，或者是美国自己，而是整个世界。当马可尼发明无线电时，他并没有规定：“只有意大利船只在遭到不幸时才可以使用无线电广播。”桑给巴尔不定期货船和最迅捷的横渡大西洋快船一样受惠良多。

延展阅读

《房龙传》

想要进一步了解房龙生平的读者不妨读一读这本由他的次子杰勒德·威廉·房龙所著的传记。完全不需担心儿子是否会为父亲隐恶扬善，杰勒德用他的行动告诉世人：一本优秀的传记就是尽可能真实而客观地还原传主的模样。有了朝夕相处的基础，加上大量亲友通信，以及丰富的正反两面的素材，我们完全有理由确定书中那个幽默可爱、狂热于写作的房龙与自私自利、好出风头的房龙的确就是同一个人。

《中国十八省府》

〔美〕威廉·埃德加·盖洛　著

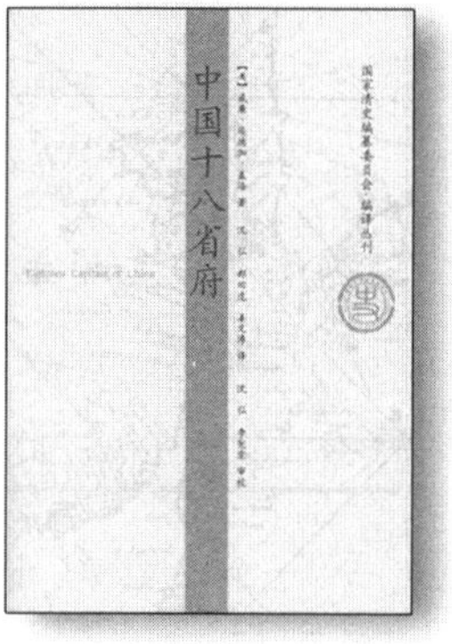

关于作者

1908 年，一位年轻的美国人背上行囊，从长城东端的山海关起，徒步走到了长城西头的嘉峪关，耗时 5 个月。他是考察中国长城的第一位国际友人，也是全程走完长城的第一人。他就是威廉·埃德加·盖洛（1865—1925）。

1865 年出生于美国宾夕法尼亚州的威廉曾受过严格而系统的地理学专业训练，是 20 世纪初美国著名的旅行家，也是英国皇家地理学会的会员。他这次长城全线旅行的收获是一本叫作《中国长城》的著作。它用文字和图片全面展示了那个年代长城的风貌气象，成为后世的珍贵资料。威廉对此书充满信心，他说：“如果将来有长城学家前来考察长城，那么他们将发现除了抄袭我写的东西，否则不会有多少话好说。”

但这并不是威廉第一次来到中国，早在 1903 年，他就曾乘船沿长江溯流而上，考察长江流域的人文地理，并出版了《扬子江上的美国人》一书，引起了西方读者的热烈反响。1910 年和 1912 年，他又分别对中国进行了两次大考察，写出了《中国十八省府》与《中国五岳》两部著作。可以断定的是，他对中国历史地理的了解程度，甚至远远超出了许多中国人。与许多别有居心，假借探险、考古之名前来中国疯狂掠夺文物的旅行家不同，除了照片和笔记外，威廉自始至终没有从中国带走任何文物。

1987 年，一位叫作威廉·林赛的英国人同样全程走完了长城，并推出《独步长城》这一著作。当时还不知道威廉·埃德加·盖洛之壮举的人们称他为“第一个全程考察长城的国际友人”。然而 1991 年，他在接受采访时收到了一本《中国长城》，他才得知，早在 80 年前，有一位老威廉就已做过同样的事情。他异常兴奋，当即决定重访老威廉拍摄过的长城。此后，他一手筹办的“万里长城，百年回望”项目取得了巨大成功，其摄影作品于 2007 年在北京国子监展出。

这像是一次重生。在被遗忘了几十年后，威廉·埃德加·盖洛又被重新发现，而他付出的努力与杰出的贡献也终于得到了承认。

荐读理由

我国共有 34 个省级行政区。很多人却并不知道它们的由来。中国的行政区域大多沿袭清代建制，而清代全国则划分为十八行省，四大藩部和关外三省。其中，十八行省是其主干，各省首府均是当时国内繁荣的大都会。从某种意义上来讲，了解了十八省府，就了解了清代的中国社会。

1908 年，威廉决定开始他在中国的第三次长途旅行。在乘船游遍长江和徒步走完长城后，这一次他决定有系统地访问中国 18 个行省的每一个省府，并试图对这一重要历史时期里各种事物不断发生的变化作一个“印象主义的描述”。在前言中，威廉解释道：“我们这样做的目的是想通过记录这发生了翻天覆地变化的十年中的一年，而使这本书具有永久性的价值，从而能跟我们研究中国的其他著作一起被世界各大图书馆所收藏。”

因此这并不是一本旅游指南，而是与正在消逝的中国古老文化的一场竞赛。威廉无疑敏锐地嗅到了中国剧变前蠢蠢欲动的味道。一方面是“整个大清帝国都在武装起来”，进行着系统性的欧洲式操练；另一方面，官方的毁书行动正在开始，很快，许多在过去数千年中用于训练中国文人的典籍和更为短命的通俗小说和志怪杂记就要遭受灭顶之灾。因此，他用自己踏实、全面而仔细的考察，为读者保留下了丰富的老照片、珍贵的文献样品以及对中国 18 个重要城市的描述与记录，并希望读者“能对处于往昔和未来转折点上的中国的概况一目了然”。

全书分为三部分，分别为“南方的省府”“扬子江流域的省府”和“黄河流域的省府”。威廉从地方志、传说、特产、名胜、建筑、文学、宗教、百姓等方面入手，详细解析了每一座省府的过去、现在和未来。作为一个美国人，他对中国博大精深的文化了解之深刻与全面，令人感到惊叹。而他具有国际视野的精辟议论以及在此基础上所作的精准预言，也令人感到佩服。在他的描述中常常能见到对社会各阶层人民的生活的记录，以及中国城市与西方城市发展的对比，从而为读者展现出清朝覆灭前的社会全景。

此外，全书中展现的浓浓的人道主义精神同样令人印象深刻。威廉并没有那个年代洋人常有的居高临下的倨傲姿态，而是选择了以平民视角深入到当地百姓的生活当中的做法，并由此搜集了大量的民间故事和歌谣，这使他的记录更为生动而真实。

全书配有大量黑白插图，并附上详细注解，将给读者带来极为直观的感受。大多数读者并不缺乏对清代中国社会的总体把握，但跟随威廉的思路，对当时中国各大省府做一个系统的了解，会让你有耳目一新的感觉，会让你看到一个不一样的中国。

先睹为快

城墙之内有许多地方是岁月变迁的标志。偶尔你的目光会停留在某一栋以外国风格建造的洋房上。其中有一幢新楼格外引人注目，曾经是贡院的旧址。这里曾有过一排排低矮的小屋，那些莘莘学子就是在那些小屋里奋笔疾书、参加科举考试的。整个贡院后来都被拆毁，而现在全广东省的西式教育就是以这个古老贡院的旧址为中心发展起来的。然而，旧经学的传统仍然持续了下来。我们最近看到过的一份典型学校毕业考试卷上的作文题目为："执法者自谓无法决定自己的命运。"这是一个很有趣的哲学命题，它的演绎进程使我们联想到一只追逐自己尾巴的小猫。

所有这些变化和改进都显示出，中国的过去正在迅速消亡。要想追上这迅速消亡的过去，研究者必须加快行动，因为中国的学者羞于提他们的古代地方志。在对中国古代地方志感到厌恶和对其民间传说感到骄傲之间的这个特定时期内，存在着古籍会随时遭受毁灭的危险。这更增加了我们的热忱，去寻找那些讲述西南地区奇特往事的书籍，以保存各个不同省会城市的典籍，我们为这些典籍首次被收集到一起的前景而感到了很大的乐趣。

这里是远东，天坛代表着遥远的过去。在北京所有的建筑和物质标志中，需要参观和理解的最重要景点就是这一个皇家的祈祷场所。我登上它的石阶，一圈圈旋绕而上，直上苍穹。倘若我们先眺望过去，曾经建都于此的元、明、清这三个朝代的全部历史一览无余地展现在我们面前。至于现在，这儿就是整个帝国的缩影。四墙之内的北京正好是四海之内中国的缩微模型。我站在天坛上，将目光投向未来。东边是日出之国的日本，除非其道德水准得到提升，它很快就要变成日落之地。西边是中国的西藏，那儿的高地人尚需努力，才能在历史上留下浓重的一笔。北方是俄国，这是一个大国，但正在酝酿着分裂的因子。往南我能看到一个新的广袤而强大的帝国。那是一个帝国之内的帝国，一个由白色帝国统治的黑色帝国，它的新名称是不列颠印度。当英国、美国和中国结成联合阵线来防止世界纷争时，那将是人类历史上一个最伟大的和平计划。到那时，在这三个旗帜下将囊括了全球的十亿人口！中国将在北京为全世界实现早在秦始皇建造长城时就为他的帝国所定下的目标——防止纷争！

延展阅读

《扬子江上的美国人》

这是作者的另一部精品。

本书记载了威廉从上海乘船溯江而上，从四川经云南到缅甸八莫的旅行记录。沿途他考察了长江流域，以外国地理学家的视角描绘了中国的风土人情、地貌特产，并记录了大量基督教在中国传播和 20 世纪初中国社会状况的资料，使本书成为一本展现 20 世纪初长江流域和西南地区历史风貌的精彩游记。

《日本意象》

靳飞、邱华栋、祝勇 著

关于作者

现居北京的靳飞与日本有着极深的渊源，他把对中国的眷恋与对日本的热爱融合到了一起，担起了中日两国文化交流的重任。作为著名国学大师张中行的弟子，他与季羡林、吴祖光等老前辈都有着密切的来往，其“京城遗少”般的风流才子做派给人留下了深刻的印象。孙郁先生在记录靳飞的一次出游时如是写道：“他到南方去，身着马褂，口吟旧诗，自称是‘业余八旗子弟’，一时成了新闻。然而那时，他还是二十几岁的青年。”这成了靳飞经典的真实写照之一。他出版有《苦禅一味》《樱雪盛世》《沉烟心事牡丹知》等多部散文随笔集，并在戏剧、音乐、历史方面都颇有造诣。2004 年，靳飞被日本东京大学聘为特任教授。

1969 年出生于新疆的邱华栋如今已是中国当代实力派作家之一。他从 16 岁便开始发表作品，18 岁已出版了自己的第一部小说集。1988 年，他被武汉大学中文系破格录取，原因是他给校长寄了自己的小说。

他的写作涉猎广泛，不仅出版了多部长篇小说集，亦结集出版了许多部诗集和散文集，此外，在影评、书评和建筑评论等方面也有着自己独到的见解。其多部作品被翻译为法文、德文、日文、英文等多国语言发表和出版，并获得多个奖项。他对社会变迁和新生事物有着极敏锐的感觉，刘震云曾对此评价道：别人写作，写的都是“故事”，而邱华栋写作，写的却是“新事”。

作为“新散文运动”代表人物的祝勇同样在文学创作上有着出色的表现。他的长篇实验文本《旧宫殿》曾获中国作协郭沫若文学奖和马来西亚花踪世界华文文学大奖提名奖。这部带有混搭风格的历史文化散文突破了余秋雨“游记 + 历史典故 + 幽思”的“大散文”模式，寻找到了另一种重新进入历史、解读历史的角度，给散文界带来了一股新风。成名之后，他毅然辞去了每月按时发工资的安稳工作，并开始了以旅行和写作为主要内容的生活，并与中国旅游出版社合作，策划出版了《行走与停留》丛书。祝勇的行走散文融入了大量个人体验，成为一位活在当下的文化人带有批判精神的发言。

荐读理由

日本的外务省文化交流部部长近藤诚一在书的序言中写道：“我于2004年3月在东京会见了三名刚刚结束日本之旅即将回国的中国年轻文人，他们对日本了解程度之深让我震惊。他们有时会用尖锐并且带有批评性的眼光来分析现实问题，有时又用和善的眼光来理解问题背景；而且他们还很了解连我也没有注意到的日本好的东西，并由此发现他们与中国文化间的共通性。”

这三位受到高度称赞的中国年轻文人，便是靳飞、邱华栋和祝勇。他们三人共同的日本之旅促成了这本书的诞生。本书以各自成篇的形式收入了他们的文化随笔，一本书中同时容纳三种不同风格，分别用不同视角描绘了他们所见到的日本岛国。靳飞的文字认真严谨，历史典故信手拈来，但又并不令人觉得枯燥无味，耐心读来收获良多。邱华栋的文风朴实平淡，是典型的游记形式，忠实地记录了他的所见所闻。文字最为优美的当属祝勇，他的文章带着反思与批判的精神，又呈现出写意的浪漫。而关于日本的意象，就在他们的叙述中慢慢浮现出来：樱花、清酒、荞麦面、寺庙、尺八、相扑、茶道、木屐……他们用文字创造的浓厚的日本文化氛围给读者带来了身临其境的感觉，仿佛未出家门，便已经随着他们的步伐，在日本逛了一圈。

为了使读者有更为直观的感受，书中附上了大量的精美插图。这些由祝勇亲自拍摄的照片显然经过了精心的取景，力图在有限的范围内展现出尽可能多的日本风光。在排版时他也为插图留下了足够的空间，一幅插图往往占据一整页，显得大气而令人赏心悦目。

对于想要了解日本历史与文化的读者而言，此书会是一个不错的选择。紧密相邻的地理位置和一衣带水的文化渊源注定了日本与中国有着不可避免的交集，尽管在政治理念方面两国多有不同，但两国民众间渴望加深交流的意愿是强烈而美好的，而文化交流则成为两国保持友好关系、促进双方沟通与合作的最重要手段。三位中国年轻作家的此番日本之旅将为中国读者揭开日本的神秘面纱，并介绍这座并不遥远的东方岛国的历史以及人们的生活。这种试着从积极正面的角度去重读日本的尝试无疑是值得肯定的，它将为读者提供另一种解读历史和认识日本的可能。

先睹为快

扶桑是一种木槿属的灌木植物，可是，从很早的中国古文献中，像《山海经》《南史》中，就已经用扶桑来称呼日本了。扶桑的方向，就是今天日本所在的方位。

扶桑这种植物四季花开不断，五色婀娜，非常美丽，是不是我国古人因此用来象征和形容岛国日本的美丽与神秘的？

从日本列岛的地图上看，确实，大海包围着它，除了面对来自大海的威胁，来自海上的影响，日本没有别的选择。日本从地理的位置上讲，就必须要向任何来自大海上的力量开放。

（邱华栋）

所有尖硬的事物都将在这里消失，比如时间、暴力或者呼喊。有一点像死亡，安详、寂静、唯美，具有销蚀一切的力量。从某种意义上说，京都可以被称得上一座死城，它并非被时间所毁灭，相反，是它毁灭了时间。时间的利刃在这里变得迟钝、无从下手，最后，时间变成了石头，罗列在路上，被这座城市里的人们踩踏。

在21世纪，我看到了一个旧得发黄的京都。满眼是矮矮的房子，狭窄的小巷，鲜有立交桥、混凝土、玻璃幕墙。小巷的路标一律是木制的，还有各家小屋前的木牌，简洁而内向。不经意间，会经过一座寺庙，在小巷深处，寂静无人。到处都在大兴土木，而京都却一点也不日新月异，这似乎不合逻辑。梦境是一个并不新颖的比喻，但京都却的确给人一种恍惚感，它坚守着古老的美，它的固执里带着一股邪气。

（祝勇）

义政将军对茶的关心是源自能阿弥的宣传。茶道界承认的说法是，义政某日忽生感慨，说世间有趣的雅事我都做得差不多了，还能做点什么！在旁的能阿弥就答道：由茶炉的声音去想象松涛，把玩精美的茶具，那不是也很有意思吗？就是这句话使得义政动了心。

……

但是，要表现出这样的茶趣还需要花费一番力气。能阿弥此时已经是五六十岁的老人了，他要找一位年轻的合作者来与他共同完成这项工作。村田珠光比他小26岁，在斗茶会上表现不俗且有一定知名度，受到能阿弥的赏识。能阿弥就把珠光推荐给义政。日本茶道艺术遂得由此发足。

（靳飞）

延展阅读

《行走与停留》丛书

这是一套由祝勇工作室策划，由中国旅行出版社出版的文化旅行丛书。其中包括高莽的《俄罗斯大师故居》、李景汉的《绝版天桥》、素素的《欧洲细节》、海帆的《印度诱惑》以及靳飞等人合著的《日本意象》。这套丛书经过祝勇精心挑选策划，为读者带来了不同国度精彩纷呈的文化。

《马可·波罗行纪》

〔意〕马可·波罗　著

关于作者

马可·波罗（1254—1324），世界著名的旅行家、商人。1254 年生于意大利威尼斯一个商人家庭，也是旅行世家。他的父亲尼科洛和叔叔马泰奥都是威尼斯商人。马可·波罗 17 岁时跟随父亲和叔叔，途经中东，历时四年多来到中国，在中国游历了 17 年，回国后出了一本《马可·波罗行纪》（又名《马可·波罗游记》《东方见闻录》），记述了他在东方最富有的国家——中国的见闻，激起了欧洲人对东方的热烈向往，对之后新航路的开辟产生了巨大的影响。同时，西方地理学家还根据书中的描述，绘制出了早期的“世界地图”。

荐读理由

翻开中国和意大利两国人民友好关系的历史画卷，一个金闪闪的名字便立刻跃入眼帘，他就是杰出的旅行家马可·波罗。在世界史上，马可·波罗是第一个游历中国及其他亚洲国家而又留下一部重要著作——《马可·波罗游记》的欧洲人。

全书根据马可·波罗的游历过程共分为四卷。第一卷记述了马可·波罗沿途所经过的一些国家和地区，包括亚美尼亚、两河流域、波斯、中亚、帕米尔高原、天山南北等地的风土人情。第二卷记载了元朝初年的政事和大汗忽必烈所进行的战争，描述了大汗朝廷、宫殿、节庆、游猎等事宜和北京、西安、开封、南京、镇江、扬州、苏州、杭州、福州等名城的繁华景况。第三卷则介绍了中国邻近的一些国家和地区的情况，包括日本、缅甸、越南、老挝、爪哇、苏门答腊、印度和斯里兰卡，此外还提到非洲的阿比西尼亚（埃塞俄比亚）、桑给巴尔、马达加斯加等。第四卷介绍了成吉思汗后裔蒙古诸汗国之间的战争和俄罗斯的概况。

作为一部亚洲游记，它记录了中亚、西亚、东南亚等地区的许多国家的情况，而关于中国的记述则是其重点。马可·波罗在中国停留的时间最长，他的足迹所至，遍及西北、华北、西南和华东等地区。他在《马可·波罗行纪》中以大量的篇章和热情洋溢的语言，记述了中国巨大的商业城市、完善的交通设施，以及华丽的宫殿建筑。

例如，在第二卷中就有很多篇幅是关于忽必烈和北京的描述。马可·波罗在描述北京这个当时世界上最大的城市时说："全城地面规划有如棋盘，其美善之极，未可宣言。"另外，该书对杭州也有详细的记述。书中称杭州为"行在""天城"，称苏州为"地城"。"行在"是南宋时代对杭州的一般称呼，指皇帝行幸所在的地方，而"天城""地城"也就是我国谚语"上有天堂，下有苏杭"的一种译称。对于号称天堂的杭州，马可·波罗更是赞不绝口。他说："行在城所供给的娱乐，世界诸城无有及之者，人处其中自信为置身天堂。"对于致力于研究和了解宋元时期中国社会面貌的读者来说，《马可·波罗行纪》无疑是最佳的选择之一。

《马可·波罗行纪》不仅属于中国，而且是属于全世界的。没有华丽的辞藻，没有耸人听闻的虚构，只是用旅行家的口吻把所见所闻的大量史实，让鲁思梯谦记载下来，但是《马可·波罗行纪》很快风靡整个欧洲。16 世纪意大利收藏家、地理学家赖麦锡说，马可·波罗在 1299 年写完游记，“几个月后，这部书已在意大利境内随处可见”。而到 1324 年马可·波罗逝世前，《马可·波罗行纪》已被翻译成多种文字，广为流传。之所以如此广受欢迎，是因为《马可·波罗行纪》把中国文化艺术传播到欧洲，为处于中世纪欧洲的知识界开辟了一个新天地。

正如西方研究马可·波罗的学者莫里斯·科利思所说，“（《马可·波罗行纪》）不是一部单纯的游记，而是启蒙式作品，对于闭塞的欧洲人来说，无疑是振聋发聩，为欧洲人展示了全新的知识领域和视野，这本书的意义在于它导致了欧洲人文科学的广泛复兴”。作为西方人看中国的第一部书，《马可·波罗行纪》对于中西文化交流的意义是不可估量的。可以毫不夸张地说，《马可·波罗行纪》是西方人了解中国，也是中国人了解自己的必读著作之一。

先睹为快

蛮子省是东方世界众所周知的最宏伟、最了不起、最富饶的地区，它被一个号称法克佛（这不是一个君主的名字，是阿拉伯人和其他东方人民，对中国皇帝的统称，借以表示和鞑靼君主的区别。当时宋朝的皇帝是度宗）的君主统治着。他的权力和财富，除了比大汗本人稍逊一筹外，超过了其他的一切君主。他性格温和，行为仁爱，深得民心。他的王国由一条最宽阔的河流（长江）环绕着，十分强大坚固，号称天堑。至于它也会受到世界上任何强国的侵扰，这简直被认为是无稽之谈。由于这种观点的影响，导致了君主本人极不重视军事，又不鼓励百姓从事军事训练。

在他的疆土范围内，各个大小城市，都有一条宽阔的、距离一箭之地的护城河围绕着，护城河水深河阔，城防十分坚固。因此，它从不害怕遭受外敌的攻击，因此没有受人侵扰之忧，所以不设置任何骑兵部队。他终日只知沉湎酒色，荒淫无度。他的后宫，蓄养着上千的佳丽，供他寻欢作乐。他是和平和正义之友，严格信守和平和正义。一个人对别人犯有最微小的压迫，或者任何一种伤害行为都要受到他的适度的惩罚。他的公正，深得人心。如果在盈实货物的店铺，因为店主的疏忽，偶尔没有关上店门，也没有人敢私自进去，或窃取店中最小的物品。

世界各民族的旅游者，经过这个王国的任何一部分，不分昼夜，都可以自由自在地通行无阻，并且不必担心有什么危险。这位君王热心宗教，十分仁慈。对于那些可怜的母亲无力抚养而遭遗弃的孩子，他下令进行救助抚养，每年达二万余人。当这些男孩达到足够年龄时，派人教他们各种手艺，并且，从被收容抚养的年轻女子中，为他们选择配偶。

鞑靼人的皇帝忽必烈的性格和习惯与法克佛迥然不同。他的全部爱好集中在军事、争城掠地和扩大自己的声誉上面。他已经吞并了许多省份和王国，版图日益扩大。现在，又把视线集中到蛮子王国，企图占有它。因此，他调集了包括骑兵和步兵在内的庞大军队，委派一个名叫伯颜的将军统率南下。这位将军名字的含义，在我们的语言里，就是“百眼”的意思。这件事发生在一二六八年。

……

鞑靼人攻下京城后，随后分头征服了其余各省的全部领土。王后被送到忽必烈御前，受到了他的优厚款待，并且拨给她一定的供给和款项，使她得以维护王后的尊严。

延展阅读

《大中国志》

〔葡〕曾德昭著。

曾德昭是耶稣会士，1613 年到达中国南京，1636 年返回欧洲，在旅途中完成了《大中国志》。本书分两大部分，上部根据作者多年见闻，记述中国各省的物产和情况，以及中国的政治制度、风俗习惯、语言文学、服饰、宗教信仰等；下部记录耶稣会士在华的传教事迹。

《幽黯国度：记忆与现实交错的印度之旅》

〔美〕奈保尔　著

关于作者

奈保尔爵士，2001年诺贝尔文学奖得主。1932年出身于特立尼达岛上的一个印度移民家庭。1950年获奖学金进入牛津大学攻读英国文学，1953年获得学位后迁居伦敦，任职于英国广播公司（BBC），1957年以《神秘按摩师》的出版正式开始写作生涯。奈保尔的作品以小说和游记为主，两者均获得极高评价。代表作有《比斯瓦斯先生的房子》《河湾》《印度三部曲》等。

在成为诺贝尔奖得主之前，奈保尔已经收获无数荣誉，如英国最富声望的布克奖、毛姆小说奖、莱思纪念奖、霍桑登奖等。1990年，奈保尔被英国女王封为爵士。1993年，他获得第一届大卫·柯恩英国文学奖，该奖旨在表扬"尚在人世的英国作家一生的成就"。

荐读理由

印度，一个古老、遥远而神奇的国度：它拥有世界第一流的软件设计能力，是全球经济发展最快的地区之一，是一个拥有包括核武器在内的诸多先进军备的世界第四军事强国；它也有着世界上最大规模的文盲和贫困群体，报纸上经常报道政府官员靠求神问卜来解决各类问题。国人对印度的关注大概始于 1962 年的中印边界之战，近年来“中国龙”与“印度象”之争更是被西方学者炒得沸沸扬扬。

那么，印度到底是一个什么样的国家呢？仁者见仁，智者见智，相信读者会有自己的理解。但是，我们中有多少到过印度，亲身感受过印度社会呢？因而，对印度的认识和评价难免有失偏颇。作为英籍印度人，奈保尔通过三次印度之旅深切地感受到了一个真实的印度。他虽然远离了家园，但是比家乡的任何人更了解这个地方，于是就有了他的名著《印度三部曲》。

《幽黯国度：记忆与现实交错的印度之旅》一书就是《印度三部曲》中的第一部，它为我们打开了一扇真实地了解印度的大门。该书记录的是奈保尔 1962 年首次踏上魂牵梦绕的母邦——印度时的记忆。

奈保尔寻根的路线是从其踏上印度的第一个港口孟买开始的，南到马德拉斯，东到加尔各答，途经德里，北到印控克什米尔及首府斯利那加，最后踏上了他的祖居之地。奈保尔的寻根之旅从地理层面上讲跨越了大半个印度，内容十分丰富，但这次实地探访怎么都无法让他把这与理想中的印度联系起来。从孟买、德里、加尔各答，到他外祖父的故乡，这个有着暧昧身份的“异乡人”和“过客”，见到的是无处不在的贫困与丑陋，感受到的是震惊、愤怒、疏离、鄙夷与失落。除了一贯的冷嘲热讽与孤傲尖酸，后殖民情境中的印度乱象是那么地令人无奈与绝望。他绝望了，尤其是在他祖居的那个小村子里；他逃离了，因为这是唯一能让他的灵魂得到片刻安宁的办法。这一年的印度之旅其实也是他企图探寻自己的历史与身份认同的内心之旅，而他的收获却是一个已经死亡的世界。

全书除去序曲和尾声以外，共分为三部十三章。每章都记述了作者的一段探访经历及其所思所想，涉及印度社会的各个方面，如种姓制度、宗教习性和殖民历史等。其中尤为引人注目的是“紧急状态”一章。在这里，作者详细描述了在中印边界战争的背景下，印度社会从政治精英到底层人民的反应，为我们展现了一个民族真实的心路历程。在奈保尔的笔下，解除殖民地状态后的印度并没有得到长足的发展，相反却深陷在宗教习性、种姓制度和对殖民话语的拙劣模仿中不能自拔，这就是印度的悲哀。种姓制度和宗教习性制造出的是严格的层级制、思想的封闭和僵化，是压迫，是贫穷，是肮脏和逆来顺受的习性；而在向后殖民时代迈进的阶段中，它又吸纳了几分别样的内容：殖民话语的大行其道和印度人对殖民者的不加区分以及荒谬和拙劣的模仿。这些模仿为奈保尔所摒弃，因为他们什么都不能生产，生产的只能是印度的悲歌。

总之，奈保尔对印度的心态是复杂的。任何一个国家在新的开始时，都应是一个百废待兴和生机勃勃的社会。然而，正像伍德鲁夫比较欧洲和印度历史时得出的结论那样，“印度却是一个充满废墟的国家”。这一切都在“紧急状态”中得到充分的展示。

作为享誉世界的文学家，奈保尔的叙事技巧和写作语言更是独具特色，让人叹为观止。他的叙述技巧极为卓越，一步步缓慢地揭露了印度与他的内心，读来具有无比的乐趣。正如《纽约时报书评》评论的：“奈保尔写得像画家做的画，不论他以何种文学形式书写，他都是个大师！”相信读者朋友能够从奈保尔如画一样的语言中看到一个真实的印度。

先睹为快

中印军队在中印边界的尼法（Nefa）和拉达克（Ladakh）地区，同时发生大规模的冲突。印度报纸的斗大标题，兴高采烈地宣布这个消息。那时，我正在马德拉斯旅行。旅馆的服务生三三两两聚集在走廊上或楼梯口，争相阅读报纸上的新闻……这样的一个场景跟报纸上的标题摆在一起，显得很不搭调。印度这个国家，并未具备打一场现代战争的资格和条件。“以往足以和神圣罗马帝国抗衡的印度，也许，将来只能与危地马拉和比利时并列！”40 年前，小说家福斯特就曾透过笔下人物费尔汀，作出这样一个充满嘲谑意味的预言。独立 15 年后，印度在很多方面仍旧是一个殖民地。它的主要产品，依然是政客和空谈。它的“工业家”其实只是一群贸易商、机械进口商和政府特许的制造商。它的行政体系仍旧是消极的、被动的，只负责稽征税捐和维持秩序；而今，面对中印边界战争，它也只能以言词回应激愤的民情。印度政府宣布全国进入紧急状态。这是史无前例的。它实施“国土防卫法案”（Defence of the Realm Act)，要求民众准备防毒面具、燃烧弹和消防用的手压泵。对印度人来说，“紧急状态”意味着：某些公民权利的中止或撤销；使谣言和恐慌加速蔓延的新闻检查制度；充斥报纸的口号式大字标题。“紧急状态”变成了言词——变成了一连串英文字。“这是一场全面战争！”孟买市一家周刊在封面上宣传。公务员考试委员会询问一位考生：“何谓全面战争?”他回答：“全面战争就是全世界都参与的一场战争嘛。”前线传回来的消息越来越糟。据说，一支廓尔喀佣兵只带着短刀，就奉命到前线作战；一支印度军队只穿汗衫和球鞋，就被赶上飞机，从阿萨姆平原飞到中印边界的尼法山区。这个国家司空见惯的街头暴力，骤然间凝聚起来，形成一股沛然莫之能御的力量；民主党们都感觉到空气中弥漫着一种解放的、革命的气氛。任何事情都可能发生。如果光靠意志就能打败敌人，只消一个礼拜，中国军队就会被驱赶回拉萨。政客们只顾喋喋不休，夸夸其谈；行政官员只会按照法令规章办事。赫赫有名的印度陆军第四师，一交手，就被中国军队打得溃不成军，落荒而逃。印度人引以为荣的印度陆军雄狮，遭受前所未有的奇耻大辱。独立的印度共和国，如今却让人觉得它只是言词的产物——“我们为什么不应该为我们的自由奋斗呢?”——结果，它真的就在言词中崩垮了。领袖的魔力再也发挥不了效用。没多久，印度人的激情就渐渐转化成了宿命论。

延展阅读

作者还有下列精品：

《印度：受伤的文明》

本书是奈保尔《印度三部曲》的第二本。这一次的探访，奈保尔对印度和印度文化投入了更为复杂的理性和情感，尖俏的讽刺让位于沉郁乃至悲怆的分析与描述。千年古国的难题一一被揭示，现实中的国度却未找到再生的原点。奈保尔的困境是印度的困境，也是我们的困境。本书颇为激越，但也说明像奈保尔这样的小说家，可以更快速也更有效地指出问题所在，比世界银行经济学家小组和各式专家有过之而无不及。

《印度：百万叛变的今天》

本书是奈保尔《印度三部曲》的第三本。1988 年，奈保尔第三次周游印度，这次的主题是从他在特里尼达的童年生活中所感知的印度，验证对照已是单一实体的印度。近距离观察之后，他所看见的是它如何分解成宗教、种姓、阶级拼图。对奈保尔而言，这多样性正是印度的力量所在。与前两次游历印度相比，他的看法又如何呢？最显著的，也许就是奈保尔更加接近或者说成了一个印度人，从而能够更准确地向我们描述印度。

《北中国纪行·清国漫游志》

〔日〕曾根俊虎　著

关于作者

曾根俊虎（1846—1910），日本米泽人。曾习汉文。1871 年任海军少尉。1873 年随外务卿副岛种臣访问中国。1874 年日本入侵台湾后，奉命潜入上海，执行军需品采购及运输任务。后长驻上海，为日本海军驻上海的第一批谍报人员。同年 12 月，曾根俊虎游历杭州西湖，《清国漫游志》即其游历记录。1875 年和 1876 年他两次被派到中国搜集军事情报，分别写成《北中国纪行前编》和《北中国纪行后编》。1880 年发起创设兴亚会，立志振兴亚洲。1884 年受海军大臣派遣赴福州活动，游历华南各港口，调查兵要地志。1891 年曾根俊虎自愿退职，结束了 20 年的军旅生活。退役后，一度被任命为台湾总督府抚垦署主事以及台东抚垦署署长，但很快又被罢免。在之后的岁月里，曾根俊虎一直作为在野的兴亚活动家进行活动。1910 年病逝于东京寓所。

曾根俊虎是一位兴亚家，主张日中两国亲睦友好和大亚洲主义思想。他的振兴亚洲的思想在《清国漫游志》中已初露端倪。在参拜岳飞庙的时候，他默默祷告："东海一书生远道而来，表达钦佩之情。君如有灵，辅我微忠，振兴亚洲。”因此，曾根俊虎得到了包括孙中山先生在内的许多中国人的欣赏和敬佩。据其养女回忆，曾根俊虎死后，孙中山先生曾专门去他的墓地上坟悼念。

荐读理由

1871 年中日两国代表在天津签订《中日修好条规》和通商章程，约定互设使领馆，准许彼此商民来往贸易。从此，中日两国建立了正式外交关系，开始了近代两国真正意义上的交流。此后，前往中国的日本官民组织和个人逐渐增多，他们把亲身所见所闻或所感所思以日记、游记、笔记、报告书、调查书、诗文等形式记录下来。现在我们统称之为游记。由于当时日本人的中国之行，总体上与日本的大陆扩张政策相关，因此他们所写的游记大多不同于纯粹以访古探胜、欣赏美景为目的的“观光记”，而是以调查和探知中国的政治、经济、文化、军事、地理、风土、人情等为目的的“勘察记”。

在今天看来，这些游记本身已经远远超过文学的范畴，而是涉及历史地理学、中外关系史学、经济史学等多种领域、多门学科，是我们研究近代中日两国的社会、政治、经济、文化、军事、外交、思想等不可或缺的重要史料。《北中国纪行·清国漫游志》就是其中的佼佼者，具有很高的史料价值，为我们亲身体验和重新审视晚清中国社会打开了一扇大门。

本书包括《北中国纪行前编》《北中国纪行后编》《别录江苏浙江两省纪行》和《清国漫游志》等四部分。其中《前编》是作者 28 岁（1875）被派到中国时的旅游日记，具体记述了三次旅游的内容。三次旅游都从天津出发，详细记录了所经之地的村落、地形、路途、物产、人情、气候、城郭、炮台、兵营、兵丁等情况。《后编》是作者 29 岁（1876）在中国的旅游日记，主要记载作者从上海到天津沿途地区的相关情况。《别录》与《清国漫游志》都是作者1874年第一次到中国后从上海到杭州旅游的记录，只是所记文字详略有所不同。这些游记实际上是军事侦察的记录，但正因为如此，其中的记载具有极高的真实性和准确性，不仅对我们了解这些地方以前的自然风貌有所帮助，而且对我们认识当时社会政治、经济、军事、文化和风土人情也有所裨益。

值得一提的是，书中除了游记文字之外，还有191幅插图。这些插图都是作者每到一地亲手绘制的，虽然略显粗糙，但具有很好的视觉效果，给人以身临其境的感觉。一边读着游记文字，一边把玩着插图，一幅幅历史的场景扑面而来，给读者带来极大的思想震动：原来历史是这样的。可以说，如果没有这些插图，该书的价值将大打折扣，读者定能在文字与图画中触摸到真实而真切的历史。

另外，该书从一个旁观者的角度，对当时中国的问题也有一定程度的揭露。书中对清朝宗师之丑弊有这样的记载："在北京耀武扬威，轻侮人民，聚集赌博，沉湎酒色，或行骗术，或贪贿赂，其为非作歹非言语能形容。"关于人心不古，不知廉耻，作者感叹道："从上海出发以来，途经二千五百余里。其地皆已不知廉耻，民心殆离。人人尚黠诈，唯私利是图。呜呼哀哉！满清不振。想来变换之势，由来不远矣。"正如作者所料，清朝在仅隔35年后就走向了灭亡。

"以史为鉴，可以知兴衰。"历史是一面镜子，昨天的历史就是今天的未来。抛却简单的民族恩怨，希望读者能把本书当作一面镜子来鉴省战争年代帝国军官眼中的大清国，反省我国的国民性及国家体制，相信读者定会有收获。

先睹为快

该地为清国第一要地，是北京之咽喉，如若敌兵占据此地，帝城将不战而自升白旗。为此，赫赫有名的李鸿章鉴于一八六〇年之战败，亲自坐镇此地，修筑炮台，设置兵营。数里之内，保卫天津城的炮台有两个，兵营有十二个。探而得知，各兵营五百名，总计五千五百名。各兵胸前记有某营字号以示区别。有炮兵、步兵、骑兵三等。炮兵、步兵学荷兰式，骑兵则固守旧法。枪是上海制的雷明顿手枪及荷兰制洋铳，大炮多数兼用南京制和德国制的。优秀的兵卒被移送到要地的兵营炮台，戴上练军或亲兵的标章，月俸每人四元左右，武器及衣服的标章由官府负责供给，但衣食等要自办。平时用黑布包头，标章之衣穿在里面，无事时耕作农地，修筑工事，与屯田兵无异。兵营居住环境，与本邦相比不甚干净。炮台兵营之强弱，略记如下……

——《北中国纪行前编·兵备概略》

余性文弱，本来有厌武事而好风雅之癖，常渡唐土，吟扬州之月，探西湖之梅，与骚人墨客订交而抒雅怀，欲从赤松子之游既久。天不负其志，明治甲戌之岁（1874），幸得游其地，而寓于沪上。时正值台湾之役，日清骚然。清人云：东洋一弹丸小国，不战而该投降，况小国之侵大国，岂有取胜之理哉！日人云：巨炮一击，燕京陷落，而后不止。师以直为壮，以曲为劳，岂论国之大小哉！于是两国遂至相互愤而论辩，嫌而恶之，徒使干城几千精锐曝骨白砂之后，以五十万两收拾其局。呜呼！日清政府只行事与余之意想悬隔何其甚也！诗不云乎："兄弟阋于墙，外御其侮。"请看现今亚洲被称为独立国者有几何，仅日清耳。况两国为同文同种唇齿之国，为何甘受欧美之凌辱而徒酿成一家之争斗耶？欲防外侮，张国权，即便家庭有纠葛，岂不该寻求和平解决之良策哉！余为漫游一书生，无需余喋喋不休，而竟与柳园町田氏相约同游杭州，洗郁愤于西湖。此为西湖漫游之发端也。

——《清国漫游志·漫游之发端》

延展阅读

《横跨中国大陆——游蜀杂俎》

本书是日本人中野孤山从 1906 年至 1909 年在中国任成都补习学堂、优级师范学堂教习期间在成都、峨眉、重庆等巴蜀地区游览的见闻录，主要记载了各地的历史沿革、经济状况、风土人情，乃至动物、植被等情况。此外，还记述了溯江而上时见到的上海、南京、芜湖、九江、岳阳、汉口等长江沿岸港口城市的境况。

《满韩漫游》

本书是日本近代文学家夏目漱石描写中国的旅行记。书中记录了他对自己从 1909 年 9 月 2 日起历时一个半月游览“南满铁路”沿线的印象，真实地再现了日俄战争后日本有计划地侵略和殖民满洲的过程。书中记述了他在满洲与同学、朋友相聚时的怀旧情绪，字里行间凸现出他对日本帝国殖民满洲的反感，带有近代日本知识分子的东方主义色彩。

《赭城》

田晓菲　著

关于作者

田晓菲出生于1971年，笔名宇文秋水。14岁从天津第十三中学直接升入北京大学西语系读英美文学专业，1989年毕业。1991年获得美国内布拉斯加州大学英国文学硕士学位，1998年获得哈佛大学比较文学博士学位。此后分别在柯盖德大学和康奈尔大学任助理教授，现任教于哈佛大学东亚系，致力于梁朝宫廷文化研究。

出版作品有《爱之歌》（诗集）、《生活的单行道》（散文集）、《秋水堂论金瓶梅》、《尘几录：陶潜与手抄本文化》（英文）等。译著包括《毛主席的孩子们：红卫兵一代的成长与经历》（合译）、《后现代主义与大众文化》、《他山的石头：宇文所安自选集》。

荐读理由

赭城！赭城！一个被众多精灵
镀上黄金的梦，充满了婉妙的和谐；

圮毁的堡垒，在静谧的午夜，
还有回荡着魔音的雉堞……
穿过一千座阿拉伯拱门的月光
正用白色的三叶草装饰女墙。

——雨果《东方集》

赭城坐落在西班牙南部的格拉纳达，是“阿尔罕布拉”（Alhambra）的意译，它来自阿拉伯语，意即“红色的城堡”。从公元8世纪到15世纪，在长达700年的时间中，阿拉伯人在西班牙的土地上创造了辉煌的文化奇迹，而充满神秘色彩的赭城可以说是一座纪念碑、一个具体的象征。赭城的美丽，不仅仅在于一座独立于格拉纳达的皇城、一系列依山势迤逦起伏的宫殿与花园、一处融合了自然风景的美丽和浪漫悠久历史的建筑奇观，更在于它是一座用文字铸造的城池。在300年来的欧美文学中，也许没有哪一个地方像赭城那样，激起那么多作家与艺术家的想象，得到那么多赞美与叹息，被一次又一次描写与刻画。就像作为六朝古都的金陵，已经无法脱离那些围绕着它产生的诗文和传说而存在一样，赭城既是一处真实的古迹，也是一座文字之城、想象之城。

田晓菲的《赭城》就是一部“地理的游记”，记载了作者多年前一次难忘的赭城之旅。作者的西班牙之旅的目的地不是马德里、巴塞罗那，而是安达露西亚的科尔多巴、赛维拉和格拉纳达（赭城）。全书共八章。在第一章和第二章中，作者以简洁的语言描写了旅行的开始和在马德里的体验，接着按照旅行的顺序分别写到了科尔巴多的金橘与石墙以及光荣的历史、失落的历史名城赛维拉。最后作者以浓重的笔墨描述了在赭城的点点滴滴，“以前的城市，科尔多巴、赛维拉，似乎都是为了格拉纳达，为赭城所作的准备”。旅途中的所见所闻所感在作者的笔下如行云流水般倾泻而出，给人一种酣畅淋漓、欲罢不能的快感，让人在美的享受中逐步认识和理解阿拉伯—安达露西亚灿烂、丰富、独特的文明。

《赭城》也是一部“文学的游记”，因为里面穿插着对西班牙文学，特别是阿拉伯—安达露西亚文学的翻译和介绍，也穿插着欧美作家对赭城的歌咏和描写。书中我们随处可见作者翻译和引用的有关安达露西亚地区的诗歌与散文，如伊贲·卡法扎德的《她的顾盼好比羚羊》、洛尔伽的《弓箭手》和《塞维尔》、西班牙民谣《阿尔哈玛》，等等。作者不仅在现实的赭城之中旅行，更通过与文学巨人的对话在文学的海洋中旅行。

《赭城》更是一部“文化的游记”。作者把对西班牙南部历史名城“赭城”的游历变成了一次旅途中的旅途，从现实中的地理旅行进入了历史与文化的深层文本旅行。在阅读赭城的历史与文学的时候，作者重新经历了所游历的地方，逐渐了解到了另一个赭城：一个古老、美丽而深邃的文化在空中架设的楼阁。通过这座楼阁，作者认识到了阿拉伯—安达露西亚文明既不同于远东文明，也和基督教文明具有深刻的差别。

正如作者所说，在目前“欧美中心主义”的文化语境里，“介绍格拉纳达的赭城，介绍中世纪在西班牙开花结果、独秀一枝的阿拉伯文化，首先是为了让我们的读者多看到世界文化的一个方面，打开一片辉煌灿烂的文化事业，多　种选择”。这正是本书的最大亮点，也是我们极力推荐本书的重要原因。希望读者在跟随作者的笔端自由驰骋于赭城历史和现实的同时，能够体会到不同文明的精彩和辉煌，破除“欧美中心主义”的羁绊。

值得一提的是，书中穿插了许多精美的艺术与历史遗迹的图片，使得本书成了一场活色生香的文化盛宴。

先睹为快

阿尔白馨的小巷是狭长的，就好像格拉纳达的历史，充满了曲折和起伏。房屋与房屋之间，差不多完全没有空隙。一部车子开过来，就占满了整条街，贴着行人的身子开过去。

……

阿尔白馨的历史，可以追溯到十三世纪。在纳斯瑞德王朝的末年，它曾庇护了失宠的王后爱霞。直到现在，它仍然被视为格拉纳达最贴近摩尔文化传统的地区，近年来很多北非穆斯林和欧洲穆斯林信徒陆续搬到阿尔白馨，在这里开起了摩尔茶室、糕点店、书店，甚至公共浴室。阿尔白馨坐落在山丘上，因此它的街道起伏落差很大，许多街道的名字都以“开斯塔”（Cuesta）起头，而“开斯塔”的意思即是斜坡。走在阿尔白馨，高高的台阶夹在两排紧紧挨在一起的小白房子之间，抬头望去，台阶尽头一片空，傍晚时分的孔雀蓝，好像一直通到天似的。在一条小巷，我们看到一幕让人目瞪口呆的情景：一位年轻的母亲，双手举起了里面睡着婴儿的婴儿车，一口气走上数十级台阶，稍作休息，又继续攀登。我们问她是否要帮忙，她似乎有些惊讶，微笑拒绝，用生硬的英语说，她习惯了。

也许那是晚饭时间，小巷子里面少有行人。DK旅游指南说，阿尔白馨的街道陡峭弯曲，是真正的迷宫。果不其然，我们很快就迷路了。在一条空无一人的小巷，夜色苍茫，偶尔抬头看去，正见到一弯苍白的新月贴在天上，好像离那白垩墙壁的房子不太远，只要攀到屋顶就可以够到；另一面，可以遥遥看到拉格纳达城红绿闪烁的市景。我停下来，拍了一张照片，所安和佐登美在讨论路程。言语声中，一切都寂静而神秘，似乎有什么神奇的事情即将发生，而我们就站在它的边缘。

朝着一个大概的方向，我们继续走下去。在穿过一条窄巷的时候，在一座墙壁剥落的小白房子的门口见到一只黑色的小猫。小猫坐在黯淡的街灯下，目光灼灼地看着我们走过去。巷子尽头的天空是一窄条的黑，但是黑暗中透出一些光，可以隐隐约约地分辨出某种巨大恢宏的轮廓。这轮廓很快就见出了分晓。我们终于走到了巷口，虽然一路上都怀着莫名其妙的期待心情，到了真的面对它的时候，还是感到一种震动，几乎连呼吸都暂时停止了：那是一个可以说是非常戏剧化的时刻——在深黑的天边，在已经升得很高的半轮月亮照耀下，就好似神话里被魔咒拘禁的城堡那样，我们看到了一座悬浮于半空的宫阙，连绵不断，金红色的赭城。

延展阅读

《城市表情》

顾铮著。

本书介绍了从 19 世纪末到 21 世纪初的 30 多位各国摄影家的都市摄影实践。他们之中有阿杰这样的以纯粹记录都市全部细节为己任的摄影家，也有像克莱因这样的以都市为自己的感情宣泄对象而在与都市的对抗中形成了自己的风格的摄影家，还有像荒木经惟这样的一直把都市看成是一个欲望发生装置而始终在以摄影与之调情的摄影家。通过对这些理念、手法、风格各异的摄影家的了解，读者会发现原来摄影是一种具有如此丰富表现力的视觉手段，并因此能够经常地将摄影与人类社会的各种实践联系在一起，从而获得对摄影这个“20 世纪的媒介”的全新的理解。

《一次旅行遇见整个世界》

〔美〕康薇秋　著

关于作者

康薇秋是一位狂热的旅行家，她已经走了几十个国家，这个数字还在不断地上升。童年时代的她曾跟随传教士父母住在新巴布亚，在那儿饱餐番石榴等热带瓜果，并经常混迹于以打猎为生的原始部落之中，度过了一段难忘的时光。在离开之后，她仍然心系东南亚。而那段真实的经历，与她后来的职业生活——电视、电影的制作自然不可同日而语。目前康薇秋与家人一起，住在洛杉矶市的罗斯菲利斯区。

荐读理由

我想去桂林呀我想去桂林，可是有时间的时候我却没有钱；我想去桂林呀我想去桂林，可是有了钱的时候我却没时间……

——韩晓《我想去桂林》

每次听到韩晓的这首歌，都有一种独自去旅游的冲动，可每次都难以成行，至今仍然遗憾不已。确实，年轻的旅行，是上天赐予的最好礼物。“让我们来观察自己的思想，我们会发现自己不是一心回顾过去，就是在一心展望未来。我们几乎从来不想现在，即便想到，也是在看有没有为将来的计划做好打算。现在稍纵即逝。过去和现在是通途，未来则是终点。因此，我们从来没有真正在生活，而是一直希冀着生活。正因为我们总在计划怎样才能得到快乐，我们必然永远得不到快乐。”帕斯卡尔在《思想录》中如是说。

是的，我们需要的不是计划快乐，而是寻找快乐。因此，我们可以看到：在 20 岁时，柯布西耶为自己安排了去东南欧的旅行；在进入哈佛之前，奥巴马为自己安排了去肯尼亚的旅行。相比之下，由于种种原因，我们在年轻的时候很少有机会去独自旅行，往往只能退而求其次，通过别人的视线来体验独自旅行的快乐了。在这里，我们郑重向您推荐《一次旅行遇见整个世界》这本书。

韦莎出身于一个富裕而有规则的家庭，甚至连她的名字都取自一所精英女子学院的名字。跟她的父母一样，韦莎也乐衷于做计划，大至人生规划小至暑期计划，都被她计划得详详细细的，她的人生没有意外。在 16 岁的那年夏天，她的暑假计划里排满了高级英语课，但一张不期而至的往返机票，将她带入了一个全新的世界，踏上了自己从未想过的旅途。机票来自一位旅居国外的奶奶，她胁迫韦莎的父母让韦莎去东南亚旅行。于是一份迟到的生日礼物，一场不期而至的旅行，使这个 16 岁的女孩从此遇见了她前所未见的世界。

从马来西亚到柬埔寨，再到老挝的偏远山区。一路上，韦莎一次次地面对计划之外的事物：她经历了食物中毒、原始村落中做客、被困、逃亡等各种险境，她开始欣赏奶奶的这种流浪的生活方式，还爱上了一位马来西亚的牛仔……她一次旅行中遇见了全新的世界的同时，还揭开了一个重大的家庭秘密，从而给自己的生活带来了翻天覆地的变化。至于是什么秘密，还请读者自己在书中寻找。现在，韦莎可以计划的事情只剩下一件：她再也不会是从前的自己了。

先睹为快

神秘的柬埔寨！一片曾经充斥着阴谋，浸透了鲜血，经历了皇权统治和革命洗礼的土地。吴哥，那不可思议的、迷人又壮观的吴哥古都，它令金字塔和泰姬陵都黯然失色。吴哥距离沉闷的暹粒城只有6.5公里远，是一处仙境般的废墟。在那里，随处可见绿叶掩映的石塔、引人入胜的庙宇。看，那边是堵墙吗？错了，是一排石雕大象！还有这个，是栏杆吗？又错了，是条眼镜蛇！鳞片和鳍都雕得清清楚楚！所见皆非所想。吴哥那些难以计数的古城邦、古老的庙宇和宫殿，不愧为世界上最伟大的奇迹之一！

我合上书。夸得有点过头了，怎么可能有那么好？

——没想到，真有那么好。

当吴哥窟宏伟的石头废墟在茂密的丛林中悄然出现时，我一下子目瞪口呆。一座座巨大的松球状石塔，在天空的衬托下轮廓分明。远处翠绿的水田在阳光下波光闪闪。我仿佛走进了《天方夜谭》，像被施了魔法一样，盼望着能看到一个乘飞毯的王子从头顶掠过，他一定足蹬尖角拖鞋，就像戈德奶奶送我的那双。古庙四周环绕着一条护城河，两岸由一条砂岩石板铺成的堤道连接，出租车从上面开了过去。

奇观让我暂时忘了约翰·派普，也差点忘了热。但只是差点，没法全忘了。马来西亚的热就像围了一条湿热的毛巾，而这里的热，却像满身大汗地套在五条睡袋里，令人窒息。

闷热无比。

“Non calor sed umor est qui nobis incommdat.”我用拉丁文嘟囔了一句。

“你说什么？”戈德奶奶问。

“不是太热，而是太潮湿。”

汉克斯用一块大手帕擦了擦脸和脖子，又塞进牛仔裤后兜。“要节省体力啊，小女士。慢慢走。”

这话没错。在吴哥窟还没逛满一个小时，我已经想就近找棵树，蜷成一团在树荫下歇着了。又湿又热的天气飞快地消耗着我的体力，我几乎都没力气说话了。我的大白遮阳帽和太阳镜在毒辣的阳光下毫无用处。一队日本游客经过：女人全部打着伞，有的还戴着长长的白手套。她们可真有办法！

吴哥不仅仅有个吴哥窟，更有总面积达二百平方公里的废弃庙宇和宫殿散落在乡间各处。不想累死的话，我就得放慢脚步。

延展阅读

《玩转地球：三万六千里云和月》

本书是作者约翰·盖尔·拉普朗特在75岁生日即将来临之际，环游世界的真实记录，书中还收录了他在海外旅行的种种心得，对所有准备到海外旅行的中国读者会有很大的启发。特别有两点，是本书与众不同的地方。首先，作者环游世界的目的地，绝大部分是亚、非、拉等第三世界国家，对我们中国朋友来讲，这些地方也许是比较陌生的，而本书则是一本很好的入门介绍。其次，作者的旅行，始终以青年旅舍为中心。本书还有配套的影像光盘，当你看完这部风光电影，也就经历了一次视觉上的环球之旅，定能给您带来有声有色的感受体验。

《风险投资家环球游记》

〔美〕吉姆·罗杰斯　著

关于作者

吉姆·罗杰斯，美国著名风险投资家，1941 年出生。罗杰斯在 5 岁时找到第一份工作——在棒球场拾空瓶子。长大后获得耶鲁大学奖学金，进入耶鲁大学学习，曾是学校赛艇队的舵手。从耶鲁大学毕业后，就读于牛津大学的巴里奥学院。后在美国陆军服务，退役后进入华尔街工作，与金融大鳄索罗斯共同成立了面向全球的量子基金。罗杰斯 37 岁那年决定退休，可人并没有闲着。除了继续经营自己的股本外，罗杰斯兼任哥伦比亚大学商学院的教授，讲授金融课程。此外，罗杰斯还是著名的国际旅行家，先后进行了两次环球旅行。

荐读理由

吉姆·罗杰斯是投资界不断创造神话、制造传奇的人物。他不仅是一位投资大师，更是一个旅行家，他的环球之旅也是他的全球投资之路。他在 1989 年到 1990 年完成的第一次环球旅行被载入吉尼斯世界纪录，随后他出版了《罗杰斯环球投资旅行》一书，取得50万册的销量佳绩。在1999年到2001年罗杰斯又进行了第二次环球旅行，他们开车从冰岛出发，游历了116个国家，包括那些旅行者不太会去冒险旅行的国家和地区，如安哥拉、刚果、苏丹、东帝汶等。《风险投资家环球游记》就是他驾驶黄色奔驰跑车携爱侣进行的第二次环球投资旅行的生动记录。

罗杰斯的环球旅行，可谓困难重重，常常身临险境，时刻面对挑战。在环球旅行的三年里，他赶上了世界各地30场内战中的15场；他遭遇了暴风雪，穿越了丛林、沙漠和疫区。虽然历经千难万险，但他从未想过回家，且为自己前无古人的旅行而自豪。除了旅途历险，当然还有各国秀丽壮观的风光，这些都使罗杰斯异常兴奋。与之相比，更吸引读者的是，他凭着自己对社会、政治和经济的独到见解，记录了在旅途中的所见所闻，纠正了人们头脑中的一些偏见，并对各地的投资前景进行了预测。

在他的旅程中，中国是重要的一站。从书后的旅程表来看，中国是罗杰斯逗留时间最长的一个国家，这不仅是因为古老的中国对于西方人有很强的吸引力，更因为中国是一块投资的热土。他曾深情地说："我很想定居上海。上海正成为世界上最令人激动的城市。19世纪属于英国，20世纪属于美国，但21世纪属于中国。在中国的大地上，到处可以感受到创业精神。中国正在走向世界。"1999年，罗杰斯走进上海证券交易所，开了B股账户，并且购买了大量股票。罗杰斯至今仍然攥着这些股票，一股也没抛。他看好中国，希望把这些股票当作遗产留给自己的女儿。

罗杰斯告诫人们，不要拿自己的钱去冒险，永远都不要。成功的投资家的做事方法通常就是什么都不做，一直等到你看到钱就在那里摆着，就在墙角那，你唯一要做的事情就是走过去把钱拾起来——这就是投资之道。尽管如此，人都会犯错误，罗杰斯也不例外。在纳米比亚，当罗杰斯以500美元购买了据说是价值7万美元的钻石并沾沾自喜时，却发现他买的不过是一堆玻璃。为此，他写道：“我本人曾无数次规劝过别人：除非自己对某个投资项目了解透彻，否则绝不要投。我的信条是我不会给你任何抢手的内幕消息。成功投资的必经之路是要了解你投资的对象是什么，要做到彻头彻尾的了解。如果你不了解华盛顿州的苹果园，就不要涉足苹果行业。”

罗杰斯总是以其独特的视角看待问题，例如，他曾尖锐地指出，华尔街的经历证明，“专家”的话常常是错的，因为很多权威几乎“足不出户”。在本书中，罗杰斯列举了一系列格林斯潘处理危机和制定货币政策失败的案例。当世界主要金融市场都在关注美联储主席格林斯潘的一举一动时，罗杰斯却说，格林斯潘从来就算不上是一个成功人士，他的失败事例举不胜举，并且直言这就是为什么格林斯潘到政府部门工作的原因。

总之，通过本书，读者不仅可以跟着罗杰斯环绕世界“走”一圈，了解世界各地的风土人情和政治、经济，以及社会的历史、现状和发展概貌，而且能够一窥罗杰斯独特的投资风格，并从中体会到罗杰斯是怎样将这些因素糅合在一起来发现投资机会的。

2003 年 3 月，《风险投资家环球游记》由美国兰登书屋正式出版，不到一个月即登上全美畅销书榜，赢得一片称赞。这次跨世纪的旅行创下了历时最长的持续汽车旅行的吉尼斯世界纪录。当然，之所以吸引我们并不只是因为这次旅行创造了吉尼斯纪录，更多的是因为罗杰斯这个不同寻常的旅行者。好了，赶快阅读这本书吧！或者带上它，或者把它放在随手可取的地方，跟着罗杰斯，换一种眼光，去了解、去认识、去感悟这个世界。你的视野会拓宽，你的知识会丰富，你的投资思路将更明晰。总之，如果你领会了这本书的精髓，你会很快掘到你人生的第一桶金。

先睹为快

1968 年我加入投资行业时，兜里只揣着 600 美元。1980 年离开这一行时，兜里的钱足够我圆一个梦——过富有刺激的生活。那年我 37 岁。此前，身为一家海外对冲基金的两个创始人之一，我负责分析全球范围的资本、原材料、商品及信息的流动情况。别人不去投资的，我投资了。我在全世界开发处女市场，这是我成功的一大原因。不过我当初闯荡华尔街的初衷，也是我搞长期投资的初衷，在我这一行里并不多见。我想买自由，尽情享受生活。我想周游世界，而且想看看其他游客难得一见的世界。只有从陆地上，方能见识到别人见识不到的地方。只有从陆地这个有利的角度，才能真正了解这个世界。

……

我见过比我游历更广的人，可他们几乎无一例外，都是从一地飞到另一地。我认为，不亲身穿过一国的边境，没有自己寻吃觅喝过，或是找汽油，找地方过夜，一句话，没亲自经历过这一切，就不算到过一个国家。

……

我在阿拉巴马（Alabama）州迪莫波利斯（Demopotis）市的乡下长大，后来上了耶鲁大学和牛津大学，毕业后在美国陆军服役，最终加入了华尔街。华尔街的经历告诉我，“专家”的话常常是错的。我的旅行计划既是一次冒险，也是我一生不断求知的延续。我的见闻常常破坏了以往的偶像形象，戳穿了不实之说，证明了某些“权威”对世界所持定见的错误——很多权威几乎足不出户。我在商场上之所以成功，靠的就是换一种眼光审视世界。

虽说我从未嫖过妓，可我知道，要想更好地了解一个国家，跟妓院的老鸨或黑市上的贩子聊上片刻，胜过会晤一位政府部长。若要真正对一国有深刻的了解，没有什么比跨过该国边疆更有效的了。

寻找好的投资机会并不是我这趟旅行的既定目的。不过既然我就是这么个人，每次旅行，也就免不了搂草打兔子，捎带着搞点投资调查。作为投资人，我想了解中国、非洲和南美洲的市场。可能的话，还想参观前景看好的证券交易所。过去我在昏昏欲睡的市场上赚过钱，例如奥地利、博茨瓦纳、秘鲁等国家。这样的机会，今后肯定还会有。

倘若我在这次旅行中命丧黄泉，也死得开心。为圆自己的梦而丧生总比哪天兜里揣着没花完的美元死在华尔街强。

……

我这趟一共跑了116个国家，很多国家鲜有人去过，例如缅甸、安哥拉、苏丹、刚果、哥伦比亚、东帝汶……世界各地30场内战中，我差不多赶上了15场，全程达15.2万英里，是我上一次环游的两倍多，再创吉尼斯世界纪录。

研究结果表明，周游世界是所有人的梦想。世界各地的许多人告诉我："别人憧憬的事，在你身上实现了。"

延展阅读

《罗杰斯环球投资旅行》

本书是吉姆·罗杰斯在1990年的摩托车环球旅行中，用一个西方金融家敏锐的眼光对世界各地的投资机会进行的分析与记录。它教给人们发现市场机会的方法、面对市场经济应有的观念和思维方式以及资本市场投资的捷径。

《旅行的艺术》

〔英〕阿兰·德波顿 著

关于作者

阿兰·德波顿，英伦才子型作家，1969年生，毕业于剑桥大学，现住伦敦。阿兰通晓英、法、德、西数种语言，深得欧洲人文传统之精髓。他喜欢普鲁斯特、蒙田、苏格拉底，同样喜欢旅游、购物和谈情说爱。他擅长小说和散文，在文学、艺术、哲学、评论中自由进退、恣意穿插。他的小说思想丰赡、才情纵横；他的散文和评论又意象丰富、妙笔生花。

阿兰·德波顿著述甚丰，其作品已被译成二十几种文字。他的代表作包括《爱情笔记》《爱上浪漫》《亲吻与诉说》等小说，以及《拥抱逝水年华》《哲学的慰藉》《旅行的艺术》《身份的焦虑》等散文。

荐读理由

《旅行的艺术》自问世以来，引起了读者和评论界的广泛关注。在欧洲、美国和澳洲，它一直摆在畅销书柜，在大约半年的时间里就卖出了40多万册，《时代周刊》《文学评论》等欧美报刊上刊载了大量关于此书的评论。

这到底是一本什么样的书呢？与一般中国读者的预期不同，这本书不是游记散文，不是导游手册，也不是论述旅行历史和意义的常识读本，而是用小说笔法写出来的人物传记片段。这些人物是那么重要，我们曾经在文学、艺术、科学领域里仰望过他们的光辉；这些片段又是那么感性，没有记录他们的专业成就，而是留下了他们面对远行的地图、陌生的城市、异国的街道所产生的惊讶、喜悦和深思。

读过《旅行的艺术》一书后，最大的体会就是旅行亦有等级之分。旅行也有等级之分？读者朋友可能会感到难以理解。确实，旅行是万众的权利，无论穷人，还是富人，都可以选择适合自己的方式，从这种意义上说，旅行是平等的，没有等级之分。但是，面对同样的旅途、同样的风景，文化程度和人生基调不同的人会迈出不一样的脚步，会有不一样的收获。有的人为了追求旅行的文化含量，把文化古迹作为主要目标，结果不仅把旅行窄化了，也把文化曲解了——这是一种低级的旅行。而《旅行的艺术》则将旅行上升到一种有关生命和环境的精神层面，揭示了旅行的深层意义，让我们看到了旅行的至高境界。

德波顿曾是大学的哲学讲师，有着深厚的哲学素养，从苏格拉底、洪堡，到爱默生、尼采，他都有广泛的涉猎和深刻的思考。因此，作为一位知识渊博且富有逻辑思辨能力的作家，在论及“旅行”这一近乎陈词滥调的题材时，他不仅时时表现出理性的觉悟，而且还能够结合福楼拜、波德莱尔等文学家的创作，参照梵高、爱德华·霍珀等画家的作品，多方位地关照“旅行”、剖析“旅行”。我们不难发现，德波顿的旅程，更多的是一种哲性的思绪之旅，是一种穿越时空的文化之旅。他倾听的是旅程中旅行者内心的声音，关注的是陌生场域里可能产生的奇思异想，或者是日常场景中的独到而用心的感悟。从出发时的期待和返回时的结果来看，旅行的情形可能非常诡异，但真正的旅行，就德波顿而言，必须是哲理和文化层面上旅行者的心灵与旅行地之间的共通和默契。这正是最高等级、最高境界的旅行。作者在书中竭力表达这样一种理念：对旅行的研究可以加深人们对幸福的体验，而这种幸福，就是古希腊哲人所说的“由理性支配的积极生活所带来的幸福”。事实上，旅行确实能够全方位地满足这种幸福感，而反过来，也只有抱着理性支配和积极生活的态度，旅行本身才能抵达完满。虽然并非每个人都能达到这种等级和境界，但这并不妨碍我们从《旅行的艺术》中获得关于旅行的艺术，提高我们的旅行等级和境界。

独特而优美的语言也是我们竭力推荐本书的重要原因。质感、细腻、随意，尽量把大感觉化解成小感觉，把理性结论隐藏在几乎看不见的地方——这样的文字，有一种感性的征服力。作者力求避免经过洗涤的纯美，在感性的谈吐中不避真实生活的芜杂，没有因过度的省略而走向虚假。这种从容的语气、优雅的叙述能调整我们旅行中的心理习惯，避免浮华与躁动。

旅行是什么，德波顿并不想急于提供答案；旅行为什么，德波顿似乎也不热心去考求。但释卷之后，相信每个读者都会得到一种答案——这答案，既是思辨的，也是感性的；既酣畅淋漓，又难以言说，因为，它更像是一种情绪，令人沉醉而不自知……翻开这本书，你踏上的将是一次异乎寻常的阅读旅程。深信德波顿无处不在的智慧和机智将影响甚至改变你对旅行的看法，并有可能改变你日后的旅行心态和旅行方式。

先睹为快

如果生活的要义在于追求幸福，那么，除却旅行，很少有别的行为能呈现这一追求过程中的热情和矛盾。不论是多么的不明晰，旅行仍能表达出紧张工作和辛苦谋生之外的另一种生活意义。尽管如此，旅行还是很少迫使人去考虑一些超越实际、需要深层思索的哲学层面的问题。我们经常得到应该到何处旅行的劝告，但很少有人告诉我们为什么要到那个地方，又如何到达那个地方，尽管旅行的艺术会涉及一些既不简单，也非细小的问题，而且，对旅行的艺术的研究可能在一定意义上（也许是微不足道的）帮助人们理解希腊哲人所谓的“由理性支配的积极生活所带来的幸福”或人类昌盛。

从一个指示牌便能看出两地间巨大的差异，这正可以作为一个简单却让人愉悦的想法的注脚：一旦跨越国界，脚下便是一个不同的国度，风俗人情和生活习惯亦必大异其趣。然而仅有差异，尚不足以引发快感，即便是有了快感，也不会长久。只有那些有助于我们自己国家自我完善的差异方可引发长久的快感。我认为斯希普霍尔机场的指示牌具有异国情调，是因为它隐约传达出了一种强烈的信息：制作这个指示牌的、就在 uitgang 之外的国度，有可能在相当程度上比我自己的国家更投合我的性情和兴趣。这指示牌预示着我在这个国度里的快乐。

照相本身并不能保证这样的收获。对于一片景色真正的拥有，实质是通过有意识的努力注意到各种元素并且了解它们的结构。只要将眼睛睁开，我们就能见到许多美景，但是这份美在记忆中存留多久却要依赖于我们领悟它的用心的程度。照相机模糊了观看和注视之间、观看与拥有之间的区别；它或许可以让我们择取真正的美，但是它却可能不经意地使意欲获得美的努力显得多余。照相机暗示我们，只需拍摄一张照片，我们就做完了所有的功课，然而就清晰地了解一个地方（如一片树林）而言，就必然包含询问我们自己一系列的问题，比如，“树干是如何与树根相连的?”“雾是从哪里来的?”“为什么一棵树的色泽似乎比另一棵更深?”——在素描的过程之中，类似的问题不断出现并得到回答。

延展阅读

《在漫长的旅途中》

〔日〕星野道夫著。

本书是星野道夫（1952—1996）在1996年于堪察加半岛遭棕熊袭击去世后，所遗留下来的最后的、无声的讯息，是贴近人与自然的温柔随笔。

星野道夫旅居阿拉斯加20年，长期只身行旅于酷寒的极北大地，对于生活在严苛自然环境中的人与动植物，以镜头和执着投注关怀的目光，同时也以无尽的温柔笔触，诉说重新省思所谓“丰富人生”与“幸福”定义的静谧话语。透过书中真切质朴与撼动心灵的叙事构图，读者可以跟随星野道夫深印在大地上的足迹，沿着一幅幅的照片，将目光延伸到清澈深沉的极北大地，进行一场回归自然的心灵之旅。

《马来群岛自然科学考察记》

〔英〕阿尔弗莱德·拉塞尔·华莱士　著

关于作者

阿尔弗莱德·拉塞尔·华莱士（1823—1913），英国著名的博物学家、进化论者、地理学家、人类学家、社会批评家和理论家。他一生科学成就颇丰，除独立提出自然选择理论之外，还在包括国土计划学、流行病统计学、生物地理学、冰河学、外空生物学、人类学、博物馆设计、经济学以及社会学等领域都有杰出的贡献。

1840 年左右，华莱士住在英国南威尔士时，对植物学产生兴趣，并开始从事采集植物标本的工作。从 1848 年至 1862 年，华莱士分别到亚马孙河（1848—1852）和马来群岛（1854—1862）进行了大量的自然科学考察。

他在 1852 年至 1905 年间发表了大量关于进化论、生态学、地理学、人类学和社会学的著作，主要有《亚马孙的棕榈树和亚马孙河流域游记》《马来群岛自然科学考察记》《自然选择论》《动物的地理分布》《热带大自然及有关文章》《岛屿生命》《土地国有论》《人类选择》《冰河时期及其影响》《美妙新世纪》《人类在宇宙的地位》《我的一生》等。其间，华莱士写成《物种由简变繁的倾向》（1858），并寄给著名的博物学家、进化论的奠基人达尔文，得到了他的高度认可和赞赏。同年7月，华莱士与达尔文在伦敦林奈学会会议上提出共同理论报告，即“自然选择学说”。

1913年，华莱士逝世，享年90岁。为了纪念他对人类的贡献，1915年他的名字被刻在一枚大奖章上，永久安放在威斯敏斯特教堂里。

荐读理由

从1854年到1862年，华莱士用八年的时间游历了马来群岛的各个岛屿，总共进行了60多次探险，行程约14 000英里。每一次探险，他都对当地的动物、植物、人类及其周围生活环境进行了细致的考察。正是这些科学探险，为其以后的科学成就奠定了坚实的物质基础和理论基础。

华莱士结束马来群岛考察后，时隔六年，他的《马来群岛自然科学考察记》才得以写成出版。这本书以半科技、半游记的方式记述了他在马来群岛考察期间的所见、所闻、所思。全书共40章，其中第一章是导言，论述整个马来群岛的自然地理；最后一章，论述群岛及其四周各地的人种。在剩下的38章中，他把马来群岛分为五大区域，即印度—马来群岛、帝汶群岛、西里伯群岛、摩鹿加群岛和巴布亚群岛，每一部分叙述马来群岛自然分区中的一组。作者在自序中说：“我采取的是将地理学、动物学以及人类学三者结合的方法，用我认为的最自然的贯穿方式，由一个岛叙述到另外一个岛，而同时我又兼顾游历各岛的时间顺序，尽可能不打乱整个顺序来进行叙述。”

从某种意义上说，《马来群岛自然科学考察记》既是一本学术著作，也是一本科普读物，更是一本探险游记。

作为一本学术著作，《马来群岛自然科学考察记》取得了突出的科学成就。其一，华莱士首先发现自然选择理论。这来自于他对马来群岛的考察，为此他写成了《物种由简变繁的倾向》一书，受到了达尔文的好评。其二，华莱士发现了华莱士线。这条线位于巴厘—龙目岛和婆罗洲—苏拉威西岛之间，它把马来群岛分成东、西两个部分，西部属于亚洲，叫作印度—马来群岛；东部属于澳洲，叫作澳大利亚—马来群岛。华莱士线两侧是动物区系的不连续分布地带，前者属于亚洲区系，后者属于澳大利亚区系。后人为了纪念他，把区分这两个区域的界限称为“华莱士线”。这两项突出的科学成就，在本书中都有详细的记述。

作为一本科普读物，读者可以透过作者通俗易懂的语言了解到马来群岛地质形成的过程，以及这个过程对当地植物、动物和人种的起源、进化和分布的决定作用。与机械、僵硬的一般科普读物相比，《马来群岛自然科学考察记》无疑更富有趣味，更引人入胜。

作为一本探险游记，读者一方面可以了解到马来群岛美丽的热带风景、丰富的自然资源和发达的农耕文明。这里的最大特点在于物种纷繁复杂，动物和植物数量庞大，其中尤以色彩艳丽的鸟类、蝶类、竹子和“水果之王”榴莲最引人注目，让人难以忘怀。另一方面，本书对 19 世纪中期以来马来群岛地区大至国家政策、宗教信仰和精神文化，小至当地居民的衣食住行等民风民俗也都有所涉及。

毫无疑问，这是一本博大精深的科技游记，可以作为对马来群岛地区的地理、动植物和人种感兴趣的专家的参考书，也可以作为一般读者了解马来群岛地理与人文的通俗读物，还可以作为对探险家来说饶有兴致的探险游记。

最后，摘录作者的一段话以飨读者：

“我始终深信，以上诸友和其他对于我的旅行以及采集品有兴趣的朋友，通过披阅本书，对我当时在书中描述的种种景物，以及我置身于其间的快乐，都会产生共鸣。”

先睹为快

马来群岛上的东方人和西方人是地球上截然不同的主要地区的人种，在我得到这个毫无疑问的事实之前，我把马来土著分成两个本质不同的人种。在这点上，我与以前就这个问题曾经发表过看法的大多数人类学家不同，因为大家普遍的习惯几乎都是仿照威廉·冯·洪堡德（William van Humboldt）和皮理查德（Pritchard）的做法，把所有海洋人种归为一个融合当地所有人种的新人种。然而通过观察，我很快就发现马来人和巴布亚人在身体、精神以及道德的各方面特征都存在着本质的差异；经过持续八年的更为细致的调查，我找到了满意的证据来支持我的马来群岛和波利尼西亚（Polynesian）的所有人可以分为两个人种的观点。在划分这两个人种所属区域的时候，我还发现那条线与动物分区很接近，但是要靠东一些。因此，我的脑海里闪现了这样一个火花——决定动物分布的因素同样也影响着人类的分布。

为什么不是同一条线作为划分出人种和动物分布的界限，这个原因是可以充分理解的。人类可以横渡海洋，然而动物却不能；而且高级一些的种族能够排挤或者同化较为低级的种族，马来人的海上活动以及较高的文明使他们能够侵占临近区域的部分地区，在那里他们完全取代了当地的土著（如果那里曾经存在土著的话），而且在太平洋上迅速传播他们的语言、家畜和习俗。而在岛屿上，他们只能略微改变或者一点儿也不能改变当地土著的身体和精神特征。

因此我个人认为，所有这些岛屿上的人可以被划分为马来人或者是巴布亚人，而且这两个人种之间没有可以追溯的血缘关系。更进一步说，我还认为所有在我划的分界线以东的人种之间比分界线以西的人种之间有更多的血缘关系；事实上，亚洲人种包括马来人，都起源于大陆；而巴布亚人种的诸民族，包括蔓延到马来人范围以东，直至斐济群岛（Figi Islands）的各民族，不是起源于任何现存的大陆，而是起源于太平洋现存的或者最近还存在的岛屿上。这些粗浅的叙述，将有助于读者更好地理解以后我对很多岛屿上的土著的身体形态以及道德品质进行详细描述的重要性。

延展阅读

《乘小猎犬号环球航行》

〔英〕达尔文著。

1831 年 12 月，达尔文以船长随伴的身份登上英国海军舰艇小猎犬号，开始了为期五年的科学考察之旅。通过这场航行所做的自然观察，他在 20 年后发展出“物竞天择，适者生存”的革命性进化理论，对人类社会产生深远影响。达尔文无疑是一流的观察家，他在《乘小猎犬号环球航行》中细致地描述了沿途所见的动植物、地质、部落等，用笔生动有趣，在逻辑和科学思维上更是令人惊叹。在书中，你可以跟随达尔文一起探索自然的奥秘；合上书本，去留心身边的花草、树木和可爱的小动物，你就会发现自然之美，体会到自然之趣。

《大唐西域记》

玄奘　原著

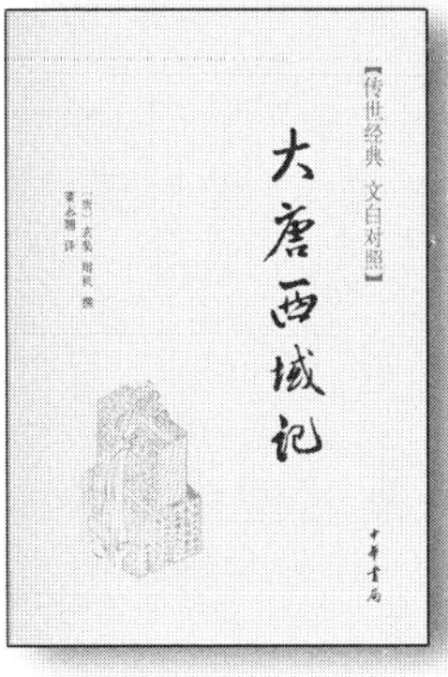

关于作者

玄奘（602—664），俗姓陈，名祎，洛州缑氏（今河南偃师县南缑氏镇）人。隋文帝仁寿二年（602）出身于儒学之家，出家后法名玄奘，敬称三藏法师，俗称唐僧。13岁时在洛阳净土寺诵习佛典，后赴首都长安，遍访名师，问学于法常、僧辩两位大师，被称为佛门的“千里驹”。随着学业的日益长进，他的疑问和困惑也越来越多，而这些疑惑又非中国佛典和高僧所能解决的，于是他下决心去佛教的发源地印度取经求法。唐太宗贞观元年（627），玄奘从长安出发，孤身踏上万里征途，开始了他的西行。贞观十七年（643）春，他携带657部佛经，取道今巴基斯坦北上，经阿富汗，翻越帕米尔高原，沿塔里木盆地南线回国，两年后回到了阔别已久的首都长安。玄奘此行，行程5万里，历时18年，是一次艰难而伟大的旅行。唐太宗得知玄奘回国，在洛阳召见了他，并敦促他将在西域、印度的所见所闻撰写成书。于是由玄奘口述、弟子辩机执笔的《大唐西域记》一书，于贞观二十年（646）七月完成了。

季羡林（1911—2009），字希逋，又字齐奘。中国著名文学家、语言学家、教育家、社会活动家、翻译家、散文家，精通12国语言。曾历任中国科学院哲学社会科学部委员、北京大学副校长、中国社科院南亚研究所所长。

荐读理由

相信每一个中国人都读过《西游记》，那么您知道《西游记》故事的来源吗？您知道历史上真正的“唐僧”吗？请和我们一起沿着《大唐西域记》的路线，走近真实的“唐僧”。

《大唐西域记》被称为古代印度旅行记中的金字塔。在供人们今天了解中世纪的中亚和印度方面，唐代高僧玄奘及其所著《大唐西域记》一书的贡献是旷古未有、永世不灭的。

《大唐西域记》共有12卷，十万余字，书前冠以于志宁、敬播两序。该书以作者的游历过程为线索，为后人系统地展现了东起我国新疆、西至伊朗、南到印度半岛南端、北到吉尔吉斯斯坦、东北到孟加拉国这一广阔地区的历史、地理、风土、人情，科学地概括了印度次大陆的地理概况，记述了从帕米尔高原到咸海之间广大地区的气候、湖泊、地形、土壤、林木、动物等情况。其中，卷一记载了今天新疆和中亚的广大地区的情况，是玄奘初赴印度所经之地。卷二之首有印度总述，然后直到卷十一分述了印度的各国概况，其中摩揭陁一国情况占去了八、九整卷的篇幅。卷十二记载了玄奘返国途中经过的帕米尔高原和塔里木盆地南缘诸国的概况。据统计，全书共记述了玄奘亲身经历的110国和听闻的28国情况。书中对各国的记述繁简不一，通常包括国名、地理形势、幅员广狭、都邑大小、历时计算法、国王、族姓、宫室、农业、物产、货币、食物、衣饰、语言、文字、礼仪、兵刑、风俗、宗教信仰以及佛教圣迹、寺数、僧数、大小乘教的流行情况等内容。

《大唐西域记》问世已经1 300多年，随着时光的流逝，这部著作的灿烂光辉愈发显现出来。此书是研究中世纪印度、尼泊尔、巴基斯坦、斯里兰卡、孟加拉国、阿富汗、乌兹别克斯坦、吉尔吉斯斯坦等国、克什米尔地区及我国新疆地区的最为重要的历史地理文献。世界上流传至今的反映中世纪该地区状况的古文献极少，因而本书成了全世界珍贵的历史遗产，成为这一地区最为全面、系统而又综合的地理记述。对于具有悠久文明的印度古代地理、宗教而言，此书是最基本史料——7世纪前后印度混沌的历史地理，赖此书得以在幽暗中略睹光明、散乱中稍有秩序。人们如果想了解阿富汗境内吐火罗故国的地理布局、巴基斯坦境内健驮罗、乌苌地区情况、我国新疆和田文化遗址的分布等，舍此书而无他求。因而阿富汗、巴基斯坦的考古调查与发掘时常以此书为参照。印度的考古工作更是如此，1971年至1974年印度考古学家在北方邦的比普拉瓦重新进行发掘，确认了这是玄奘书中迦毗罗卫的真正故址。

现在，国内外利用《大唐西域记》作局部课题研究的成果比比皆是。例如，书中对印度历史上许多事件都有所记述，它对确定释迦牟尼生卒年代起过很大作用；卷五中关于戒日王的记载是研究中印关系的重要史料，历史学家据此还写成了多种研究戒日王的专著。又如，书中对迦腻色迦王的记载，为这个热点问题的研究提供了宝贵资料。至于佛教史料，那就更多了。现在几乎找不到一本讲古代印度问题而不引用《大唐西域记》的书，因为玄奘此书中有些资料是其他书中都找不到的。

在玄奘以后很长的时间内，没有一本书能够像《大唐西域记》这样内容丰富、记载国家之多、记载之翔实。实际上，玄奘所留下的这部地理学著作已超越了中国的范围，今后必将在中外学术界有关方面发挥日益重要的作用。此外，本书内容丰富、文字流畅、叙事翔实，再加上执笔人辩机精通内外典籍，文笔优美简洁，使全书增色不少。

现在国内通行的版本是季羡林1985年的校注本。国学大师季羡林的校勘和注释字数大大超过了原著，他对书中提到的每一个国名、地理、各个版本所记载的不同之处一一陈述。还对书中提到的梵文、巴利文的音译做了解释和翻译，并对书中提到的佛教用语做了精辟的解释。如果您对古印度地区的地理、历史感兴趣，那么您首先要阅读的就是这本书。

先睹为快

弗栗恃萨傥那国，东西二千余里，南北千余里。国大都城号护苾那，周二十余里。土宜风俗，同漕矩吒国，语言有异。气序劲寒，人性犷烈。王，突厥种也，深信三宝，尚学遵德。

从此国东北，逾山涉川，越迦毕试国边城小邑，凡数十所，至大雪山婆罗犀那大岭。岭极崇峻，危隥攲倾，蹊径盘迂，岩岫回互。或入深谷，或上高崖，盛夏合冻，凿冰而度。行经三日，方至岭上。寒风凄烈，积雪弥谷，行旅经涉，莫能伫足。飞隼翱翔，不能越度，足趾步履，然后翻飞，下望诸山，若观培𪣻。赡部洲中，斯岭特高。其巅无树，唯多石峰，攒立丛倚，森然若林。又三日行，方得下岭，至安呾罗缚国。

安呾罗缚国，睹货逻国故地也。周三千余里。国大都城周十四五里。无大君长，役属突厥。山阜连属，川田隘狭。气序寒烈，风雪凄劲。丰稼穑，宜花果。人性犷暴，俗无纲纪。不知罪福，不尚习学，唯修神祠，少信佛法。伽蓝三所，僧徒数十，然皆遵习大众部法。有一窣堵波，无忧王建也。

从此西北，入谷逾岭，度诸小城，行四百余里，至阔悉多国。

阔悉多国，睹货逻国故地也。周减千里。国大都城周十余里。无大君长，役属突厥。山多川狭，风而且寒。谷稼丰，花果盛。人性犷暴，俗无法度。伽蓝三所，僧徒鲜少。

从此西北，逾山越谷，度诸城邑，行三百余里，至活国。

活国，睹货逻国故地也。周二千余里。国大都城周二十余里。无别君长，役属突厥。土地平坦，谷稼时播，草木荣茂，花果异繁。气序和畅，风俗淳质。人性躁烈，衣服毡褐。多信三宝，少事诸神。伽蓝十余所，僧徒数百人，大小二乘，兼功综习，其王突厥也，管铁门已南诸小国，迁徙鸟居，不常其邑。从此东入葱岭。葱岭者据赡部洲中。南接大雪山，北至热海千泉，西至活国，东至乌铩国，东西南北各数千里。崖岭数百重。幽谷险峻恒积冰雪。寒风劲烈多出葱。故谓葱岭。又以山崖葱翠，遂以名焉。东行百余里至瞢健国。

延展阅读

《佛国记》

作者法显是东晋时期的僧人，也是中国历史上有记载的第一位到达了印度本土的中国人。《佛国记》又名《法显传》，是法显唯一的著作，写成于他归国后不久。此书的价值，不仅仅限于记述了法显个人的经历，更重要的是，它是中国人最早以实地的经历，根据个人的所见所闻，记载1 500多年以前中亚、南亚，也包括部分东南亚的历史、地理、宗教的一部杰作。在地理学领域，《法显传》有着特殊而不可替代的地位和价值。

《东方游记》

〔法〕勒·柯布西耶　著

关于作者

勒·柯布西耶（1887—1965），是20世纪现代主义四大建筑师之一，也是最为国人所熟悉的经典建筑师，同时也是优秀的画家、城市规划专家和作家。从1920年起，他在自己主编的《新精神》杂志上连续发表论文，提倡建筑的革新，认为建筑应走平民化、工业化、功能化的道路，提倡相应的新的建筑美学。这些论文汇集为《走向新建筑》一书。

他丰富多变的建筑风格和充满激情睿智的建筑哲学深刻地影响了现代城市的面貌和人们的生活方式，其建筑设计和一系列关于建筑、城市规划的观点是我们现代城市的基础。他的代表作有萨伏伊别墅、马塞公寓和朗香教堂等。

荐读理由

何谓“旅行”？旅行是跨越空间与时间的运动，以及与离开家园相关的经验书写，同时也是跨越文化、宗教和意识形态差异而展开的文化实践。旅行通常因旅行者身体的移动和感知经验的刺激塑造着旅行者的文化认同，并营造出不同文化主体之间彼此观看与对话的多重可能。而游记文学则记录、书写并呈现了旅行的空间移动过程与旅行者的心灵轨迹，成为兼具文学性、文化性和自传性的文本。

1911 年 5 月，年轻的画家、建筑师柯布西耶开始了他为期五个月的东方之旅，历经波西米亚、塞尔维亚、罗马尼亚、保加利亚、土耳其、希腊和意大利等地，柯布西耶将旅行体验形诸文字，于是就有了散文集《东方游记》。

全书约 13 万字，由 20 余篇短小的散文组成，从《维也纳》到《多瑙河》，从《布加勒斯特》到《君士坦丁堡》……柯布西耶的艺术和心灵之旅逐渐展示在我们面前。这是柯布西耶的第一本书，也是他逝世前要求再版的最后一本书。柯布西耶伟大的艺术征程就从这里开始：体现在他建筑设计中的东方元素、对人与自然和谐关系的强调，以及对建筑象征性的理解，都可以从本书中找到最初的原点。全书贯穿着柯布西耶对东方艺术和生活之美的直观发现、热情赞叹和深邃思索，这对于我们理解现代建筑与美学的变迁具有很大的参考价值。

在柯布西耶看来，建筑是城市历史与文化的结晶体。因而，城市建筑无疑是其东方之旅的主要目的。《东方游记》为我们展示了作者对异国建筑和城市空间规划的感受、评价与想象，并通常透过对建筑物的审视来品味一个城市的文化。如在《维也纳》一篇中，作者以批判的眼光来审视这座奥地利历史名城。在其笔下，奥地利城市社会阶层之间因财富分配不均而形成了巨大的差异，最终呈现在建筑空间的差异之上。因而，建筑是一个城市的表情，也是城市精神的历史变迁的表征。

又如在《大特尔诺沃》中，作者则对与自然密切结合且具有源于历史的风格协调性的建筑表达了由衷的赞赏："当然那不是拜占庭式建筑，而是巴伐利亚和蒂罗尔那种美轮美奂的巴洛克式建筑。"源于宗教历史的建筑物美感也是柯布西耶所青睐的，如《圣山》描绘的教堂配属的地下室空间："地下室像一瓣贝壳，结构封闭、光线幽微，因为壁上绘了图画而显得阴暗。这种建筑物体积缩得那么小，我对之并不欣赏，在那里盘桓几个钟头，主要是解读其程式化的、教条的建筑语言。"在此，旅行者作为进入异域文化的个体，在借助游记对建筑景观进行评价的同时展示了其文化视角和心态的独特性。

虽然对建筑青睐有加，但作者观察的目光并没有局限于建筑物，而是涉及更多的领域，如绘画、音乐等。《东方游记》中与建筑相得益彰的异域绘画作品是文化的载体之一。作者在《她们与它们》中以猎奇的视角回想一幅购于土耳其的绘画："画面是一些怪诞思想的大凑合，显示出画家运用了对比、相似，以及演绎的手法！"与此同时，柯布西耶对文化差异的思索也存在于他对声音的描绘上。在倾听塞尔维亚音乐时，他认为，"西方的音乐教育过于局限在我们自己的创作，而音乐会也很少向我们展示这种异族音乐，因为我们只接受一般的、优雅的，既不太新，也不太老的东西"。读过之后，您会发现，原来还可以这样比较不同文化之间的差异！这无疑大大开阔了我们的审美视野并提高了我们鉴赏不同文化的能力。

尤其难能可贵的是，柯布西耶在记述其游走在西欧和东欧、欧洲和亚洲、基督教和其他宗教文化之间的过程中，将旅行中的异乡视作了自身文化的镜子，在描述他者的同时也不断反观自身。这对我们思考自身文化与西方文化之间的差异提供了很好的借鉴。

无须过多的赞誉，《东方游记》绝对是游记中的精品，值得一读。

先睹为快

在斯坦布尔的丘陵上，屹立着一些阔大的清真寺，通体白色，在阳光下熠熠生辉。它们的庭院空疏开阔，周围有一些令人愉快的墓地，坟墓排列得很整齐。清真寺周围的“汉屋”以细小的穹顶，排成密集的队伍，护卫着墓地。而孤独地立在空阔广场上的柏树，刻板地起伏着，把清真寺尖塔的快活与它们挺拔冷峻的外形糅合在一起。树身的皱纹表明这些柏树是多么可敬。我很想就土耳其人的灵魂说点什么，可又没法确切地表述。反正我觉得这里人非常淡泊宁静。我们批评这种态度，管它叫宿命，其实我们应该管它叫信仰。一种被我称作粉红色——蓝色与粉红色的——信仰。说它是蓝色的，是因为海是蓝色的，天是蓝色的。而在这儿，永远看不到海这块蓝色在哪儿终止，天这块蓝色在哪儿开始。因此这是一种没有限制的信仰，是让人欢笑的信仰。可惜我却只知道一种让人痛苦的信仰。我觉得自己对这边的人生出一种友情，原因就在这里。……不过他们为什么长着一双目光犀利的眼睛和一个鹰钩鼻子呢？这是风暴骤至、转为飓风的迹象。那突然爆发、不可抑制的场面一定非常壮观！在他们粉红色的灵魂深处，潜伏着一个可怕的痛苦的七头蛇怪。太多的淡泊会通过忧郁把人引向痛苦。我想说的就是这话……

在意大利的所见所闻把我深深地打动了。我过了四个月非常简单的生活：大海、石山和同样的条件——在土耳其是清真寺、木屋、墓地；在圣山是唯一的拜占庭教堂周围像监狱一样封闭的修道院；在希腊是神庙和窝棚；大地光秃秃的，毫无植被。生活集中在小镇是自然的。外界的事情难不倒小镇居民，他们什么都知道。从布林迪西开始，我见到了各种风格各式房屋，还有各种花草树木！众山都是一副面孔。而风格却复杂化了，常常是多种风格混杂。

土耳其人身上的一切都使他们很容易被人认出来。他们彬彬有礼，表情严肃，他们尊重现存事物。他们的建筑巨大、宏伟、壮丽。伟大清真寺前的广场上的那些夜晚，多么一致！多么明智！多么坚定不移！

我们的进步为什么这样丑陋？血液仍然纯洁的民族为什么总是急迫地把我们最差的东西学走？我们真的热爱艺术？继续这种热爱是不是干巴巴的理论？难道人们不会再创造和谐？圣所还存在着，但疑虑永不停止。在那里面，我们置身过去，对今日之事一无所知；在那里面，悲剧紧挨着狂喜。在那里面，因为感受到完全的孤立，我们里里外外都受到震动……正是在卫城，在帕特农神庙的台阶上，在大海的另一边我们看到昔日的现实。

我都 20 岁了，可我无法回答……

延展阅读

《意大利游记》

〔德〕歌德著。

歌德（1749—1832），德国著名诗人、哲人、学者。因陶醉于意大利风光和希腊罗马古典艺术，歌德只身赴意大利进行了长达两年之久的旅行。这次旅行对歌德产生了重要影响，使他的思想发生了重大转折，他开始极力探索大自然的无穷奥妙，追求希腊罗马艺术中所体现的宁静、纯朴、和谐。本书被视为歌德自传的第二部，记载了歌德在意大利旅行中的感受，读者可以从中了解诗人转向“古典主义”这一变化的思想历程。

《俄罗斯浪游散记》

〔苏联〕高尔基　著

关于作者

高尔基（1868—1936），苏联伟大的无产阶级作家、社会活动家，被称为“无产阶级文学最杰出代表”。曾获得过苏联文学最高奖“高尔基文学奖”、鲁迅文学翻译彩虹奖、俄中友协颁发的“友谊奖章”等。

他出身贫苦，亲身经历过的资本主义残酷的剥削与压迫对他的思想和创作发展具有重要影响。登上文坛后，他塑造了一系列工人和无产阶级革命者的英雄形象，抨击了西方资本主义制度和反动思潮。代表作有《海燕之歌》，自传体三部曲《童年》《在人间》《我的大学》等。苏联有以高尔基命名的州和城市。

高尔基不仅是语言艺术家，同时还是评论家、政论家和学者。高尔基的文学论文是对马克思主义美学的重大贡献。此外高尔基还从事大量的社会活动，他曾担任《红色处女地》杂志的编辑工作，组织“世界文学出版社”，领导1934年第一次苏联作家代表大会的工作，同时他还是国内战争史和工厂史写作的倡导者和组织者。在他的关怀下，培养出整整一代的苏联作家。

耿济之（1899—1947）是我国著名的文学家和翻译大家，五四爱国运动的学生领袖之一。他是一个伟大的爱国主义者。他的短短 50 年的生命中翻译了世界上 28 位著名作家的 90 多篇名著及不计其数的短篇著作，共七八百万字，对译介俄苏文学作出了巨大贡献。耿济之先生与郑振铎一起最早从俄文直接翻译了《国际歌》。

荐读理由

1917 年，俄国十月革命爆发，改变了俄罗斯的历史进程，也改变了整个世界的格局。作为俄罗斯著名的作家，高尔基以他的文笔记载了十月革命爆发前俄国社会的方方面面，为我们了解和回望那个激情四射的年代保留了一扇大门。《俄罗斯浪游散记》就是其中重要的组成部分。

《俄罗斯浪游散记》是高尔基 1912—1917 年间写成的作品，包括《人的诞生》《流冰》《顾平》《尼鲁士卡》《公墓》《轮船》《女人》《山谷》《卡里宁》《海行》《死人》《混乱》《沙莫夫家的晚会》等 29 篇短篇小说，以及《女郎与死神》《关于埃伦特库西公爵夫人的歌谣》两首诗。

这些作品真实地再现了当时俄罗斯的生活。跟随着作者去阅读，我们会感觉一个真实的俄罗斯迎面扑来，既有美丽与善良，也有丑陋与邪恶，既有和谐与宁静，也有冲突与战争。

小说中的事件基本上都是作者亲身经历的，这些经历无疑会映射到作品之中。全书绝大多数篇章都采用第一人称的口吻来写作，虽然作者在小说中只是处于“配角”的地位，但这配角是与故事情节密不可分的，这在《流冰》《女人》中表现得尤为突出。在这里，“我”与高尔基融为一体，从这种意义上说，《俄罗斯浪游散记》多少具有游记的性质，这也是我们在此推荐本书的原因所在。

书中的文字具有强烈的艺术感染力，作者以其独特的艺术手法，塑造了一个个性格迥异、栩栩如生的人物形象。例如《流冰》中的渥西布，《轮船》中的青年小伙子以及《人的诞生》《女人》中的两个妇女，都给读者留下深刻的印象。这些看似粗俗的人们，不乏惊世之语，例如在《流冰》中，渥西布说道："人的心灵是有翅膀的——会在睡梦中飞翔的……"该篇以此结尾，引发读者无限的思考和回味。

作者对俄罗斯自然景色的描写尤其令人叹服。高尔基以生动活泼的形象、丰富多彩的文字、美妙隽永的比喻，描绘出一幅幅大自然的图景。例如《人的诞生》中对秋天的郭洛尔河的描写，"我看见一些长须的灰色的巨人们睁着快乐的孩童般的大眼，从山上走下，将大地装饰起来，豪爽地向四周播撒色彩缤纷的宝物，用厚厚的银块覆盖山巅，用生气勃勃的、绸布般的各色各样的树木覆盖山坡，于是这块肥沃的田地在他们的手底下变得令人惊异的美丽"。奇妙美丽的俄罗斯风光在作者笔下更显得生机勃勃、光彩熠熠，给人一种身临其境的感觉。

正如高尔基所说，"书籍使我变成了一个幸福的人，使我的生活变成轻松而舒适的诗"。希望读者朋友能以这种幸福的心态来阅读本书。

先睹为快

这事发生在一八九二年，饥馑的年头，苏和姆和渥切姆奇尔之间，郭洛尔河岸旁，离海不远的地方。明净的山溪水欢乐喧腾，海浪沉重的溅泼声清晰可闻。

秋天，月桂樱桃树的黄澄澄的叶子，像活泼的小鲑鱼般，在郭洛尔河的白沫里旋转。我坐在河岸石上，心想海洋和鸥鸟一定也把树叶认作鱼，受了骗，所以它们在右面树后，海水溅泼的地方，这样生气地喊嚷。

我头上的栗子金光闪烁，我的脚下有许多树叶，像一个人的刻着纹路的手掌。对岸千金榆的树顶业已光秃，在空中摇曳，像破碎的渔网。红中带黑的山啄木鸟在枝上跳跃，像被捉了似的，黑鼻子在树干的壳皮上叩击，逼赶出昆虫来。灵巧的山雀和鸽色的五十雀——从辽远的北方来的客人——啄击着它们。

左面的山巅上沉重地悬挂着烟雾般的云，透露雨意，黑影从那里爬到绿油油的斜坡上。坡上长着死气沉沉的黄杨树，在老山毛榉和菩提树的洞穴中可以找到“醉蜜”，它的醉人的甜蜜在古时几乎使伟大的庞培城的士兵全军覆没，使整营的钢铁般的罗马人醉倒；蜂蜜用月桂和杜鹃花酿成，“过路的”人们则从树穴内取出，抹在大麦粉制成的薄薄的饼上吃下去。

我也如法炮制，坐在栗树底下的石上，被发怒的蜂儿狠狠地咬了一口，把一块块的面包探进装满蜜的钵头里去，一面吃，一面欣赏疲劳的秋日的懒洋洋的游戏。

秋天的高加索好像富足的教堂，由伟大的充满智慧的人们（他们永远是伟大的罪人们）为了将他们的过去在良心的锐利的眼睛面前隐瞒住，而筑成广大无垠的，用黄金、蓝宝石和子母绿石镶成的教堂。山上铺着萨马尔坎特和石马哈的图尔克蒙人们用丝绣织成的上好的地毯，将整个世界的一切都抢劫了来——送到这里，放在太阳的眼前，似乎想对它说：

“你的——因为是你的——献给你。”

……

在地上做人是太佳妙的职务，可以看到多少奇妙的东西，在静悄悄地欣赏美景的时候，心灵震荡到痛苦的甜蜜的程度。

延展阅读

《童年》《在人间》《我的大学》

高尔基著名的三部曲自传体小说，写出了高尔基对苦难的认识，对社会人生的独特见解，字里行间涌动着一股生生不息的热望与坚强。它内涵丰厚，耐人寻味，为我们描绘了一个精彩纷呈的精神世界。这部世界著名的自传体小说三部曲，通过一个渐渐长大的孩子的眼光来观察和了解他周围的世界，让我们看到了一个倔强、富有同情心和不断追求的青少年形象，以及青少年在成长期所遇到的种种问题和所经受的各种心理考验。

《祖国的陌生人》

许知远　著

关于作者

许知远，1976年出生，2000年毕业于北京大学微电子专业，曾任《经济观察报》主编，现为《生活》杂志联席出版人，《亚洲周刊》与《英国金融时报》中文网专栏作家，同时也是单向街图书馆的创办人之一。曾出版《那些忧伤的年轻人》《中国纪事》《我要成为世界的一部分》《转折年代》《这一代人的中国意识》《纳斯达克的一代》《昨日与明日》《思想的冒险》《新闻业的怀乡病》等。

许知远是著名的公共知识分子，他的文章中体现着一个知识分子对中国过去与未来的思考，充满忧患意识。如果你厌烦了每天阅读报纸看到的形势一片大好的陈词滥调，那么许知远毫无疑问是最有可能给你浇冷水的那个人。

韩寒入选“《时代》周刊年度百人榜”之后，许知远曾撰文《庸众的胜利》对韩寒的“公共知识分子形象”进行批判。在他看来，“韩寒根本没有独立思考，他所有的文章都是在迎合大众的情绪”，而“韩寒掀起的迷狂，衬托出这个崛起大国的内在苍白、可悲、浅薄。一个聪明的青年人说出了一些真话，他就让这个时代的神经震颤不已。与其说这是韩寒的胜利，不如说是庸众的胜利，或是整个民族的失败”。

荐读理由

在你的祖国，你却是个陌生人。

——许知远

正如作者所说，《祖国的陌生人》是雄心和能力失衡的产物。为了“重新发现中国”，许知远计划进行漫游中国的旅行。作者原本期望写成一本保罗·克鲁式的游记，却在途中失去耐心，40 天之后就草草收场，甚至直到结尾都没有描述腾冲著名的温泉大滚锅。尽管如此，该书一经出版还是受到了广泛的关注。

全书包括“向南方”“三峡行记”“陕西的新故事”“台湾素描”“激情的岁月”和“失落的一代”六部分。每一部分都记载了作者路途中的所见、所闻、所感，从一个特定的角度反映了当今中国的社会面貌，读起来引人深思，让人感慨万分。

在这一路的旅途上，作者看到了这样的场景：我们这一代人的中国故事集中在经济奇迹上，全世界都惊叹于中国爆发出的生产力。在风景如画的三峡建立世界上最壮观的大坝，照亮长江中下游；翠绿的珠江三角洲、长江三角洲中那些数不清的丑陋工厂的工人们每天 12 小时、每周 7 天、每月心甘情愿地挣着 100 美元，生产着打火机、鞋帽、空调、微波炉、玩具，将它们充斥到阿富汗的小商品市场和美国的沃尔玛超市……

但是，当你的视线稍稍偏离时，你就看到了别样的中国。中国人赢得世界的注意力，不是通过质量，而是通过数量。生活显得停滞，不那么充满希望，建筑师是粗俗丑陋的，年轻人眼神迷离，山川河流被污染……整个社会都被一种不安全感包围着，无处不在且日益加速的技术进步、市场力量，摧毁了那些昔日将人们联结在一起的东西——宗教、社团、家庭、古老的习俗。

更严重的是传统已经断裂，混乱的价值观无处不在。作者既看到了这个快速发展的国家的巨变，也看到了生活在其中的人们，像是无根之萍，他们困惑、焦灼、滑稽、痛苦、失落。但是，从另一个角度来看，这也蕴含着无限的力量，他们无法从传统中获取价值和意义，却也享受了没有历史束缚所带来的无边界的自由。“这是最好的时代，也是最坏的时代”，生活在此刻的中国，你很容易想起查尔斯·狄更斯对 19 世纪初英国的评价。

总之，这本书在形态上或许杂糅，游记、人物、评论都混合其中，但是其主题仍很清晰，它试图展现的是当代中国社会深刻的断裂感。相信作者的发现之旅会引起读者朋友的深思。

先睹为快

夹在秦岭与巴山之间的汉中，的确仍旧散发着一股置身世外的气息。对于饱受大城市的节奏所折磨的人来说，它的悠闲散漫是如此迷人，而对于这位“樱桃小丸子”来说，它缺乏生气与活力。

速度正在致力打破这种状况，八百里秦川如今需要 6 个小时的车程，到了 9 月 28 日，则将缩短成三个半小时，西汉高速公路那时通车，“云横秦岭家何在”的感慨变成了彻头彻尾的远古景象。这也给“樱桃小丸子”带来了新的机会，她希望到时不用再在市内挣那 5 元一趟的活儿，被别人包车往返一趟西安、汉中，或许就可以收入 1 000 元。

和她谈话的乐趣，超过了我对于勉县的游览。对诸葛亮的记忆主宰了这座小县城。我试着在西方传统中找到他的对应人物。他是那么机智，那么有操守，那么执着，却最终还是失败，充满了悲剧式的无力感。奥德修斯有他的机智，却比他更幸运，或者说更明智。中国人推崇诸葛亮，多少因为他的“知其不可为而为之”的悲剧性。从刘备到阿斗，他不怀疑既有秩序，甘心成为摇摇欲坠的秩序的维持者。

我来到武侯祠时，成为最后一位游人，空空的院落里，皮鞋踏在石砖地面上的声音响亮而清晰，我喜欢上了那棵玉兰树，甚至开始试着欣赏结构对称的古建筑，还有四四方方的院子，散布着青苔的石板路引人遐想，我突然觉得自己被剥夺了那美妙的传承，恨不得能就地坐下，抚琴一首。对风景之爱，曾是中国文化中多么重要的一部分，站在小小的阁楼之上，穿过一片玉米田，看到了流淌的汉江水，一阵清风恰好迎面吹来，内心莫名其妙地充盈起来。

我对历史遥远和模糊的记忆在汉中被一点点唤醒。诸葛亮、马超、汉中王刘邦的拜将台、萧何月下追韩信的地点，还有汉江。中国人的身份是从汉代开始的吧，因为汉江、汉朝、汉中，我们成为“汉人”。汉与唐，中国最强盛的两个王朝，是中国人内心无法去除的优越感的真正来源，即使背井离乡多少代，我们仍是汉人，建造的是“唐人街”。

延展阅读

《中国 33 岁》

陈新著。

陈新，浙江杭州人，自由旅行者，媒体创作人。2008 年的北京奥运会，是他使中国得以成为全世界聚焦的中心。以一个国家年龄的民测结果为议题，作者走访 12 座南北城市，访问 50 多位年龄与事业俱属社会中坚的人士，既实时记录了奥运时刻中国城市发展一幕，也为地方人物的心态与思想留下存念。本书就是这一系列图文并茂的访问手记的集合，也是检视中国的一个断面。

《湘行集》

沈从文　著

关于作者

沈从文（1902—1988），原名沈岳焕，其笔名还有休芸芸、甲辰、上官碧、璇若等，湖南凤凰人。1922 年在五四思潮吸引下，他只身来到北京。升学未成，在郁达夫、徐志摩等人的鼓励下，在艰苦条件下自学写作。1924 年，他的作品最早载于《晨报副刊》，接着又在《现代评论》和《小说月报》上发表。1928 年，与胡也频、丁玲相继来到上海，曾共同创办《红黑》杂志。1929 年在上海中国公学教书。这个时期的作品结集为《鸭子》《旅店及其他》《甜柑》等，所描写的湘西乡俗民风和鲜明的生活样式，引起人们的注目。《萧萧》《牛》《柏子》《阿丽思中国漫游奇境记》显示了他早期小说较成功的乡土抒写和对历史文化的思考。

1933 年 9 月，他接编天津《大公报》文艺副刊，经两年又与萧乾合编此刊。围绕这个当时地方文坛的重镇，形成了以他为首的京派作家群。到抗战前，他已出版了 20 多个作品集，有《石子船》《虎》《月下小景》《八骏图》等，还有重要的选本《从文小说习作选》。中篇小说《边城》于1934年问世，小说描写了撑渡船老人与孙女翠翠的纯朴生活及翠翠的恋爱悲剧，标志着他的小说的成熟。

1949年以后，沈从文长期从事文物研究工作。先后在中国历史博物馆、故宫博物院研究中国古代服饰和物质文化史。1960年发表《龙凤艺术》等文。1978年调中国社科院历史研究所。他以作家身份被邀参加第三次全国文代会，增补为全国文联委员。1980年曾去美国讲学。1981年出版了历时15年写成的《中国古代服饰研究》专著。其文学作品近年来也得到大力整理出版。

他的创作构筑成的充满艺术魅力的湘西世界及其相应的都市上流社会系统，表现了他特殊的文化批判精神与重造民族性格的理想。对故乡自然美、人情美和乡民原始生命力的礼赞，表明他是站在乡村中国立场上来看待整个中国进入现代文明的痛苦过程的。他创造了乡土抒情小说文体，其散文更是继承了古代游记、笔记的传统，素淡而动人，对当代文学产生着重要影响。

荐读理由

在中国现代文学史上，沈从文是永远绕不开的人物。他笔耕不辍，为中国文学留下了600多万字的作品。《边城》让世人记住了湘西，而《湘行集》则让人碰触到真实的美。沈从文几乎成了湘西的代名词。

《湘行集》收在《沈从文别集》中，虽然在《沈从文别集》包含的20多种书中，《湘行集》只能算作“引子”，但却是其中一颗耀眼的珍珠。1934年，沈从文远别新婚妻子，回乡探亲。在返乡途中他写了大量家信，画了许多速写，并靠这些素材创作出散记，于是就有了经典之作《湘行集》。

《湘行集》包括《湘行竹简》和《湘行散记》两部分，前者收录了作者1934年回乡探亲时一路写给夫人张兆和的34封情意缠绵的书信，后者则包括12篇自然天成的散文佳作。当年的湖南远非太平盛世，长沙刚打过仗。在常德等地，作者见到悬赏捉拿毛泽东、朱德的启事，他回到凤凰的几天，百里外铜仁正在打仗，湘西王陈渠珍调来三千援兵集结凤凰，随即投入这场厮杀。作者在书简中故意用轻松的笔调写情写景，安慰远方亲人，而在散记里，细心的读者则可看出更多的东西。

《湘行竹简》是沈从文写给他所爱的人的，其中包含着他对心上人思念的深情。他因为“离得你那么远，文章如何写得下去”，所以“不能写文章，就写信”。于是信里就有“山水美得很，我想你一同来坐在舱里，从窗口望那点紫色的小山。我想让一个木筏使你惊讶，因为那木筏上面还种菜！我想要你来使我的手暖和一些……”因景生情，情寓景中，透过琐琐碎碎的细事小景，向他心爱的人倾吐心声，从这纯净的情感中，我们看到了作者对家乡、对大自然和对劳动者的爱。他告诉他的夫人那“赞美不尽”的橹歌，“简直是诗，在这些歌声中我的心皆发抖，它好像为我唱的，为爱而唱的。事实上是为了劳动而自得其乐唱的”。

正如评论家所说，沈从文的作品，和他的为人一样，朴实、率真，闪耀着人性的光辉。他所写的全是美：散发出大自然气息的生活的美，生活中一切真实的美，没有英雄业绩、没有铿锵宣言的朴素的美。但沈从文是一位清醒的智者，他当然不认为愚昧无知、穷困落后应当赞美，他只是赞美那些在时代重压下变形的和没变形的灵魂里不曾泯灭的闪光的东西。这就是在《老伴》《辰河小船上的水手》《箱子岩》《五个军官与一个煤矿工人》等作品中，为什么每每渗透着沉重气息的原因。

另外，作者为了更好地记录回乡的所见所闻，还专门创作了大量笔调简略却意味深长的素描画。在本书中，这些画与作者的文字一起展示给了读者，而且在每幅画下面都配有相关的情景介绍。相信这些素描会给读者朋友带来一个真实的湘西。

先睹为快

假若你见到纸背后那个地方，那点树，石头，房子，一切的配置，那点颜色的柔和，你会大喊大叫。不瞒你，我喊了三声！可惜我身边的相匣子不能用，颜色笔又送人了，对这一切简直毫无办法。我的小船算来已走了九十里，再过相等时间，我可以到桃源了。我希望黄昏中到桃源，则可看看灯，看看这小城在灯光中的光景。还同时希望赶得及在黄昏前看桃源洞。这时一点儿风没有，天气且放了晴，薄薄的日头正照在我头上。我坐的地方是艄公脚边，他的桨把每次一推仿佛就要磕到我的头上，却永远不至于当真碰着我。河水已平，水流渐缓，两岸小山皆接连如佛珠，触目苍翠如江南的五月。竹子、松、杉，以及其他常绿树皆因一雨洗得异常干净。山谷中不知何处有鸡叫，有牛犊叫，河边有人家处，屋前后必有成畦的白菜，作浅绿色。小埠头停船处，且常有这种白菜堆积成 A 字形，或相间以红萝卜。三三，我纵有笔有照相器，这里的一切颜色，一切声音，以至于由于水面的静穆所显出的调子，如何能够一下子全部捉来让你望到这一切，听到这一切，且计算着一切，我叹息了。我感到生存或生命了。三三，我这时正像上行时在辰州较下游一点点和尚洲附近，看着水流所感到的一样。我好像智慧了许多，温柔了许多。

三三，更不得了，我又到了一个新地方，艄公说这是“新田湾”。有人唤渡，渔船上则有晒帆晾网的。码头上的房子已从吊脚楼改而为砖墙式长列，再加上后面远山近山的翠绿颜色，我不知道怎么来告诉你了。三三，这地方同你一样，太温柔了。看到这些地方，我方明白我在一切作品上用各种赞美言语装饰到这条河流时，所说的话如何蠢笨。

我这时真有点难过，因为我已弄明白了在自然安排下我的蠢处。人类的言语太贫乏了。单是这河面修船人把麻头塞进船缝敲打的声音，在鸡声人声中如何静，你没有在场，你从任何文字上也永远体会不到的！我不原谅我的笨处，因为你得在我这枝笔下多明白些，也分享些这里这时的一切！三三，正因为我无法原谅自己，我这时好像很忧愁。在先一时我以为人类是个万能的东西，看到的一切，并各种官能感到的一切，总有办法用点什么东西保留下来，我且有这种自信，我的笔是可以做到这件事情的。现在我方明白我的力量差得远。

延展阅读

《边城》

1943 年完成的《边城》，是“牧歌”式小说的代表，也是沈从文小说创作的一个高峰。小说叙述的是湘西小镇一对相依为命的祖孙平凡宁静的人生，以及这份平凡宁静中难以抹去的寂寞和“淡淡的凄凉”。《边城》原本是沈从文为我们提供的一种理想的“人生形式”，一种“优美，健康，自然，而又不悖于人性的人生形式”。但是，《边城》给我们的却又绝不仅仅是“优美”，还有人在命运的变数面前无助与无奈的忧伤。这对生命的无奈和悲悯之情，使《边城》获得一种深邃的品格和魅力。

《南行记》

艾芜 著

关于作者

艾芜（1904—1992），原名汤道耕，四川人，现代文学史上独具风格、影响深远的著名作家。他开始写作时，受到胡适“人要爱大我（社会）也要爱小我（自己）”的主张的影响，遂取名“爱吾”，后慢慢衍变为“艾芜”，从此，这个名字就伴了他一生，真名反而鲜为人知了。

1925年艾芜因不满学校守旧的教育和反抗旧式婚姻而出走，漂流于云南边疆、缅甸和马来西亚等地，当过小学教师、杂役和报纸编辑，其间有两次病得差点死去。1932年他加入中国左翼作家联盟，开始发表小说。在上海期间，出版有短篇小说集《南国之夜》《南行记》《山中牧歌》《夜景》和中篇小说《春天》《芭蕉谷》，以及散文集《漂泊杂记》等。作品大都反映西南边疆和缅甸等地下层人民的苦难生活及其自发的反抗斗争，开拓了新文学题材领域的创作。他所描写的传奇性故事，具有特异性格的人物和边地迷人的绮丽风光，使作品充溢着抒情气息和浪漫情调。

他的小说被译成英、俄、日、德、法等多种文字，深受国外读者的喜爱。当今对艾芜的研究方兴未艾，有关艾芜生平及创作的传记、专著、论文已有十余种、百余篇问世。

荐读理由

在我国的现代作家中，很少有人的经历像艾芜的经历那样独特、那样崎岖、那样坎坷。青年时代，他便选择了一条流浪之路，在云南、缅甸和马来西亚的山岭间、雨林中穿梭。这段奇特的经历为其日后的小说创作积累了丰富而精彩的素材。他的创作的全部特点和他的艺术独创的总根源，便在这里。而最能体现作家这一独创性的，就是他的代表作《南行记》。

《南行记》包括 23 个短篇和 1 个中篇，是新中国成立前作者以第一人称手法描写南行生活的小说集。该书以第一人称“我”的视角为我们讲述了作者在南国的经历和见闻。其最大的成功，就在于把生活的真实与文学创作的真实结合得天衣无缝，以至一般人简直分不清哪些是实在的、哪些是虚构的，而往往把它们全部都看成是作者亲身经历过的事件。

在现代文学史上，艾芜最先在《南行记》中描写绮丽的西南边塞风光、浓郁的异域情调。书中的每一篇作品几乎都有许多对异国风光乡情的生动、细致的描写。这些描写不是客观的直录，而是注入了作家的感情，带有强烈的主观色彩和个性特征，真可谓是情景交融，如诗如画，既有浓郁的生活气息，又给人以强烈的感情冲击，与沈从文先生对湘乡的描绘相比，可以说毫不逊色。

与此同时，作者也写出了一幕幕人间悲剧，刻画了“那些在生活重压下强烈求生的欲望的朦胧反抗的行动”。他在描写那些底层劳动者、流浪汉、少数民族贫苦人民悲惨命运的同时，尽力去挖掘他们身上的真、善、美的品质，“他们性情中的纯金”。他所塑造的小黑牛、夜白飞、鬼冬哥及野猫子等人物，是中国现代文学史上具有独特艺术感染力的形象。

《南行记》是艾芜的处女作，也是他全部创作中成就最高、影响最大、最具艺术魅力的作品。郭沫若、茅盾、周扬、胡风、周立波等名家以及各种现代文学史和论著都给予其很高的评价。

1939年春，巴金在上海为迁往桂林的艾芜编辑了小说集《逃荒》，并且在为该书撰写的《后记》中说，“在这时候我们需要读自己人写的东西，不仅因为那是用我们自己的语言写成的，而且因为那里面闪耀着我们的灵魂，贯穿着我们的爱憎。不管是一鳞一爪，不管是新与旧……”

郭沫若评介艾芜的作品：“我读过艾芜的《南行记》，这是一部满有将来的书。我最喜欢《松岭上》那篇中的一句名言：‘同情和助力是应该放在年轻的一代身上的。’这句话深切地打动着我，使我始终不能忘记。”

20世纪90年代初，《南行记》被改编成电视剧，命名为《边寨人家的历史》。该剧荣获1993年中国四川国际电视节“金熊猫奖”，深受国内外观众的赞赏。在该剧中艾芜出现在荧屏上，让人倍感亲切。

先睹为快

当我在南国天野里漂泊的时候，没饭吃，便做工；得了流汗换来的工钱，就又向一个充满新鲜情调的陌生地方走去。这，看起来倒是一件有味的容易事，然而，实际经验着，才并不全符合脑里所起的美好的幻象。不过仍然有味，但这味，须要另一种心情来领略的了。

到缅甸北部靠伊拉瓦底江的大商埠八募，又没钱吃饭了，自然就得仍旧使用随身带着的法宝——做工。然而，谁要我呢？至于做什么，在我倒全不成问题，文的方面如写字，武的方面如挖土，都来过。人，通是陌生的，不理我，两天全找不着一个要我流汗的主顾，于是，我彷徨了。然而，并不怎样恐慌，因为在中国西南部的好几个大城市里，都曾经饿过整天整天的肚皮，这时，资格已老，再来一次，满不在乎。可是，这心情总不能支持多久，所以，偶然也着急明天怎样生活下去的事，全不是没有。

因此我的脸色，我的眼光，那曾对饥饿有过经验的人，是全看得出的。于是同我一块儿住在汉人街苦力店的一位苦力，便用好心肠，把他从我脸上眼里发现的苦楚，向店里以及隔壁小茶店里那些穿草鞋的人尽力宣传了。起初心里很感谢他，后来竟有点讨厌，因为他太把我形容得可怜。虽然别人并不曾说“可羞哪，你这饿肚皮的年轻人”，可是总觉得在人群中已暴露了——我是这么一个乏力生存的弱者，禁不住过分难受。无论什么辛酸，什么苦痛，素来是一并吞在肚里，向人示弱，不可能。

然而，这好心肠的苦力，毕竟是可感谢的。店里一位终日吹鸦片睡懒觉的苦力模样的汉子（后来才知道他是由苦力改行偷卖鸦片的），竟听了他的宣传，对我起了相当的同情，而且热心地替我找事做。这一夜我回去的时候，这汉子睡在昏黄的烟灯侧边，便叫我进去坐着，带着一种安慰病人的好声音，悠悠地安慰我。他说：

“看来你还是读过书的，你得到那家店里去教几个小孩子。能吃苦，更好，他们开店的，要你早晚招呼客人，这，轻便呵，并不是叫你跑路抬人！”

他随即把店主的姓名也告诉了我；那地方叫茅草地，恰在两天不见人烟的山路中，说是如果不吃烟，定会积起钱的。不用说我衷心地谢谢这个好人了。

延展阅读

《南行记续编》

本书为《南行记》之续篇，1964 年由人民文学出版社出版。新中国成立后，作者艾芜重返西南边疆，看见边疆各族人民，在三面红旗照耀下，正信心百倍地建设社会主义，于是用饱含着欢乐的笔调，写下了不少细致含蓄、意境深远的小说。本书中还有由吴冠中、蒋正鸿、徐启雄、姚有多、袁运甫、柳成荫创作的七幅插图。

《行者无疆》

余秋雨　著

关于作者

余秋雨，出生于1946年，上海戏剧学院教授，国际知名的学者和作家。其文化散文集，在20世纪90年代至21世纪初的中国大陆最畅销书籍中占据了非常重要的地位，在台湾、香港等地区也有很大影响。现任《书城》杂志荣誉主编。

20世纪80年代后期余秋雨开始创作《文化苦旅》等文化散文集，辞职后更以亲身历险考察国内外各大文明为人生主业。所写的《山居笔记》《霜冷长河》《千年一叹》《行者无疆》等，开启一代文风，长期位居全球华文书畅销排行榜前列，他更是公认的目前全世界各华人社区中影响力最大的作家之一。他的力作《借我一生》创立了“记忆文学”的新体裁，刚出版就引起海内外广泛关注，被香港《亚洲周刊》评为年度“全亚十大最重要的华语书籍”之一。

由于1999年之后主持香港凤凰卫视时，余秋雨对人类各大文明遗址的历史考察，这让他成为目前世界上唯一贴地穿越数万公里危险地区的人文学科教授，同时他也是“9·11”事件之前最早向文明世界报告恐怖主义控制区域实际状况的学者。他相继被联合国选为研讨《2004年人类发展报告》和参加“2005年世界文明大会”唯一的中国文化学者。近年来，他在“中华文明和世界文明”的总标题下，应邀在美国哈佛大学、耶鲁大学、马里兰大学、纽约亨特学院和华盛顿美国国会图书馆发表演讲，场场爆满，引起很大的社会轰动。2005年春季他在台湾各大城市的巡回演讲，每场都拥挤了数千名听众，这被台湾媒体称之为“难以想象的余秋雨旋风”。天下文化出版公司所编的《倾听秋雨》一书，记录了这一盛况。

2004年底，余秋雨被联合国教科文组织、北京大学、中华英才编辑部等单位选为“中国十大艺术精英”和“中国文化传播坐标人物”。

荐读理由

行者究竟能走多远？无疆。余秋雨的散文能给我们多少历史的期盼？无限。而行者又总有一个目标，那便是走出桎梏、走近废墟，走出褊狭、走近历史，走出藩篱、走近文明。

余秋雨的行程是艰辛的，他从中华大地出发，到中东、中亚、南亚，于是《文明的碎片》之后是《文化苦旅》，接着是《千年一叹》。而后，他又星夜兼程走到欧洲，走近了欧洲古文明的废墟，记下了他那叩响欧洲大地的匆匆步履声，取名《行者无疆》。欧洲的文明曾让我们仰望，也让我们沉迷。可是，这样的欧洲，在今天也不免失落。这是为什么？书中真实地记载着他的探寻过程。

余秋雨善于运用自己的如椽之笔点评历史，评述文明。作为一本游记散文集，《行者无疆》记录了作者探访欧洲古文明遗址的全部感受。本书分南欧、中欧、西欧、北欧4卷，收录散文79篇。其中纯粹描写旅途中所见景观的文章，有20多篇。作者所记的内容，均为游中所见、所感。文章写得简洁、生动，充满了诗情画意。譬如，《点燃亚平宁》描绘了意大利东部一座古老庄园里两位现代美女，驾驶着一辆现代化轿车绝尘而去的景象。文章不长，以描写和叙述为主，描绘出了一幅色彩丰富、特色鲜明的画面，作者基本上没有发表议论，却叫人读后难忘。再如，《小巷老门》摄下的是西班牙南部一座小城镇里一次家庭舞会的动人镜头，《醉意秘藏》描写了匈牙利小城埃盖尔古老神秘的大窖，《北极印痕》绘出了寒冷冬季中北极村的景象等等。这些文章都写得十分生动，很有感染力，堪称游记中的精品。

在另外的40多篇文章中，作者基本上没有记叙旅途中所见到的景观，而是详细评述了一些与游览景点有关的传说和历史。譬如《南方的毁灭》一文中，作者没有去记叙庞培古城废墟的景观，而是叙述了庞培古城毁灭的传说，然后，再针对这些传说发表一些议论；《古本江先生》一文中，作者没有描绘现实中的里斯本，而是用大量的篇幅记载了关于古本江的传说。

在余秋雨一篇篇的文字中，展现出的是思考、是挽留，也是历史的托付。余秋雨先生站在历史的前沿，借着废墟的力量，声声呼唤着文明，这正是行者的追求。每当捧读其散文时，都会心潮澎湃，久久难以平复。一方面，人们可随着他对古今中外文化兴衰的理性描述，一同追寻历史、审视现实、思考未来；另一方面，透过他冷静锐利的笔触，我们在追寻作者心路历程的同时，也检视着自己的心态，从中获得深刻的启迪，并努力对周围的事物作出应有的判断。

作为余秋雨历史散文的代表作之一，《行者无疆》载着《千年一叹》，从欧洲古堡和废墟中走来，夹带着现代的文明和智者的气息。这是一种理性的体验和审美，张扬着废墟的力量，其主题仍旧是文明，“碎成了碎片而依然光亮文明，让人神往而又让人辛酸的文明”。正如作者所说：“任何一种文明都会由于多种原因而自我迷失，只有把它们放回到与蒙昧和野蛮交战的第一线，才会临阵清醒，不断地重新体验自己的文明本性，并与其他文明沟通。”这正是行者的归宿所在。

先睹为快

历来罗马只做大事。我站在空荡荡的大街上想，这宽阔的路，这高大的门，这斑驳的楼，曾经见过多少整齐的人群大进大出啊，今天，这些人群的后代浩荡离去，大大方方地把一座空城留给我们，留给全然不知来路的陌生人，真是大手笔。

在中国新疆，我见过被古人突然遗弃的交河古城和高昌古城，走在那些颓屋残墙间已经惊恐莫名。一般人对极端性审美图像的接纳是有限度的，我知道那种荒废日久的空城很美，却总是不敢留在黄昏之后，不是怕盗贼，而是怕气氛。试想，如果整整一座西域空城没有一点动静，月光朦胧，朔风凄厉，脑畔又浮出喜多郎的乐句，断断续续，巫幻森森，而你又只有一个人，这该如何消受？

今天在眼前的，是一座更加古老却未曾荒废的庞大空城，对我来说也有极大的消受难度。没有人就没有了年代，它突然变得很不具体。那些本来为了召集人群、俯视人群、笑傲人群、号令人群的建筑物怎么也没有想到哪一天会失去人群，于是便傲然于空虚，雄伟于枉然。但是，没有对象的咆哮可能更其响亮，没有年代的街道盛得下全部故事，空虚的傲然傲然到了天际，枉然的雄伟雄伟到了永远。

站在这里，我突然领悟，为什么中国唐代刘禹锡写石头城的四句诗会在人们心中形成那么大的气魄，以至连大诗人白居易读了都说“吾知后之诗人，不复措辞矣”。这四句诗是：“山围故国周遭在，潮打空城寂寞回。淮水东边旧时月，夜深还过女墙来。”人称此诗得力于怀古，我说天下怀古诗人多矣，刘禹锡独擅其胜，在于营造了一个空静之境，唯此空静之境，才使怀古诗的情怀上天入地，没有边界。

今天罗马的空静之境，不是出于诗人营造，而是一种实在。一座实实在在的石头城，一座曾经属于恺撒、奥古斯都、图拉真和哈德良的石头城。这种可触摸的空，可谛听的静，任什么诗也不可比拟。

营造如此空静之境的，是全体罗马市民。这才猛然记起，一路上确有那么多奇怪的车辆逆着我们离城而去。有的拖着有卧室和厨炊设备的房车，有的在车顶上绑着游艇，有的甚至还拖着小型滑翔机。总之，他们是彻彻底底休假去了。

延展阅读

《跟随余秋雨的脚步》丛书

本丛书是国内首套彩色图文版余秋雨旅行散文集，一共包含《中国之旅》《欧洲之旅》《非亚之旅》和《心中之旅》四部独立作品。15年前，余秋雨先生因困惑于“书斋著述与实际发生的文化现象严重脱节”而走出书房。在旅行了大半个中国后，他踏足亚欧大陆，叩访两河流域、埃及、以色列、阿拉伯半岛、希腊、罗马、伊朗、印度等古文明发祥地以及众多欧洲国家。在行走中洞察，在触摸中感悟，在跨越中思索，在烛照中叙述……从而交织形成了一系列以独特人文情怀，“导游”人类文明大空间、大历史的睿智而优美的文字，由此开了“文化大散文”之先河。本系列在呈献上述作品的同时，还配插了1000多幅精美图片，目的是使读者在追随余秋雨先生的脚步时，能有身临其境、风华尽览之感。

《西班牙旅行笔记》

林达　著

关于作者

林达，是一对美籍华人作家夫妇合用的笔名。另有“丁林”“Dinglin2”等笔（网）名。夫为丁鸿富，妻为李晓琳。他们都于1952年出生在上海，1978年进入大学，曾在黑龙江省插队。1991年移居美国。

林达著述丰硕，主要著作有“近距离看美国丛书”系列（包括《历史深处的忧虑》《总统是靠不住的》《我也有一个梦想》《如彗星划过夜空》等）和《带一本书去巴黎》《西班牙旅行笔记》以及《一路走来一路读》《扫起落叶好过冬》等文集。林达的书，在中国大陆风靡一时。他们被誉为是介绍美国最好的作者之一，是中国的托克维尔。

同时，林达在《南方都市报》《新京报》《南方周末》等报刊开设专栏，不仅写有时事评论，还有散文和特稿。林达的文字朴实自然，富有洞见，写作领域涉及宪政、法制、历史、国际关系，因此他们是少有的全能型作家。

荐读理由

林达，是广大读者熟悉的名字，其“近距离看美国丛书”，曾让长期生活在美国的华人以新的视角重新审视美国社会的方方面面，这本《西班牙旅行笔记》把我们的视角又带到了一个新的国度——西班牙。

《西班牙旅行笔记》记述了作者在西班牙旅行的经历。全书约 35 万字，包括“去西班牙”“塞哥维亚的罗马输水道”“古老的科尔多瓦”“小城托雷多的故事”“阿拉伯人来了”等 27 篇。林达在这本书中以历史的演进为横轴，以亲临其境的参访、感悟为纵轴，将《西班牙旅行笔记》搭建成一座体量庞大、结构恢宏但构造精美的建筑物，作者就是那个从材料选购、图纸设计，到一砖一石砌垒都亲力亲为的建筑师。

林达的书是一部细节饱满、时有智慧闪光，尤其是对落后文明古国近现代转型有深刻洞见的历史笔记，从中清晰可见作者忧思中国的脉络和条纹。它有着平实简朴的文字、扎实可靠的历史资料和亲身采集的现场素材以及对于古今建筑、绘画流派专业而优美的评介，是一本带着体温的西班牙文艺之旅的导游手册，更是一部流光溢彩的地理游记。面对西班牙既充满异域风情而又绚丽多彩的历史、艺术、人物和宫殿、教堂、城堡等文化精华，作者以其简练犀利的笔墨描述其无与伦比的人文及艺术价值，酣畅淋漓，引人入胜，阅读这样的文字简直是一种享受。

与此同时，作者更把上千年来在这块土地上发生的故事一一糅入漫游的行程，使帝王将相、战火烽烟、山川景物，尤其是它走向现代国家的进程贯穿于全书。这不但可以让读者领略到西班牙迷人的风貌，更能深入西班牙幽深的历史，洞悉它深刻而富于启示的社会演化过程。

该书不是专业的地理著作，读者却可以从中了解西班牙的建筑与风景；不是一本历史书，读者却可以从中把握西班牙的历史脉络。这正是本书的魅力所在。

值得一提的是，该书在出版时配有大量色彩鲜艳、震撼人心的精美图片，其中既有雄伟宏大的建筑物，也有景色迷人的田间风光，还有真实反映佛朗哥之后西班牙社会各个角度的照片，拉近了读者与西班牙历史和现实的距离，让人们看到一个活生生的西欧古国的风采。这是本书成功的重要原因，相信读者朋友一定会喜欢上这本书。

先睹为快

法国和西班牙，被比利牛斯的雪顶一山隔开，只有一些时断时连的通道。在历史上，它们始终保持着藕断丝连的关系。西哥特人也曾经冲过比利牛斯山，占领现在法国的区域，但是终于没有站住脚。因此从宗教的角度来看，对西班牙的西哥特朝廷时期来说，比利牛斯山也成为一道界线。天主教的统治在属于今天法国的一边，而比利牛斯山的这边，是信奉阿里乌斯教派的西哥特人控制了政权。

对于西班牙来说，那是宗教上十分困惑的一个时期。外族挟着同源宗教的一个异教派，统治了这个国家。当然也在民间推行自己的信仰。信仰的交错，甚至造成许多家庭的分裂。西哥特人的宫廷，本来就在历史上以内斗凶杀著称，此时，争权夺利更可以假借宗教的名义进行。

可是西哥特宫廷在玩着异国王室通婚的政治游戏时，宗教却并不是一个绝对的禁忌。可见那些以宗教名义在运作政治的君王们，并非真正的信徒。所以这位天主教的法兰克公主，也就能够跨越比利牛斯山，万里迢迢地南下，同样跨越了这座塔霍河上“阿尔康塔拉”桥，踏上了托雷多的街石。虽然在那个时候，这座桥还不叫这个名字。她金发碧眼，来自文明程度更高的法兰克，现在却不幸做了“蛮族的媳妇”。

在这个哥特人的王室家庭里，男人们大概都对政治的兴趣大于信仰，认真的是女人。据历史学家的记载，这位法兰克公主，绝非那位惨死的西哥特公主的柔弱翻版，她信仰坚定、自有主张。结果阿里乌斯教派的婆婆和天主教的媳妇水火不容。最后，国王一怒之下打发儿子去了南方，去治理那片叫作安达卢西亚的南方土地。

他们去南方，要穿过整整半个西班牙。这让我想起，在我们离开中部，出发去安达卢西亚的时候，那位在马德里的朋友说，那一路，你们能看到最好的风景，真想随你们一起去。我们真的看到了中部和南部最壮观的景致，常常不由地惊呼出声。从托雷多出来，也就是从大马德里地区出来，往南一去，就是著名的拉曼却。就是以后堂·吉诃德和他的仆人在四处晃荡的荒原。后来看到历史书，说这个地区在西哥特人时期，还是茂密的森林，而不是堂·吉诃德和我们看到的样子。可见人是多么能糟践东西。

延展阅读

《带一本书去巴黎》

这是作者的另一部精品。

本书包括“带一本书去巴黎”“奥斯曼和老巴黎”“塞纳河上西岱岛”“巴黎的教堂”“圣丹尼和他的头颅”等内容。作者带着一本描写“革命”的文学名著《九三年》奔赴巴黎，在法兰西的城堡、广场、宫殿、教堂、博物馆，他咀嚼着文化的成果，品味着艺术的盛宴，倾听着历史的回声，感悟着前人在血与火中凝成的思想和智慧，用大量的历史细节和场景，丰富了对艺术、文化，对历史、社会以及对“革命”的理解。

《撒哈拉的故事》

三毛　著

关于作者

三毛（1943—1991），台湾作家。1943 年 3 月 26 日出生于重庆，浙江省定海县人。本名陈惠平，1946 年改名陈平，笔名“三毛”。1964 年考入中国文化大学哲学系，肄业后曾留学欧洲。1973 年 7 月，三毛与荷西在沙漠小镇阿尤恩结婚。1981 年，三毛回到台湾，在中国文化大学任教。1984 年辞职，专职从事写作和演讲。1991 年 1 月 4 日自杀，终年 48 岁。

三毛婚后定居在西属撒哈拉沙漠加那利岛，并以当地的生活为背景，写出一连串感情真挚的作品。与荷西一起生活的岁月，三毛的文章充满欢笑、喜乐，读者阅读她的小说，仿佛感受着她愉悦的婚姻生活，即使面对大风沙的侵袭，她仍然显得积极乐观。然而自从荷西离开人世后，三毛的文章也顿时“黑暗”起来，其文字不再有笑容，取而代之的只是无尽的悲伤。

三毛的足迹遍及世界各地，平生著作、译作十分丰富，其中《撒哈拉的故事》《雨季不再来》《哭泣的骆驼》《我的宝贝》《闹学记》

《滚滚红尘》等散文、小说、剧本更是脍炙人口，在全球华人社会广为流传，在中国大陆风靡一时，影响了整整一代人。

荐读理由

我爱哭的时候便哭，我爱笑的时候便笑，只要一切处于自然。

——三毛

在20世纪最后20年的台湾乃至整个华文文学圈中，三毛是个不可忽略的名字。她以自己的生活经历为基础，写了许多旅行见闻、异国生活的故事。青年时代的留学经历、与西班牙丈夫的沙漠生活、重回台湾再赴中南美洲的旅行等，构成了《撒哈拉的故事》《万水千山走遍》《哭泣的骆驼》等作品。

《撒哈拉的故事》可谓三毛作品中最脍炙人口的一部。该书是三毛旅居撒哈拉沙漠时期写作的游记，由12篇精彩动人的散文组成，均是以沙漠为背景的故事。《撒哈拉的故事》使人耳目一新，倾倒了全世界的中文读者。一时间，台湾文坛掀起了撒哈拉沙漠的风暴。这风暴很快刮向香港、澳门、东南亚，刮向大陆，激起了广大读者的浓厚兴趣。

三毛的成功在于她的游记散文开拓了一个广大读者闻所未闻的创作题材的新空间。人们睁开双眼注视着大漠：那里原来不是黄沙一片的荒漠，而是色彩斑斓，黑色、白色、土黄色、红色皆有的沙漠；那里原来不是寸草不长的荒凉世界，而是一群群野羚羊飞奔、灰绿色的"仙人掌向天空伸长着手臂呼唤嘶叫"的地方；那里原来不是寂无人烟的荒芜原野，而是沙哈拉威人世世代代繁衍生息的地方。三毛的游记散文把一个浩瀚与神秘、荒凉与雄浑、忍辱与吼叫的现实的撒哈拉大沙漠呈现在广大读者眼前。

然而，在三毛的游记散文里，使人印象更为深刻的是她那毫无掩饰的爱情、亲情、友情的流露。在沙漠生活中，她在狂热地赞美大自然的同时，爱的情感也蔓延至她身边的每一个人。而最使她刻骨铭心的是那个西班牙的“大胡子”荷西。在《大胡子与我》《背影》《梦里花落知多少》等篇章中，她对荷西的那种从心血中流淌出来的至死不渝、生死相随的感人肺腑的情感，使人不禁潸然泪下。在《尘缘》《背影》《离乡回乡》《不死鸟》中那些对亲情的描写是何等的真切动人。三毛对父母亲人的眷念、牵挂，如小草报春之情可捧可掬，使人感受到她情感的库藏是多么丰厚和清纯。

其中，《沙漠中的饭店》是三毛适应荒凉单调的沙漠生活后，重新拾笔的第一篇文字。该篇描述了为夫妇俩婚姻生活增添了许多乐趣的一种“艺术”——由母亲从台湾寄来材料，由三毛张罗而成的“粉丝煮鸡汤”“蚂蚁上树”“笋片炒冬菇”……而所谓“饭店”，正是西班牙同事们受邀捧场的“中国饭店”。

《结婚记》是交代三毛沙漠婚姻生活的重要开头，在匆忙潦草中预示了未来的甘苦。去“唯一的一家五流沙漠电影院”看一场电影算作跟单身日子告别；结束了烦琐的手续仪式，却因为“沙漠里没有一家像样的饭店”，不能请客；但收到荷西同事的礼物还是颇为感动的，因为“沙漠里有新鲜奶油蛋糕吃真是太幸福了”……

沙漠荒凉，但人心不荒凉。正如三毛所说：“我爱哭的时候便哭，我爱笑的时候便笑，只要一切处于自然。”这种随遇而安、追求自然的心态让三毛找到了属于自己的幸福，也让读者读起来感到如此幸福。

先睹为快

我的先生很可惜是一个外国人。这样来称呼自己的先生不免有排外的味道，但是因为语文和风俗在各国之间确有大不相同之处，我们的婚姻生活也实在有许多无法共通的地方。

当初决定下嫁给荷西时，我明白地告诉他，我们不但国籍不同，个性也不相同，将来婚后可能会吵架甚至于打架。他回答我：“我知道你性情不好，心地却是很好的，吵架打架都可能发生，不过我们还是要结婚。”于是我们认识七年之后终于结婚了。

我不是妇女解放运动的支持者，但是我极不愿在婚后失去独立的人格和内心的自由自在化，所以我一再强调，婚后我还是“我行我素”，要不然不结婚。荷西当时对我说：“我就是要你‘你行你素’，失去了你的个性和作风，我何必娶你呢！”好，大丈夫的论调，我十分安慰。做荷西的太太，语文将就他。可怜的外国人，“人”和“入”这两个字教了他那么多遍，他还是分不清，我只有讲他的话，这件事总算放他一马了。（但是将来孩子来了，打死也要学中文，这点他相当赞成。）

闲话不说，做家庭主妇，第一便是下厨房。我一向对做家事十分痛恨，但对煮菜却是十分有兴趣，几只洋葱，几片肉，一炒变出一个菜来，我很欣赏这种艺术。

母亲在台湾，知道我婚后因为荷西工作的关系，要到大荒漠地区的非洲去，十二分地心痛，但是因为钱是荷西赚，我只有跟了饭票走，毫无选择的余地。婚后开厨不久，我们吃的全部是西菜。后来家中航空包裹飞来接济，我收到大批粉丝、紫菜、冬菇、生力面、猪肉干等珍贵食品，我乐得爱不释手，加上欧洲女友寄来罐头酱油，我的家庭“中国饭店”马上开张，可惜食客只有一个不付钱的。（后来上门来要吃的朋友可是排长龙啊！）

其实母亲寄来的东西，要开“中国饭店”实在是不够，好在荷西没有去过台湾，他看着我这个“大厨”神气活现，对我也生起信心来了。

延展阅读

《万水千山走遍》

这是作者的另一部精品。

本书共18篇，记录了三毛返台后再度出走，游历中南美洲以及首次回归故土的旅行见闻。在荷西去世之后，三毛鼓起生活的勇气，重新开始了新的生活。

《忧郁的热带》

〔法〕列维－斯特劳斯　著

关于作者

列维－斯特劳斯（1908—2009），法兰西学院荣誉退休教授，法兰西科学院院士，著名人类学家，法国结构主义人文学术思潮的主要创始人。在二战后重塑人文科学理论的法国文化中，被誉为两大“民族思想英雄”代表之一。

1908年11月28日，列维－斯特劳斯出生于比利时布鲁塞尔，父亲是旅居比利时的法国犹太画家。后来列维－斯特劳斯随家人定居巴黎，并在巴黎读完中学与大学，直至取得巴黎大学博士学位并担任大学教授职务。青年时代的列维－斯特劳斯爱好哲学，并醉心于卢梭、弗洛伊德和马克思的思想，并由此开始致力于文化人类学研究长达50余年。

20世纪30年代他曾在巴西考察当地土著社会多年，在丛林深处找到还原于最基本形态的人类社会；40年代旅美期间钻研英美人类学与结构语言学，陆续发表了大量研究成果；自1959年起任法兰西学院教授。他的学术影响波及人类学、语言学、哲学、历史学等诸多领域。

列维－斯特劳斯对社会、文化的比较研究广泛影响着西方思想界，据说戴高乐就很喜欢《忧郁的热带》，对这本“文学的”科学著作爱不释手。作为法兰西学院院士，他研究的题目听起来都艰涩复杂：无意识结构、超级理性主义、二元对立关系等等。他的著作如《结构人类学》《当代图腾制》《野性的思维》也不易懂，不过读过的人都认为“趣味横生”，比如中文译本《神话学》四卷：《生和熟》《蜜蜂和湮灭》《餐桌礼仪的起源》《裸人》。

荐读理由

列维－斯特劳斯年轻时亲访亚马孙河流域与巴西高地森林，在丛林深处几个原始部落中寻找最基本形态的人类社会并记录了当时的经历，以此写成《忧郁的热带》一书。该书在 1955 年 10 月份出版，随后获得了空前的成功，引发社会广泛关注。学术界盛赞其对人类学研究所作的重要贡献，却因此书优美的文笔和深刻的思想而不知是否能将其看作科学著作。该书名义上是一本人类学、社会学和结构学的专业“游记”，但却比一般意义上的文学名著还要优美，比一般的哲学思考还要深远。

全书共九个章节，根据内容可以分为三部分：

第一部分是对与考察有关的旅行的介绍。其中第一章“结束旅行”，主要讲述作者对于以往旅行厌恶与憎恨的感受，然而现在又不得不开始新的旅行；第二章“行脚小注”，是关于旅行准备与初期行程中一些琐事的记录；第三章“新世界”，描述作者初到南美的感受；第四章“地球及其居民”，是对印度等其他地方人民与文化的回忆与比较。需要交代的是，这些章节中对旅行过程的讲述并不是很明晰，但是对旅行的文化解剖却很透彻。这也难怪，如果没有旅行，就没有文化间的跨越和碰撞，以及超越本土文化的感受和视野。

第二部分是对几个南美土著民族的人类学考察和描述。第五章“卡都卫欧族”，第六章“波洛洛族”，第七章“南比克拉瓦拉族”，第八章“吐比克瓦希普族”。这里不是完整地介绍考察所涉及的民族，而是夹叙夹议，结合具体的对象对文化的讨论与随笔。尽管书里所展示的都是一些文化的碎片，但是掩卷而思，在文化的特性、要素甚至是结构等方面也会有相当的收获。

最后一部分即第九章“归返”，是一些关于人类文化和理性的思考，也是本书和列维－斯特劳斯结构人类学的最精彩处之一。

与异文化的接触往往是新鲜而刺激的，而列维－斯特劳斯的高明之处在于，他对整体的结构从不着墨。但许多在常人看来毫无意义、无足轻重的东西——比如出发之前烦琐的准备、海上航行的经历、大自然变幻莫测的面孔、在巴西的跨文化遭遇、穿梭于热带雨林中的苦楚、热带土著居民的风俗民情、土著居民的友好或敌意，在列维－斯特劳斯的笔下均具有非同寻常的文化意义和象征。

书中一些细节的考察更让人大开眼界。在对南比克拉瓦拉氏族的考察中，作者目睹了这个土著民族书写文字的产生。正如列维－斯特劳斯自己指出的那样：“书写文字的发明也许根本不是为了什么知识与文明，相反是为了一种政治目的，奴役人所用的。而把书写文字用作不关切身利益的工具，用作知识及美学上快感的来源，是次要的结果。通常这些次要的功能被用作强化、合理化和掩盖进行奴役的那项主要功能。”这样的发现在书中比比皆是，相信读者朋友会有更多惊喜的发现。

另外，在书后还配有多幅图片资料，真实地记载了巴西土著民族的生活，如狩猎、休息、制作弓箭等。在阅读的同时审视这些照片，你会发现一个完全不同的世界。

正如詹姆斯·布姆评价的那样，“这是一部为所有游记敲响丧钟的游记”。相信读者朋友在阅读之后会有同感。

先睹为快

夹在无人之沙与无土之人的中间，印度具有一种非常暧昧的外观。从卡拉奇飞到加尔各答所花的八个小时里面，我所得的印象是，印度绝对和新世界无任何关联。它既没有美国中西部或加拿大的那种严格的棋盘格式，全由规模一样的小单位组成，每一单位有一定的地方把农家建筑盖在上面，而且都建在同一边；印度更没有热带森林所具有的那种深厚的绒一般的绿，那些热带森林才刚刚被开发，拓荒先锋带大胆地在一些地点侵入。当欧洲人眼看这块印度的大地，分割成小小块，种得连一亩都不剩，起先的感觉是觉得熟悉。然而，颜色的色调互相混成，田园的不规则轮廓一再地调整，界限模糊不清，好像粗糙地缝在一起那样，这一切都是同一块织物的一部分，但是，如果和欧洲景观所见的那些比较明晰的形式与颜色做个比较，就会觉得前者是一块翻过面来的织物，显露出来的是底面。

这当然不过是比喻，但也相当正确符合欧洲与亚洲两者和他们的共同文明之间的关系位置（同时也符合欧洲自己和其美洲后代之间的关系位置）。最少在物质方面，欧洲与亚洲似乎各自代表自己的反面；一个是一直成功，另一个是一直失败；两者好像在进行同一项事业，一个取走所有的好处，另一个只能捡拾贫困和苦痛。其中一个（但还能维持多久呢?）人口不断地增加带来农业工业的进步，因为资源增加快过消费者数目的增加。另一个则从18世纪以来，同样的革命却没增加多少财富，而每个人所能分到的不断地减少。欧洲、印度、北美与南美可以说是表明了地理环境与人口密度的所有可能的结合方式。亚马孙森林地带的美洲是一块贫穷的热带地区，但人口数目很少（一种因素在一定程度上补救了另一种），南亚也是一块贫穷的热带地区，但人口太多（一种因素使另一种因素更加恶化)；至于温带地区，北美洲资源富足，人口相对稀少，和欧洲形成对比，欧洲的资源相对有限，人口数目则相当大。但是，不论怎样去看这些明显的真理，南亚永远还是殉道的大陆。

延展阅读

《野性的思维》

这是作者的另一部精品。

本书通过大量的田野考察资料，系统深入地研究了未开化人类的“具体性”与“整体性”思维的特点，认为未开化人的具体思维与开化人的抽象思维没有高下之分，而是互相平行发展，各司其职，人类的艺术活动与科学活动即与这两种思维方式相符。书中涉猎广泛，论述方式别具一格，是一部具有哲学意趣的理论人类学专著。

《徐霞客游记》

徐霞客 著

关于作者

徐霞客（1587—1641），名弘祖，字振之，别号霞客，明代伟大的地理学家、文学家、史学家。

徐霞客生性自由，不喜官场仕途，于是把整个生命都寄予山水之中。从22岁起，徐霞客开始了游历考察生涯。30多年间，他先后四次进行了长距离的跋涉，足迹遍及今江苏、浙江、山东、河北、山西、陕西、河南、安徽、江西、福建、广东、湖南、湖北、广西、贵州、云南和北京、天津、上海等19个省、市、自治区。

徐霞客在游历考察过程中，曾经三次遭遇强盗，四次绝粮。1636年，51岁的他计划考察湖南、湖北、广西、贵州、云南等地。出游不久，就在湘江遇到强盗，他的一个同伴受伤，他的行李、旅费被洗劫一空，他自己也险些丧命。当时，有人劝他不如回去，并要资助他回乡的路费，但他却坚定地说："我带着一把铁锹来，什么地方不可以埋我的尸骨呀！"徐霞客继续顽强地向前走去。没有粮食了，他就用身上带的绸巾去换几竹筒米；没有旅费了，就用身上穿的夹衣、袜子、裤子去换几个钱……

重重的困难被他踩在脚下，他终于达到了自己的目的。

徐霞客的考察探险活动，持续进行到1640年他55岁的时候。当时，他正在云南，不幸身患重病，被人送回江阴老家，第二年就去世了。在考察途中，徐霞客将亲眼所见以及自己的学术思考用优美的文笔以日记的形式记录下来，为世人留下了一部宝贵的著作。徐霞客本人被誉为“千古奇人”，而《徐霞客游记》一书则被誉为“千古奇书”。

荐读理由

在中华民族的文明史上，有许多伟大的科学家。他们的治学精神和卓越成就，在人类认识自然、改造自然的历史上，闪耀着灿烂的光辉。出生在明朝末年的徐霞客就是其中的一个。

《徐霞客游记》是徐霞客以毕生精力，在“穷九州内外，探奇测秘”的过程中，陆续写成的一部体裁新颖、内容丰富的巨著。它虽然是“记文排日编次，直叙情景”，但“山川条理，护列目前，土俗人情，关梁随塞，时时著见，向来山经地志之误，厘正无遗。奇踪异闻，应接不暇，然未尝有怪迂侈大之语，欺人以所不知”（清人潘次耕语），并试图究委穷源，对自然现象作出科学的解释。故而被人赞誉为“千古奇书”，与李时珍的《本草纲目》、宋应星的《天工开物》、徐光启的《农政全书》并称为明代四大科学著作，在我国地理学发展史上占有独一无二的重要位置。

作为首部以日记体为主的中国地理名著，《徐霞客游记》包括天台山、雁荡山、黄山、庐山等名山游记17篇和《浙游日记》《江右游日记》《楚游日记》《粤西游日记》《黔游日记》《滇游日记》等著作，除佚散篇章外，遗有60余万字游记资料。全书按照时间顺序记述作者1613年至1639年间旅行观察所得，对地理、水文、地质、植物等现象，均作了详细记录。此外，在记游的同时，还常常兼及当时各地的居民生活、风俗人情、少数民族的聚落分布、土司之间的兼并战争等事情，这些多为正史稗官所不载，具有一定历史学、民族学价值。

《徐霞客游记》不仅是一部地理学名著，而且是中国文学史上的一座丰碑，它开创的日记体游记形式，至今仍然为文人雅士所喜好，为科学研究所看重。正如清代著名学者钱谦益评价的那样，《徐霞客游记》“文字质直，不事雕饰，又多载米盐琐屑，如甲乙账簿”。阅读该书，读者不仅可以立即跟随作者的笔触体味中国山水之美，而且可以细致体察到也许已经消失于历史尘烟中的一方水土或一地风情。

先睹为快

癸丑（公元 1613 年）之三月晦　自宁海出西门。云散日朗，人意山光，俱有喜态。三十里，至梁隍山。闻此地於菟夹道，月伤数十人，遂止宿焉。

四月初一日　早雨。行十五里，路有岐，马首西向台山，天色渐霁。又十里，抵松门岭，山峻路滑，舍骑步行。自奉化来，虽越岭数重，皆循山麓；至此迂回临陟，俱在山脊。而雨后新霁，泉声山色，往复创变，翠丛中山鹃映发，令人攀历忘苦。又十五里，饭于筋竹庵。山顶随处种麦。从筋竹岭南行，则向国清大路。适有国清僧云峰同饭，言此抵石梁，山险路长，行李不便，不若以轻装往，而重担向国清相待。余然之，令担夫随云峰往国清，余与莲舟上人就石梁道。行五里，过筋竹岭。岭旁多短松，老干屈曲，根叶苍秀，俱吾阊门盆中物也。又三十余里，抵弥陀庵。上下高岭，深山荒寂，恐藏虎，故草木俱焚去。泉轰风动，路绝旅人。庵在万山坳中，路荒且长，适当其半，可饭可宿。

……

初三日　晨起，果日光烨烨，决策向顶。上数里，至华顶庵；又三里，将近顶，为太白堂，俱无可观。闻堂左下有黄经洞，乃从小径。二里，俯见一突石，颇觉秀蔚。至则一发僧结庵于前，恐风自洞来，以石甃塞其门，大为叹惋。复上至太白，循路登绝顶。荒草靡靡，山高风冽，草上结霜高寸许，而四山回映，琪花玉树，玲珑弥望。岭角山花盛开，顶上反不吐色，盖为高寒所勒耳。

……

初四日　天山一碧如黛。不暇晨餐，即循仙筏上昙花亭，石梁即在亭外。梁阔尺余，长三丈，架两山坳间。两飞瀑从亭左来，至桥乃合流以下坠，雷轰河隤，百丈不止。余从梁上行，下瞰深潭，毛骨俱悚。梁尽，即为大石所隔，不能达前山，乃还。过昙花，入上方广寺。循寺前溪，复至隔山大石上，坐观石梁。为下寺僧促饭，乃去。饭后，十五里，抵万年寺，登藏经阁。阁两重，有南北经两藏。寺前后多古杉，悉三人围，鹤巢于上，传声嘹呖，亦山中一清响也。是日，余欲向桐柏宫，觅琼台、双阙，路多迷津，遂谋向国清。国清去万年四十里，中过龙王堂。每下一岭，余谓已在平地，及下数重，势犹未止，始悟华顶之高，去天非远！日暮，入国清，与云峰相见，如遇故知，与商探奇次第。云峰言："名胜无如两岩，虽远，可以骑行。先两岩而后步至桃源，抵桐柏，则翠壁、赤城，可一览收矣。"

延展阅读

《老残游记》

本书是刘鹗晚年写的一部小说，成书于 1906 年。书中借老残的游历见闻，对当时吏治的黑暗痛加攻击，揭发了所谓“不要钱”的“清官”，其实是一些“急于做大官”不惜杀民邀功、用人血染红顶子的刽子手。本书流行50年来，拥有相当广泛的读者。许多人都称道它的文字艺术，鲁迅先生在《中国小说史略》中称赞说："叙景状物，时有可观。"作为一部艺术作品，无论在语言的运用上、在对生活的观察上、在细节的描绘上，都看得出作者不愿因袭、追求创造的精神。与晚清的同类小说相较，艺术上的成就是比较卓越的。

《有待探险的世界》

〔美〕马克·詹金斯　著

关于作者

马克·詹金斯，1960 年出生，美国国家地理学会档案室历史研究员，工作成绩颇丰，另著有《High Adventure》一书，以图文并茂的形式讲述美国国家地理学会的发展史。

荐读理由

从那些作者身上，我们不可救药地染上了同一种传染病：他们的讲述散发出浪漫的气息，让我们为之沉迷；他们用自己的冒险经历巧妙编织了一张大网，让我们身陷其中无法自拔。

——西蒙·温切斯特

众所周知，我们生活的地球之所以能吸引人类奋不顾身地去探险、考察、旅行以及形成今天的旅游热，原因之一在于地理环境空间上的巨大差异，以及生活在不同地域的人群在种族、文化、风俗、宗教等方面的差异。正是这种反映在气候、山川、地貌、动植物和人文方面的巨大差别，诱惑着人们不畏艰险地长途跋涉，上天入地，出生入死，以揭开未知世界的奥秘。

在并不久远的过去，世上还有许多无人了解的地域，旅行还等同于冒险，而阅读《国家地理》杂志是大多数人与遥远国度最亲密的接触。马克·詹金斯选编的《有待探险的世界》一书，引领读者踏上环球之旅。

该书的副标题是“美国《国家地理》杂志经典游记及探险美文精选”，是马克·詹金斯从1888年至1957年刊登在《国家地理》杂志上的数千篇文章中精选出52篇结集而成的，共分“非洲天地”“俄罗斯帝国的隐秘角落”“中东地区”“中国边疆探险”“喜马拉雅王国”“远东地区”“马来群岛”“阿拉斯加大冒险”“重走西班牙商路”“亚马孙与奥里诺科秘境探幽”“海洋与岛屿”“探索新疆界”12部分，对于喜欢探险、热衷搜奇探幽、喜爱地球科学的读者来说，此书是值得一看的精品之作。

本书编者在前言中指出：“这本书中收录的文章不仅代表了《国家地理》的一个发展时期，同时也反映了大规模旅游兴起之前一个旅行黄金时代的最后辉煌。”他认为，从17世纪末延伸到20世纪初，也是在探险史上人类主要依靠自身力量而非设备支持完成探险的时期。自从大型喷气式客机投入民用航空运营，世界上已经没有任何一个地方像过去那样遥远，人类的旅行也失去了往日冒险的色彩和更丰富的精神享受。这个观念是颇有见地的，本书的内容也充分体现了这一特征。

书中收录的文章当初发表于刊物时，其时效性肯定都是很强的。《国家地理》杂志吸引读者眼球的一个显著特色，是文章内容系首次披露的第一手资料，作者是事件的亲历者或参与者。对于某些重大事件和特殊地区，他们很注重派记者第一个深入现场报道，颇具新闻传媒的作风。由于本书是若干年后的重新出版，现在读来，可能会使人感觉如同翻开一卷尘封的老照片，或者观赏一盒过去的录像带，虽然也有一定的新鲜感，但是地理环境的空间差异加上不小的时间差，更是加重了其历史的厚重和时代变迁的沧桑。

比如由约翰·亨特和新西兰养蜂人埃德蒙·希拉里写的《珠穆朗玛峰上的胜利》，记录了人类首次登上珠峰的经历；《国家地理》驻海外记者梅纳德·欧文·威廉斯报道的《图坦卡蒙陵墓印象》，披露了20世纪最激动人心的埃及考古发现；第一个驾机飞越南极洲上空，揭开南极探险新时代的理查德·E. 伯德少将写的《飞越南极洲》……这些珍贵的文献已经成为历史的见证。

至于像美籍奥地利探险家约瑟夫·洛克的《黄教喇嘛的“木里王国”》《一个地理学者的孤独旅程》，展现了川滇民族地区的旖旎风光和风土民情；还有英国上校伦纳德·克拉克的《与海南黎族在一起》，描写了他亲眼目睹的生活在大山深处的黎族人和当时肆虐的疟疾。类似这些人文色彩很浓、却很难抵挡岁月磨砺的历史记录，它们的学术价值恐怕与古董一样越来越显现出来了。

值得一提的是，《有待探险的世界》收录的许多考察记、旅行笔记，虽然多出自探险家、军人、外交官、博物学家、旅行家或普通游客之手，但是文笔相当优美，写景状物，形象生动，实为上乘之作，称得上是经典美文。这些经历生死考验、亲历自然探索的忠实记录，与某些文人骚客坐在游艇上的矫揉造作之笔实在不可相提并论。读者可以在阅读中体会其真正价值。

先睹为快

1922年3月初，驼队由喀尔干（张家口）出发，开始了第一次远征。我们要求领队沿喀尔干至乌尔嘎的大路北上，在乔伊尔与我们会合，那是位于戈壁北部边缘的一座寺院，直线距离有500英里。

驼队启程时天气很冷。荒漠仍是白皑皑的一片，早春风雪依然频繁。据报这一路上还有土匪出没。尽管如此，驼队的蒙古领队老梅林仍是高高兴兴地骑上他的骆驼，笑着挥手道别。他要去的是大漠，他出生的地方。风雪和土匪，对他来说都是很平常的事。

离开喀尔干不久，梅林听说再往前去几英里的路上就有500名土匪据守。他舍弃了驼队常走的大路，循着有水井的地方穿越平原。白天他把骆驼聚在一起，藏在深谷中，只等天黑以后再赶路。他一路与土匪捉迷藏，安全并准时赶到了会合地点。

在内蒙古或者说中国考察，土匪是必须要注意的一个问题。他们像贪婪的蝗虫一样成群出动，甚至会跑到城边骚扰。这些人大都是从发不出军饷或吃了败仗的军队里逃出来的兵士。他们喜欢在蒙古高原边缘人烟稀少的地带活动，因为横跨中亚的商旅要道进入中国后，多半都要会聚到铁路沿线的喀尔干和归化。

到我们第四次考察时，也就是1928年，这一地区已完全被土匪控制。他们的人数达到了一万人左右，从喀尔干出来的每一头骆驼、每一辆大车或汽车，走不出50英里肯定会遭到抢劫。商人们面临着破产，土匪们也因为没人可抢而没了活路。最终是由商会出面解决了这个问题，在中国事情常是这样。几个土匪头子进驻喀尔干，按一头骆驼五块的价格收取过路费，放驼队通过他们的地盘。一个星期里，有13 000头骆驼这样离开了喀尔干。

我们也一样要遵守这个规矩。但我占了一点有利条件，土匪首领碰巧是一个老相识。我们一起喝茶喝了很长时间，我跟他理论说应该给我打个折扣。他最后总算同意了，我的每头骆驼只要付两块五就好。至于汽车，他仍想按原价每辆收取100块。我不愿出这笔钱，于是话里含含糊糊地提到了一挺机枪，还有30个有枪的随从。我们没有机枪，不过这话传了过去，那年我们过得很平安……

延展阅读

《我的探险生涯》

〔瑞典〕斯文·赫定著。

斯文·赫定，1865 年出身于瑞典首都斯德哥尔摩一个中产阶级家庭，其父为知识分子，终生对斯文·赫定的探险事业给予极大的支持。本书从作者幼年立志探险讲起，讲述了他从 1885 年开始的亚洲之旅，1890 年和 1893 年多次到中国西域探险，试图登上“冰山之父”，挑战“死亡之海”的经历。他的探险获得了重要的成果，诸如发现楼兰古城、界定罗布泊等。

《杜甫的五城：一位唐史学者的寻踪壮游》

赖瑞和　著

关于作者

赖瑞和，1953年出生于广东梅县，毕业于台湾大学外文系。在28岁那年，他赴美国普林斯顿大学，师从《剑桥中国隋唐史》的主编杜希德教授，完成博士研究《唐代的军事与防御制度》，获得了美国普林斯顿大学唐史的博士学位。

赖瑞和并非传统意义上的书斋型学者。对他而言，历史并不仅仅存在于古籍之中。因此他选择走出家门，在旅途中感悟历史的存在。在1989年至1993年期间，他一共完成了9次旅行，共计5万多公里。漫长的旅行给了他更多写作的灵感，而时空也在这旅程中交织起来。先辈们的过去在现实中产生了回响。

2005年，赖瑞和获得了台北汉学研究中心的补助，赴台完成了名为“石刻史料中所见的唐代官制”的研究计划。当年八月，他担任台湾“清华大学”历史研究所的副教授。他的学术能力得到了高度赞扬与认可。他在学术方面严谨务实，但在他的散文著作中又流露出温情与细腻。清华大学历史系主任张国刚评价赖瑞和道：“其为人于平实中含幽默，为学于笃实中寓哲思。古之文人雅士，读万卷书，行万里路，以清新之文，述可信之史。”

将历史融于旅行之中，用旅行实证历史，使历史变得生动，使旅行更具内涵。这就是赖瑞和的高明之处。他用沉静的笔调，细写火车旅行的乐趣和较少游人前去的非旅游热点地区，用极简的文字，表达出深沉的感情，从而直击人心，打动读者，给人一种“难以解说的悲伤”。

荐读理由

《杜甫的五城：一位唐史学者的寻踪壮游》（以下简称《杜甫的五城》）是赖瑞和过去几年来在中国大陆行走九次的记录。这些行程绝大部分由火车完成，除了东北三省、海南和西藏没去之外，作者靠火车走过了中国20多个省份和自治区。并在旅程结束后，回到自己出生的南方小城，用九个月的时间完成了这本著作。

在自序中，作者将旅游书分为了两大类，一类是旅游指南，附有地图、交通与住宿信息以及各景点的详细介绍，是实用型的旅游书；另一类则是“旅行书”，饱含了作者个人的体验与细腻的叙事细节。前者需要时时更新再版，而后者是永远不会过时的，那些旅行者独特的经历将随着他的书被锁定在某一时空，从而具有厚重的历史感。

而《杜甫的五城》正属于第二类——“旅行书”。杜甫诗云：“五城何迢迢，迢迢隔河水。”河套地区上这五座军城究竟如何“迢迢”，为了探寻这个问题的答案，作者踏上了旅途。然而随着作者在旅行中对唐史的寻访，其足迹所至范围早已远远超出了杜甫的五城。作者借助自己丰富的历史知识，用沉静的笔调为读者细细再现了他在中国这片广袤大地上的旅途。其中既有作者自己的寻祖之旅，也有怀古之行。大到如西安、洛阳之类的历史文化名城，小到某个村庄、某座凋败的石碑所在，他追随着先圣们的足迹；既提及了那些众人皆知的地方，如敦煌石窟、岳阳楼、苍山洱海等，更介绍了诸多不为人知，却蕴含着深厚历史背景的景点。

《杜甫的五城》一书虽然被归为“大文化散文”一类，但作者却无丝毫学者架子，也无刻意而空泛的感叹抒情，只用极简单淡雅的字句，慢慢描摹出历史与现实交会下他的所见所感。书中对历史的追怀、对壮美河山的热爱、对生存在这片土地上的人们的关切，如同一股潜流在文字背后静静流淌，唯有静下心来，才能品出其中滋味。著名作家刘心武评论此书道：“车之旅，足之旅，眼之旅，景之旅，更是人之旅；文之旅，诗之旅，心之旅，随作者畅旅，或可有浴魂之享。”而北京万圣书园总经理刘苏里则直言不讳地说：“他记载了当时更多的人情百态、市井风俗，社会变迁鲜活的画面，结合史上典故，倍觉亲切与震动。就是大陆作品，同类者亦未见过（余秋雨的同期作品无法与其相比）。”此书是否真的超越了余秋雨之作？读者可以自己寻找答案。

先睹为快

我到潮州去，最主要的目的，是为了追随我母亲的脚步，重访四十多年前，她下南洋的路线。那年，她从梅县出发，经过潮州、汕头，然后乘大船出海到南洋，嫁给我爸爸。我也想这样走一趟。

湘西以后，我的下一段行程，打算效仿杜甫，“便下襄阳向洛阳”。当然，杜甫当年走这一段路，是因为“闻官军收河南河北”。安史之乱结束了，他高兴得“涕泪满衣裳”。于是他“漫卷诗书喜欲狂”，急着要赶路回家去了，回他洛阳的田园去。

当年杜甫“下襄阳”，是取道水路，从“巴峡穿巫峡”去的。然而，这一段水程，我上个星期下三峡时，才刚刚走过。所以我倒是不想再走水路了。我想乘火车“下襄阳”。

而今，千唐志斋没有甚么一般的游客，来的几乎都是行家。那天早上，我是唯一的访客。四周寂静得很，我也像幽灵一样的，从一个窑洞飘游到另一个窑洞，浏览这些死者的墓志。有时，也停下脚来细读，细读这一篇篇名副其实的“唐文”，因为这些墓志，不但是在唐代写的，也是在唐代刻的，流传至今超过一千多年了。比起清代所编刻的《全唐文》那种纸上的文章，这些刻在石头上原始的墓志，真给人一种淡淡的、幽幽的、幽灵式的“恐惧”感，仿佛死者又重回阳间一样。

因为，这些墓志原本应当埋在死者的墓室里的。它们原本的作用，并非要向死者生前的阳间宣示甚么，而是要向死者死后的阴间，宣扬死者生前的功业。实际上，它们当初雕刻的目的，原就不是要给阳间的俗人读的，所以都深埋在地下的墓室里。然而，如今它们却高高镶嵌在墙上展示，仿佛逃也逃不掉了。每一次，见到这些墓志，我总不免在想：“又一座古人的墓被盗了。又一个唐代的幽灵重返阳间了。”

这敬亭山远在城郊，交通不便，平时恐怕也没有甚么人来。这几年来，我爬过几乎所有中国的名山。五岳归来以后，还去了黄山，甚至翻越过秦岭。它们都热闹得很，挤满了游人。只有敬亭山，那么冷清的，寂静的，在我到的那天早上，一个游人也没有。

唐代的交通应当更为不便。在天宝末年，敬亭山恐怕更不会有甚么游人。我想李白当年经常登临敬亭山，应当也是一个人来的。所以才会“独坐”看山，形成“相看两不厌”那种情景。

从山上下来，想起李白那种“孤云”般的心境，我的感觉也正是轻轻淡淡的。回家后，写信告诉一个友人，说我今秋到过宣城，

“也去爬了李白的敬亭山”。这朋友很细心，说我恐怕也是“寂寞”的。

延展阅读

《坐火车游盛唐：中国之旅私相簿》

这是作者的另一部精品。

本书相当于《杜甫的五城》的图解版，内收240张作者自己拍摄的照片，配上全新文字，以写明信片式的轻快笔调重写作者的大陆旅行经验，可与《杜甫的五城》配套阅读。

《史蒂文生游记选》

〔英〕罗伯特·史蒂文生 著

关于作者

出生于爱丁堡的罗伯特·史蒂文生（1850—1894）在他26岁那年不幸患上了肺病。这场病使他毅然放弃了律师职业，前往欧洲大陆旅行休养。他买了一艘小帆艇，在法国北部和比利时的边境进行内陆航行；又买了一头小毛驴，骑着它在赛文山区探幽访胜，体验民风民俗。每到一处，他都用妙趣横生的文笔记录下旅途印象，而《驱驴旅行记》和《内陆航行记》不仅成了他的代表作，也成为欧洲游记中的名篇。作为英国19世纪的新浪漫主义代表作家，史蒂文生以他的童心、乐观、冒险精神与诚实恳切的态度吸引了众多读者。他的迷人之处在于他总能将现实体验与浪漫风格结合起来，把故事变得生动而有趣。

史蒂文生的爱情浪漫而传奇。在1878年从巴黎前往赛文山区的途中，他在枫丹白露遇见了一位美国女画家，两人一见如故，私订终身。别后一年，史蒂文生听说她身患疾病，急忙搭上了一艘移民船，横渡了整个大西洋，又混在移民队伍中，横穿了整个北美大陆，去旧金山看他的心上人。而当他到达旧金山时，她已经痊愈了。他们在当地举行了婚礼，带着养子一同回到了英国。回国之前，史蒂文生还前往附近矿区体验了一回矿山生活。这次旅行，让他收获了两个心爱的人和两部新写成的书稿，即《淘银者》和《横断大平原》。

他短暂的一生多灾多病，但经历却极为丰富且著作等身。由于不适应苏格兰的气候，他前往法国、瑞士等地疗养，创作了多部小说和随笔集。1887 年他的父亲去世后，他带领全家人前往美国，并在 1888 年 6 月，驾着一艘快艇巡游了夏威夷群岛。一年后，他来到了风景优美、安静怡人的萨摩亚岛，当即决定在此定居。岛上的土著与他关系融洽，称他为“说故事的人”。然而没过几年，他就因病逝世，生命永远定格在 44 岁。他的遗骸被葬在了萨摩亚的山顶上。

荐读理由

《史蒂文生游记选》收录的是史蒂文生在 1876 年的两次旅行的所见所感。其中一次是骑着小毛驴翻过了赛文山区的崇山峻岭，另外一次则是驾着小帆艇在法国和比利时进行内陆航行。《驱驴旅行记》和《内陆航行记》以它们迷人的魅力赢得了众多读者的喜爱，成为游记中的经典名作。

在《驱驴旅行记》中，读者不仅可以感受到赛文山区的民俗民风，还能同作者一起探访新教教徒起义的历史陈迹。这部游记中所描写的旅行，对史蒂文生而言，是惬意而幸运的。虽然骑马听上去比骑驴显得更潇洒帅气，而他仍然选择成为一个赶着毛驴行走的旅行家，只因为它既便宜，个儿又小又方便，而且脾气温和迂缓。一路上他和他的毛驴之间发生了许多有趣的故事，他们如同两个互相拉扯着前进的伙伴，显得笨拙滑稽，却又温馨而令人感动。在短短 12 天时间里，他和小毛驴培养起了深厚的感情，以至于到了后来，他亲切而幽默地将他亲爱的小毛驴称为“我的女友”。

《内陆航行记》里，作者用大量的笔墨描绘了沿河两岸明净如画的风景。但沿河旅行除了能让作者在水面上得到极大的航行乐趣，更重要的是每一次停泊在岸后的奇妙经历。他曾遇到热情得令人害怕的皇家航海体育会的小伙子们，也曾在运河边邂逅一对幸福的老人。交谈中，老头儿对他说道："去看看世界吧，再没有别的更值得的了。一个人，你想，死守着自己的村子像一头狗熊——很好，他什么也没有见识到。然后一死什么就完了。他什么也没看到。"在瓦士河上他兴高采烈地航行着，日子轻快而惬意。而这种轻快与惬意从史蒂文生的笔下流露出来，就使人觉得格外心旷神怡。

对于史蒂文生而言，旅行不过是人生漫长征途上的一次中途午休，而最美好的奇遇并不是我们去寻求的那些东西。无论是骑毛驴，还是驾船航行，他的旅途步调是如此缓慢，以至于他有足够的时间停留下来，细细品味一路上的际遇。在序言里，他写道："每一本书，就一种亲密的意义上去理解，是作者给他的朋友的一封流转的信。只有他们才懂得他的意思，他们发现一些心照不宣的片断，流露出爱情，表达出谢意，到处都是，那是专留给他们的。"

选择一个悠闲的时刻，拆开这样一封充满善意的信，跟着史蒂文生的小毛驴和小帆艇去旅行，享受慢速阅读的乐趣，相信这样一本书不会让你感到失望。

先睹为快

用法国人恰当的说法，没有在露天里睡过的人就不了解星星，他也许通通知道它们的名称、距离和纬度，而单是对人类的关系，它们对人的精神的从容不迫和可喜的影响方面一无所知。大部分的诗歌都写到星星，这非常公正，因为它们本身就是最富于古典意味的诗人。这些一般遥远的世界，像蜡烛芯洒在天上，或像成把的钻石雨摇落在天空里，照罗兰或卡伐里埃看来，并没有什么异样，用后者的话说，他们当时“除天空外没有别的帐幕，除大地母亲外没有别的床铺”。

——《驱驴旅行记》

我们作为亲密的伙伴一同度过12天；我们登山爬坡旅行了120英里，越过好几座崇山峻岭，用我们的六条腿慢条斯理地走过一条条岩石崎岖和一条条低洼卑湿的偏僻小道。第一天后，虽然我痛心而在态度上疏远，我仍旧保持耐性；至于她，可怜的人儿啊，她终于把我看成神明。她爱从我手里吃东西。她脾气好，形态优美，理想的灰色，娇小玲珑得照着画也画不像。她的缺点也就是她那一类和她那一性的共同的缺点，她的优点则是她独具的。再见吧，如果永远——

亚当神父在把她卖给我时哭了；轮到我卖她后，我试着照他的样，既然单独跟着一个赶驿车的车夫和四到五个合意的年轻人在一道，我毫不犹豫地顺从了我的感情的支配。

——《再见吧，穆德斯婷》

我们曾脱离人间好一段时候，但现在终于又回到我们所熟悉的地方，生活在这里使一切都奔流不息，让我们去临危历险，可是却不用我们划桨。现在我们按预定的计划归来，像戏中远航的旅行家，要看看命运在这短短的日子里对我们周围的生活完成了些什么新的安排布置；在家里有些什么叫人惊讶的事等待着我们；以及在我们离开的这段时间内，尘世走了多远，走到了何处。你可以整天划桨，但就是当你在黄昏回家，看看你熟悉的房间时，你发现爱神或死神正在炉边等着你；那最美好的奇遇并不是我们去寻求的那些东西。

——《回到尘寰》

延展阅读

《金银岛》

本书是史蒂文生最畅销的作品之一，为他赢得了广泛的赞誉。小说以古巴一座热带小岛为背景，讲述了一个10岁男孩吉姆与一群海盗冒险寻宝的故事，充满了浪漫神秘的色彩，对后世影响极大，称得上是有史以来最好看的海盗小说之一。

追寻失落的远古文明

《马雅古城：湮没在森林里的奇迹》

〔法〕克劳德·鲍迪兹、悉尼·毕加索　著

关于作者

克劳德·鲍迪兹（Claude Baudez）不仅是法国国家科学研究中心的研究主任，还是一名专业的考古学家，曾赴中美洲探索古文明遗迹。自20世纪70年代起便一心钻研马雅文明（又译为玛雅文明）。悉尼·毕加索（Sydney Picasso）在1974年至1980年间在法国社会科学高等学院担任助理研究员，曾以考古队摄影师的身份参与了南美洲岩壁艺术的研究工作。后两人合力完成《马雅古城：湮没在森林里的奇迹》一书。

荐读理由

公元前2500年至公元1500年，马雅人在中南美洲创造了灿烂的文明。马雅文明在公元250年左右进入鼎盛期，而作为首都的科潘，也随即成为文明的中心。随着马雅文明的消亡，科潘也湮没于丛林。1576年，西班牙探险家迭戈·加西亚重新发现了科潘城。随后几百年来，人们对其探索一直没有停歇。

如果想要快速而全面地了解马雅古城，这本体积不大的小书会是一个不错的选择。比起那些砖头似的学术著作，它的厚度显得更加平易近人，并且内容也十分丰富。文字风格独特，简明扼要的叙述一目了然。扉页黑底白字的设计充满了扑面而来的神秘感。本书的另一大特点是插图数量特别多，几乎每页都有一到二幅彩色图片，并且每一幅插图旁都会配上详细的解说。这些精美的插图不仅是珍贵的历史照片，还包括了历代艺术家的油画、水彩画以及考古工作者的手绘图等。它们从世界各地的图书馆和私人收藏家的手里集合到这本书中，使读者得以窥见这湮没在森林之中的马雅古城神秘一角。

本书被收于法国加利亚（GALLIARD）出版公司出版的“发现之旅”丛书之中。这套世界著名的系列文化普及读物被称赞为“面向21世纪的新型大百科全书”。全书可看作是一部微型的马雅文明发现史，依照时间顺序共分为六章内容。开篇第一章里，读者将会了解到西班牙逐步从武力和宗教两方面征服马雅的历史。如果说在征服者与传教士踏上这片热土之后面临的是被马雅人当作祭牲的危险，那么马雅人被迫面对的则是另一种文明的步步紧逼与威胁。在马雅人彻底被征服的几十年之后，在一个很偶然的机会下，德·索里斯神父发现了帕伦克遗址，此后一发不可收拾，艺术家和冒险家们纷至沓来，打破了雨林的平静，并创造出大量的艺术品和冒险作品，紧随其后的是学者的时代。一部分学者亲身勘探美洲森林以寻访废墟，而另一部分学者则在图书馆的资料中寻找过去关于马雅遗址的手稿。在学者们严谨研究的影响下，对马雅文明严肃而客观的呈现显得更为必要。伴随着摄影技术的发明，探险摄影家们踏上了这片土地，拍摄了许多比绘画更真实的相片，这使马雅文明进一步呈现在世人面前。最后两章里，作者用一章重点介绍了马雅石头上的符号，这些神秘莫测的符号记录了马雅文明的文字、历法和历史；另一章则带着读者从图像中走到真实里，为读者还原了马雅民族的真实面貌。

更为有趣的是在全书末尾的“见证与文献”附录中，作者收录了许多与马雅文明相关的有趣资料。不仅撷取了早期发现者笔记中的冒险趣事，还摘录了关于马雅人的历法、图谱、神话、祭礼与葬礼的一些文献。又在最后细心地附上了书中所有图片的目录与出处，使读者一目了然。

先睹为快

最初的探险家，在中美洲密林漫游，蓦然瞥见这些供巨神天将使用的建筑，不禁惊讶异常，完全不知这是什么人的创造。在长达三个世纪的时间里，在森林中不断发现新的废墟。但马雅之谜反而更加扑朔迷离。19 世纪，人们开始认真地研究：摄影、翻模、挖掘……近几十年来，湮没的城市及其住民四周笼罩的迷雾，终于渐渐驱散。

近几年来，学术界除了在破译图谱上卓有成就外，理解图像方面也有长足进步。至此，马雅国王在祭仪中和宇宙观方面的角色已日益明显：宇宙的正常运转，世运的昌盛，全取决于国王，所以他必须举行各种各样的祭礼。这方面的繁文缛节，世人也开始窥知一二。最重要也最常见的祭礼之一，就是自我牺牲，包括个人在自己身上忍痛放血、伤残四肢及承受苦刑。

石碑不再被当作“时间崇拜”的表现，而被看成纪念物；在一定的时间间隔内树立石碑，即用以确定不同的历法周期和朝代周期之间的关系，成为不同周期之间的“联系”。事实上，马雅人把国王的继位比诸太阳的运转，每位国王比诸一轮太阳。在马雅境域的东南地区（科潘、基里瓜），这个观念表现在遗迹的图像上。继位的年轻国王，是一轮从地怪的牙床中升起的太阳；而传位的已故国王，则落入地怪的大口中，犹如夕日掉入地府。

如果说佩滕、恰帕斯、贝利塞这些大城市在9世纪末已经死亡，马雅文明在尤卡坦总算是幸存了下来。然而西班牙在征服新天地的梦想和宣扬基督教的狂热驱使下，给了它致命的一击。这个文明于是渐渐销声匿迹，以至于万劫不复。突然有一天，探险家来废墟参观，诗人在此地创造梦境，科学家到现场考察。他们在早期著作中提出浪漫的看法，说这是一个没有历史的社会，一个和平、没有血腥祭祀、信仰虔诚的族群。这类全然出自幻想的观点，在新近的发现之后已不攻自破。如今，我们见到了马雅人的所有弱点：好斗、骄傲、意气用事……一如其他的民族！

延展阅读

《古埃及探秘》

〔法〕J. 韦库特著。

J. 韦库特是法国考古学家，参加过卡纳克等地的古迹发掘，曾任开罗学院院长和开罗大学教授。本书主要介绍的是世界最古老的古埃及文明的概况及发现史，同时也从一个侧面反映了世界考古学的发展史。

《庞培：掩埋在地下的荣华》

〔法〕罗伯特·艾蒂安　著

关于作者

罗伯特·艾蒂安，法国波尔多第三大学教授。1939 年开始研究庞培，1948 年 1 月，以罗马研究院院士身份前往庞培考察。曾两度在浩劫纪念日当天，到灾难遗址体验历史。多年来多次去庞培考察，为古迹日遭破坏而忧心。主要著作有《庞培日常生活》《庞培：掩埋在地下的荣华》等，受到读者的热烈欢迎。

荐读理由

提起维苏威火山，相信知道它大名的人一定不少。它位于那不勒斯市东南面，海拔 1 281 米，是意大利乃至全世界最著名的火山之一。维苏威火山在历史上多次喷发，最为著名的一次是公元 79 年的大规模喷发，灼热的火山碎屑流毁灭了当时极为繁华的庞培古城。古罗马著名作家小普林尼当时就停留在那不勒斯以西的地方，他在致历史学家塔西佗的两封信中对这场大灾难有极好的描述，是今人了解那次火山喷发最直接、最有价值的资料。

根据各项资料，我们可以清楚地看到在公元79年8月24日以后，庞培这个城市，已在人类的地图上消失。平坦的土地上，野草和葡萄藤蔓生，逐渐占据了原来的城区。不久，农人便忘记了这个城市的名字，而称呼它为“西维塔”，意思是城市，这是一个没有什么特色的名称。直到18世纪中叶，考古学家才把庞培古城从数米厚的火山灰中挖掘出来，那些古老的建筑和姿态各异的尸体都完好地保存着。从那之后，研究庞培古城的书籍可谓汗牛充栋，数不胜数，让希望了解庞培历史的读者不知所措。鉴于此，我们竭力地向您推荐法国学者罗伯特·艾蒂安的《庞培：掩埋在地下的荣华》一书。

作为一名庞培迷，罗伯特·艾蒂安花费了毕生精力来研究庞培的过去和现在，而该书正是其辛勤劳动的结晶。阅读该书，你会感觉到自己在作者的带领下回到过去，从每一个细节认识庞培：它的人与神，它的欲望和欢乐、生活与死亡……作者首先在“寻宝”一章中简要介绍了18世纪以来世人逐步发掘与认识庞培的过程及其对现代人的意义，“在这个不由自主地进入历史的小城中，仿佛可以重现昔日的痛苦和欢乐、焦虑和希望。在悲惨的死亡之后，生命又复苏了”。

在接下来的篇章里，作者带领我们走进了罗马时代庞培人生活的点点滴滴。其中有雄伟宏大的斗兽场和神庙，也有兴旺发达的手工业以及劳动者的日常生活；既有早已得到解放、走上广场和市场的庞培妇女，也有爱好体育、投掷铁饼、跳高或举重的运动健将。最让人难以忘怀的是，作者在书中真实地为我们展示了庞培人的生与死，如“为了躲避从天而降的火山砾，以及随后夹着火山灰的倾盆大雨，三个家庭的成员瑟缩在一间房子里。一个跪倒在地的妇女，用一块布捂着嘴巴，以免吸进有毒气体；而她的丈夫在垂死挣扎之际，也只能眼睁睁看着爱妻紧抓住孩子，在自己面前死去”。

值得一提的是，本书采用彩版印刷，书中配有大量关于庞培遗迹的精美插图，让我们在阅读文章、体验庞培的同时，也得到了视觉上的享受。不仅如此，在每幅插图之下，作者都写了言简意赅的介绍和评语，其总字数之多，几乎可以与正文相媲美。正是这些插图和按语拉近了读者与庞培的距离，为读者展现出了一个活生生的庞培古城。希望读者在阅读时，不要轻易放过这些图片和按语，因为它们将引领你走入历史深处，走近真实的庞培。

虽然庞培古城昔日的繁华已经不可能再现，维苏威火山一手覆灭了这座城市，但从另外一个意义上来说，这也给了庞培另一种新生。因为关于庞培的传说每年吸引着无数世界各地的游客蜂拥而至，只为一睹其神秘。但愿合上此书之后，庞培古城会在读者心中得到重生。

先睹为快

1808 年，拿破仑的妹婿与妹妹成为那不勒斯的国王和王后，他们俩不惜自掏腰包，加快挖掘工作的进度。城市的范围划定了，执政官街旁的城墙挖出来了，开始挖掘竞技场和大会堂。

那不勒斯旧王朝复辟以后，挖掘工作放慢了速度。1815 年，拉维加去世，接替他工作的是博努奇。对欧洲王室而言，庞培很有吸引力，每当他们前往参观时，工作人员总是会事先埋一些东西，等着他们在现场亲自发掘出来。

1823 年，清理出若干遗址：广场和周围的建筑物、剧场周围地区、角斗士营房最后一部分、西面的城墙、赫库兰尼姆门附近地区、一大段两旁有坟墓的道路、竞技场、斯塔比街北面的房子。1824 年，继续挖掘幸运女神庙和广场周围的公共浴场。

1825 年到 1830 年，两西西里的国王是弗朗索瓦一世，他比哥哥斐迪南一世对庞培更感兴趣；这时候挖掘出了广场北面的一个面包房，一座悲剧诗人邸。斐迪南二世 1830 年登基，他在位期间，清理出了农牧神邸。在那座府邸的墙上，发现了巨幅的镶嵌画，画的是伊苏战役中的亚历山大大帝。

1853 年到 1858 年间，挖出了斯塔比的公共浴场。加里波第在 1861 年进入那不勒斯，推翻波旁王朝，发掘工作交给了大仲马。不过，这位法国小说家没做多久。

统一后意大利的首位新王，是维克托－伊曼纽尔二世，他知道如果能有组织、有计划地挖掘庞培，必可提升新王朝的声望。1860年12月20日，他把这一工作交给了菲奥勒利。这位年轻的古币学家，以严肃的治学精神和正直廉洁的作风著称。他建立了一种可验证的科学考古方法，每天记工作日志，并制订切实可行的计划，指挥五百多名工人，进行挖掘及清理工作。他把庞培划分成若干区，每区内又依街道分成几个房屋群，并给每座房子或遗址一个识别编号。这个编号系统沿用到今天。

为了避免房子倒塌，在已清理出来的街道上，菲奥勒利先从屋顶开始挖，逐步将废物清出。1863年，他运用了石膏翻模的方式，把庞培市民面对死亡刹那的神态保存了下来。城市中日常生活的细节，也呈现在后人眼前。菲奥勒利辨认出妓院、面包房和银行家尤肯图斯府邸。1875年，他开始负责博物馆的职务，挖掘的工作就交给了学生。

延展阅读

《希腊的诞生：灿烂的古典文明》

〔法〕P. 莱韦斯克著。

本书讲述了希腊的诞生与发展的历史，在书中您将看到这样的一幅场景：无论是民主，还是专制，无论是喜剧，还是悲剧，无论是数学，还是史学，这一切都来自希腊人。大诗人荷马、数学家毕达哥拉斯、历史学家希罗多德、政治家伯利克里、哲学家苏格拉底，以及神话中的英雄人物赫克力士、尤里西斯和雅典娜等众多的英雄豪杰，共同演绎出一幅波澜壮阔的希腊历史画卷。

《神明之地：荒城·关塞·圣殿·宫阙》

王鲁湘 著

关于作者

一个湘潭大学中文系出身的人，在毕业留校两年后跑到北京大学念了个哲学硕士，毕业当了几年老师后又被清华大学美术学院聘去做了教授和博士生导师，一转身又变成了香港凤凰卫视的高级策划和主持人，王鲁湘就是这样一个全面开花、遍地结果的综合性知识分子。

比起做一个书斋里的学者，1956 年出生于湖南的王鲁湘更愿意选择投身于广阔的天地之中，做一个快乐的“杂食动物”。由于具备了深厚扎实的知识背景，他成功地把连开机率都不能保证的垃圾时间变成了凤凰卫视的王牌时间。他策划、撰稿、主持的《纵横中国》栏目在凤凰卫视 40 多个节目中收视率排名第一。他在主持《世纪大讲堂》节目时，无论面对来自哪个领域的顶尖专家，都能侃侃而谈，起到巧妙的穿针引线作用。江湖传言道：没有王鲁湘不知道的，没有问得倒王鲁湘的。其知识之渊博可窥见一斑。

王鲁湘的梦想，是将思想界与电视界统一起来。对他而言，精英文化不应该是束之高阁自娱自乐的产品，它完全可以通过大众传媒的方式走入寻常百姓家，从而发挥它应有的社会价值。他用自己的身体力行向别人证明了一个走进电视里的学者不仅可以使自己的社会价值最大化，还可以提升电视传媒的思想品质与知识素养。

美学、历史、人文、地理，知识涉及面广泛得令人惊异的王鲁湘迄今为止已出版了多部著作。在他的作品里，那个在电视上口若悬河的王鲁湘又重新还原成了一位学者，用严谨细致的笔调为读者奉上一场场知识的饕餮盛宴。

荐读理由

中国历史悠久，博大精深，历朝历代遗留下来的文化遗迹更是璀璨如星。每一处遗迹，无论是名扬四海还是默默无闻，共同拥有的是那份长时间沉淀后厚重而珍贵的历史记忆。在序言中，王鲁湘说道："当传说和史诗都已缄默时，只有遗迹还有话说。遗迹不是冰冷的砖瓦木石，遗迹也不是废弃的断壁残垣。遗迹是尘封的记忆，需要我们勤加拂拭；遗迹是长满苔藓的古碑，需要我们用心扪读。遗迹是一眼古井，你可以再淘出汩汩清泉；遗迹是一口古钟，不撞不鸣，小撞小鸣，大撞则大鸣。"

《神明之地》这套书分为上下两册，主要向读者介绍了作者精心挑选出来的125个全国古代文化遗迹。这些遗迹遍布全国各地，作者对它们作了仔细的分类，在介绍时，还按照地区作了归类，使全书显得系统有序。

我们在此推荐其中的一本：《神明之地：荒城·关塞·圣殿·宫阙》。这本书中，作者将要介绍的60多个遗迹分列在四个小标题之下。"远去的家园"主要解读的是人类聚居生活的聚落遗迹；"灵魂的圣殿"则在遗迹中寻找中国人古老的信仰；"何处是关山"讲述了长城的历史；"宫殿锁千门"还原了宫殿园囿中如今已没落的帝王气象。

要读懂文化遗迹，并不是一件容易的事。面对一件遗迹，解读的角度有千千万万，但有可能会受到专业的限制而显得单一狭窄。王鲁湘却不同，由于个人的知识储备丰富，又下过一番功夫调查，在这部著作中，无论是地理、历史方面，还是建筑、民俗领域，他都如鱼得水，左右逢源，把每一处遗迹的外在和内里纤毫毕现地展现在读者面前。他以隐蔽而自然的方式掺杂进自己对文化的理解和对人生的感悟，使客观讲解和主观感想融为一体，浑然天成。

书中还配有大量的精美图片，这些图片使作者的叙述变得更加具体形象，加强了读者的直观感受。事实上，这些摄影作品中的一部分已经超越了简单的再现功能，而具有独立于文字之外的自身的艺术价值，可供读者揣摩欣赏。

全书语言严谨平实，没有夸夸之谈，也没有过分的抒情感怀，更像是一本值得常备在手边的知识手册。无论是想要丰富自己的文化常识，还是希望全面了解某类遗迹，这本书都会是您一个不错的选择。

先睹为快

新石器时代的原始村落，揭示人类从居无定所的漂泊者、流浪汉，演变为一个定居的农夫和文明人的漫长历程。社会化程度的提高和组织性力量的获得，使人类在同大自然的搏斗中逐渐成为强者，但也同时失去了更多的自由。

所有早期的城市，说起来亦不过是原始村落的扩大而已：强调权力为中心的向心组合，对内高度服从于权威，对外则充满戒备，本身是一座壁垒森严的防御措施。

而当组织涣散，原有的社会结构开始瓦解的时候，聚落（包括村落与城市）的高度有序性便开始被打乱。如果人类在聚居生活中依托其强大的组织力量无休止地攫取资源，掠夺自然，导致人与自然依存关系的彻底崩溃，那么，最终的结局必然是人类沦为生态难民，远徙他乡，而一任故国家园败为荒丘废墟，成为后人凭吊与驰骋诗思的对象："荒城背流水，远雁入寒云。""荒城临古渡，落日满秋山。""蜀鸟吴花残照里，忍见荒城颓壁。"荒城构成一个巨大的文化意象，它们存在的现实意义，就是警示。

为什么要动这么大的工程，把《金刚经》刻在泰山上呢？这就要牵涉到关于泰山的另一个古老的民间信仰了。在这个民间信仰里，泰山神是天帝之孙，主召人魂。由于他是东方之神，掌万物之始，所以知道人的生命之短长。人死后，魂就上了泰山。民间相信，泰山上聚集着古往今来一切众生的亡魂。也许是为了超度它们，有一位或数位佛教信徒发一弘愿，以坚忍毅力，经年累月，刻下了这篇《金刚经》。当然，此举也许是有见于历代帝王泰山封禅的劳民伤财，想给这种愚妄之举当头棒喝："一切有为法，如梦幻泡影，如露亦如电，应作如是观。"《金刚经》卷末这四句偈文，以"远离一切诸相"而"无所往"的大解脱大智慧，破除了对现实世界万有的执着和留恋。"默默无语是真闻，情到无心意已薰。撒手大千无一物，莫凭世位论功勋。"佛的无我无欲境界，同山顶上表现历代帝王不可一世的权力意志和征服欲望的摩崖刻石相比，无疑昭示着两条人生极境之路。登泰山的人们，在极顶满足了"小天下"的自我幻觉，又被帝王刻石颂赞的丰功伟业激动得豪情万丈后，最好于归途中到经石峪濯濯双足，在清冽的泉水中默诵一遍《金刚经》。当你以出世心做入世事时，人生已然开出一片新境界。

延展阅读

《神明之地：寺观·石窟·佛塔·陵墓》

本书是《神明之地：荒城·关塞·圣殿·宫阙》的姊妹篇，王鲁湘的又一力作，以相同风格介绍不同类别的遗迹。适合两册一起收藏。

《亚特兰蒂斯：海底大西洋城的秘密》

〔美〕伊格内修斯·唐纳里 著

关于作者

伊格内修斯·唐纳里（1831—1901），政治家，作家。早在高中的时候，他就显露出了非凡的文学才能。凭借着出色的语言天赋和逻辑能力，毕业后的他成了美国总检察官本杰明·布鲁斯特手下的一名职员，并且在1852年取得了律师资格证。而三年后，他辞去了职员工作，步入了美国政坛，没用几年就当上了明尼苏达州的副州长。随后政途顺利的他，在1863年便当选为国会议员，来到了华盛顿。

他不仅是一名优秀的政治家，同时是一名出色的作家。在华盛顿的五年期间，国会图书馆成为他最爱去的地方之一。正是在这里，他开始对亚特兰蒂斯文明进行了深入而持久的研究。十多年后，他终于完成了《亚特兰蒂斯：海底大西洋城的秘密》这一力作，也由此确立了他在世界文化遗产研究领域一代宗师的地位。然而最引人争议的还是他在1888年写成的《伟大的密码》一书，在书中他提出弗朗西斯·培根才是莎士比亚戏剧的真正作者。在20世纪，这个观点广泛地流传开来。但很显然在英国此类观点是非常不受欢迎的。因此当唐纳里在

1888 年前往英国出版并推销这本书时，他遭到了前所未有的失败。

然而这并不能抹杀他的伟大。作为一个共和党人，他为妇女的选举权和自由民的受教育权摇旗呐喊，也曾和几个同伴一起在明尼苏达州建立起了一座叫作尼宁杰的乌托邦城市（虽然后来这个浪漫计划宣告失败并使他负债累累）。作为一个著名的作家，他激发起一代又一代的人类学家和历史学家对亚特兰蒂斯的研究兴趣，对玛雅学的兴起也作出了一定的贡献——这些关于失落的文明的探究，逐渐成为人们津津乐道的话题。

荐读理由

两千多年前，柏拉图在他的著作《对话录》中记载了苏格拉底与柯里西亚斯的一次对话，其中提到在“海克利斯之柱”（即今天的直布罗陀海峡）的不远处，坐落着一座岛屿，世人称它为亚特兰蒂斯。岛上有着令人惊异的高度文明和无法想象的丰厚财富，人民智慧超凡，过着无忧无虑的生活。但伴随着野心的膨胀，他们开始侵略别国，生活日益腐化堕落，这最终触怒了众神，遭受了海神波塞冬的严厉惩罚，被巨大的地震和洪水灾害侵袭，一夜之间消失在大海之中。

近一个世纪以来，人们运用现代科学，在大西洋底部不断发现新的史前遗迹。其中包括比米尼岛附近海底的两座石造建筑和希腊式样装饰用的大理石石柱。似乎在那场著名的大洪水之前，地球上真的存在过这样一片土地。一旦这个假说成立，那么亚特兰蒂斯将不再是一个异想天开的神话传说，而是真切存在过的历史。柏拉图曾经试图发现这一扑朔迷离的事件背后的真相，但他在得到答案之前便溘然长逝，他对亚特兰蒂斯的研究也戛然而止。

直到 1882 年，唐纳里出版了这部《亚特兰蒂斯：海底大西洋城的秘密》，才又重新引起了现代人对亚特兰蒂斯的兴趣。它很快成为研究亚特兰蒂斯问题的权威著作之一，并得到“发现”（DISCOVERY）频道的权威推荐，与《上帝的指纹》和《失落的约柜》并称为全球考古悬疑三大奇书。作者搜集了大量相关的科学和神话资料，包括来自地质勘探、海洋探测和对史前植物与动物化石的研究证据，来证明亚特兰蒂斯不仅存在，而且是世界文明的发源地之一。这一观点吸引了大量的考古学家、探险家和科学家关注并发掘这片区域，试图寻找到更多的证据来推翻或证实这一说法。遗憾的是直到今天，还没有任何一位考古学家自信地宣称自己在大西洋底发现了真正的亚特兰蒂斯遗物。人类在逐步接近真相，但迄今为止，海底大西洋城仍然是个谜团。

除了资料翔实、论据充足外，这本书清新易懂的文风和深入浅出的讲解也为它增添了不少色彩。唐纳里用畅快的笔调将史实与议论连缀起来，摆脱了一般学术著作常有的艰深晦涩，使读者在流畅的阅读中不知不觉深入其中。进而思考：当年的那场毁灭性洪水究竟是神话还是史实？是否世界上几乎所有的文明都和亚特兰蒂斯有着千丝万缕的联系？丰富的图片和文字将带着读者穿越古今，在世界不同的民族和地域间游荡，以寻找到自己心中的答案。

先睹为快

那么这段记录柏拉图的对话是否一定真实呢？很多人也许会提出这种质疑。其实，早在柏拉图去世后的数百年间，古希腊、罗马的学者们就已经对亚特兰蒂斯的存在与否争论不休。持否定意见的人认为这段对话是柏拉图在论述哲学时所列举的寓言故事。而持肯定意见的人则认为，在《对话录》中，柯里西亚斯曾三次强调确有其事，苏格拉底也说，这个故事“好就好在是事实，这要比虚构的故事强得多”。而最先讲述这个故事的梭伦是古希腊公认的诚实的人，他生活的时代比柏拉图只早二百年，因此靠口授流传下来是完全可能的。

如果我们对亚特兰蒂斯知道得更彻底，就会明白，每个欧洲人与美洲人一致的例子，也是与亚特兰蒂斯人一致的地方；亚特兰蒂斯是两个大陆的共同中枢，人们继承了它的艺术、科学、风俗和观点。可以看出，在柏拉图为我们提供的有关亚特兰蒂斯的信息的每一个例子中，我们都发现了这种一致的存在。它存在于建筑、雕塑、航海、雕刻、写作、确定的神职人员、崇拜的方式、农业以及公路和运河的建造。我们可以合理地认为这种一致扩展到了本章所论述的所有微小的细节。

如果我们发现在大西洋两岸确实有相同的艺术、科学、宗教、信仰、习惯、风俗和传统的话，两块大陆的人民经过相同的过程，分别抵达了这两个大陆并且得到了相同的结果的说法是非常荒谬的。如果我们思考一下地中海国家文明的相似性，没有一个人会愚蠢到认为从罗马、希腊、埃及、亚述尔到腓尼基的每一个国家都是自发地、独立地发明了艺术、科学、习惯和一致的信念；我们只会去继续探索历史的线索或者它们彼此之间的联系。为什么一条在大西洋两岸流行的解释规则，应该与地中海两岸保持完整的规则不一样？如果在一种情况下，相同的起源已经毫无疑问地产生了相同的艺术、风俗和状态，为什么在另一种情况下，艺术、风俗和状态的相同就不能证实起源的统一呢？

延展阅读

《亚特兰蒂斯：消逝的人类文明真相》

这是作者的另一部精品。

本书是《亚特兰蒂斯：海底大西洋城的秘密》的姊妹篇，它接续了前一本的线索，对亚特兰蒂斯的文明神话和遍布世界的殖民地进行了科学的分析与比较，和读者一起继续深入到大西洋底一窥亚特兰蒂斯的全貌。

《失落的文明：埃及》

沐涛 著

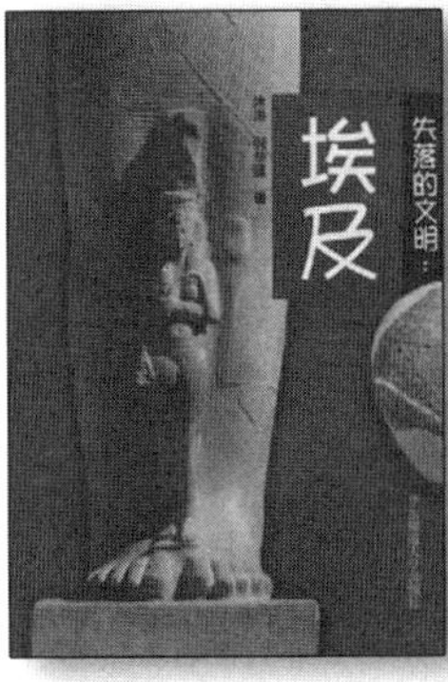

关于作者

沐涛，1963年出生，现为华东师范大学教授、博士生导师。1980至1984年在安徽师范大学学习，获历史学学士学位。1984至1987年在华东师范大学学习，获历史学硕士学位，后留校任教。1992至1993年在坦桑尼亚达累斯萨拉姆大学访问进修。2000年在华东师大获世界史博士学位。2001至2002年在以色列巴伊兰大学做博士后，2002年起任教授。

现任中国亚非学会理事、中国非洲史研究会理事兼副秘书长、中国世界近代史研究会理事、上海世界史研究会理事兼副秘书长，历史系副主任、博士生导师，主要从事亚非史的教学和研究。近年来，在非洲史、犹太文明史和发展中国家现代化等领域取得了较显著的研究成果，发表论著30余篇部，参加或主持省部级以上课题7项。曾荣获华东师范大学“十佳青年教师”、上海市“高校优秀青年教师”等荣誉称号。主要著作有《失落的文明：埃及》《大韩民国临时政府在中国》《非洲通史》等。

荐读理由

光荣啊，起源于大地的尼罗河！
你川流不息，为的是使埃及苏生！
……
你灌溉土地，使一切生物欣欣向荣。
你生出大麦和小麦，好叫神庙里欢度节日。

——《尼罗河颂》

埃及地处非洲的东北角，有埃及“母亲河”之称的尼罗河由南向北纵贯全境，而灿烂辉煌的古埃及文明正如尼罗河一样源远流长。公元前5世纪，大历史学家希罗多德情不自禁地称“埃及是尼罗河的赠礼”。这句话几乎成为至理名言，被无数人引用。但是，古埃及文明并不仅仅是尼罗河的赠礼，它更是古埃及人认识自然和改造自然的智慧创造。

每个民族都有自己的文化传统和文化特色。生活在尼罗河畔的古埃及人用自己的智慧和辛勤的劳作，创造出了独特的艺术风格，堪称世界古文明中的巨擘。这里有高耸入云的金字塔、蔚为壮观的狮身人面像，也有小到几厘米的化妆瓶、加工精湛的金银首饰以及精美的动物小雕像，所有这些无一不给人留下深刻的印象。但这还不是古埃及文明的全貌，古埃及人在天文历算、文学创作、绘画雕刻、科学技术等方面，也都有极高的造诣，对世界文明的发展产生了重要的影响。也正因为如此，对古埃及文明的研究才会不时在世界上掀起阵阵热潮，有关古埃及文明的书籍也层出不穷，成为世界古文明研究中书籍品种最丰富的一块。

古埃及文明太古老了，比我们中国人引以为豪的华夏文明还要早几千年。然而，再完美的事物也有遗憾，古埃及文明亦然。与其缺乏历史资料相比，更遗憾的是古埃及文明本身没有延续下去：在公元前3世纪，即中国的秦汉时期，古埃及文明就中断了，被湮没、封存在广漠的尘沙之下。

18世纪末拿破仑进军埃及，虽然其军事行动以失败告终，却产生了一个意想不到的结果：重现古代埃及文明。从罗塞塔碑到木乃伊，从象形文字到死灵书，古埃及文明的每一次重大发现无不吸引着世人的眼球，并形成了一门专门的学科——埃及学。在埃及文明消亡几千年后的今天，面对如此丰富绚烂的古埃及文明，人们竟产生出许多百思不得其解的疑问。如金字塔在当时的条件下是怎么造出来的？木乃伊在高温潮湿的尼罗河畔为什么能保存数千年之久？创造古埃及文明的主人是谁？……这些问题本身又延伸出许多新的问题，埃及古建筑中的巨石是怎么开采、怎么搬运的？金字塔是法老的陵墓，还是埃及人智慧的庙宇？法老的咒语究竟有没有魔力？狮身人面像为什么没有鼻子？……近些年，西方又兴起了一股“金字塔能”的研究热潮，扑朔迷离的“金字塔能”是否真的存在？……这些问题有待于人们进一步探究。

如果您想进一步了解古埃及文明，那么我们强烈建议您细细品味《失落的文明：埃及》这本书。介绍古埃及文明的书汗牛充栋，我们之所以推荐本书，不仅因为本书结构清晰、语言简练，能让您轻松而全面地了解古埃及文明，更因为作者结合了国内外研究状况，对以上疑问作了精辟的总结和回答，是读者朋友走近古埃及文明的捷径。

本书共有七章，前两章介绍古埃及文明的产生、兴盛和失落以及重现，后五章分别从金字塔、宗教信仰与丧葬习俗、艺术、文字与文学以及科学技术等五个方面全面而系统地介绍了灿烂辉煌的古埃及文明。书中辅以大量精美的插图，给人以强烈的感官冲击。相信本书能为读者提供一把开启古埃及文明之谜的钥匙。在读了本书之后，您的疑问和困惑就能迎刃而解，同时也会对古埃及文明有个全面、公正的认识和评价。

最后与各位读者共享西方一条谚语：“人类如果想要看到自己的渺小，并不需要仰视繁星密布的无垠苍穹；只要看一看在我们之前几千年就存在过、繁荣过，而且已经灭亡了的世界古文化就足够了。”在希腊罗马文明和伊斯兰文明的冲击下，古埃及文明彻底失落了。但以古埃及文明对世界文明发展的贡献而言，它又是永恒的。

先睹为快

胡夫金字塔是古埃及众多金字塔中的“老大”。尽管一般金字塔修建的过程已经得到初步解释，但这座金字塔因为其规模实在太大，自古至今吸引了无数人的注意，人们越看越觉得其中奥妙无穷。

首先，该塔原高146.59米，所用石块平均每块重2.5吨，最大的重达50吨，面对如此巨大的石块，古人是如何将它们一一搬运上去的呢？长期以来，人们有过种种的猜测：一是认为在每层石级上配备一个木撬，利用杠杆原理，把石块逐级往上扛；二是认为修建一条环绕金字塔而上的路，类似盘山公路；三是认为用盐和硝石修建一条运石的上坡路，一俟塔建成，就放尼罗河水融化或冲走盐和硝石。

但是，这些说法都不能令人信服。1954年，在萨卡拉发现了第三王朝法老乔塞尔之子特提的未完工的层级金字塔和一条残存的坡道。此后，在另外一些金字塔旁也发现了类似的坡道。至此，终于揭开了大金字塔石块的运输之谜。原来，古埃及人通过修建上坡道，靠人力和畜力将石块拉上去。坡道以尼罗河岸靠近船只停泊的地方为起点，笔直通往金字塔的一个侧面，而其余三个侧面分别堆三堵呈“凹”字形的墙，以挪动石块和让建筑工人行走，类似于现代的脚手架。随着金字塔不断地升高，坡道逐渐延长，“脚手架”也越来越高。当全塔建成后，再将坡道和高墙拆掉。此种方法也适应于其他金字塔的修建。

这种类似末日审判的描述在世界许多民族的来世传说中都存在过，但用天平称量心脏的形式进行审判，却是古埃及人的一大创造。据说，这种审判的产生与古王国后期和第一中间期的社会混乱有关。

……

在古埃及人的来世审判中，一个重要的特点就是审判的准绳不是人，而是物——一架天平。面对天平，除了法老外，人人都是平等的，不管他死前是高贵还是贫穷，都要接受天平的检验。如果天平两边平衡，即证明死者清白，他就可以进入来世，得到永生，否则，守在一旁的猛兽就把死者连同他的心脏一起吃掉，出现“第二次死亡”。

延展阅读

《埃及》

被称为业界传奇的“孤独星球”（Lonely Planet，简称 LP）出版公司创始人托尼·惠勒和莫琳·惠勒已经出版了很多的旅行指南，这些指南覆盖了全球的每一个国家。秉承 LP 的一贯风格，本书仍以文字叙述和地图为主。开篇分章概要介绍了埃及的气候、历史、文化、环境、餐饮和旅游路线等；之后对开罗、开罗周边、埃及博物馆、尼罗河谷、西部沙漠、卢克索和地中海海岸、红海海岸和西奈半岛等具体目的地进行详细介绍，内容涉及实用信息、景点、危险和麻烦、活动、参团游、住宿、就餐、饮品、娱乐、购物和交通等；最后一部分是“出行指南”。

《北纬30°线：一条穿越地球种种秘境的神奇纬线》

尹祥智、段芳珍　编著

关于作者

作者信息不详。

荐读理由

北纬30°线，一条看不见的曲线，一条地理学家为方便研究地球画出的虚拟的线，然而却没有任何一条经纬线有着它那么神奇的魔力。赤道、北回归线、南回归线、本初子午线、国际日期变更线，这些名牌经纬线在北纬30°线面前也黯然失色。

北纬30°线，虽然看不见，然而它所经过的地方却是地球最亮丽的、最神奇的风景线。沿着这一条虚拟的曲线，我们会再次惊诧于大自然是如此的神奇，它塑造了如此精致的北纬30°。

同在北纬30°，有陆地上最高点珠穆朗玛峰，也有陆地上最低点死海，还有海底最深处马里亚纳海沟。

同在北纬30°，中国的上海年降水量为1 100毫米，而埃及的开罗为 26 毫米，仅是上海的 1/42。

同在北纬 30°，我国秦岭以南，山清水秀，风光旖旎，物产丰富；而世界上其他地区多是沙漠遍布，满目荒芜，寸草不生，颗粒无收。

同在北纬 30°，分布有美国密西西比河、科罗拉多河和布腊索斯河的入海口，埃及尼罗河的入海口，中国长江的入海口，伊朗佐赫雷河的入海口，伊拉克底格里斯河和幼发拉底河的入海口等。

同在北纬 30°，有墨西哥湾的尖端、加利福尼亚湾的尖端、波斯湾的尖端、亚喀巴湾及苏伊士湾的尖端，还有地中海南缘锡尔特湾的尖端。

同在北纬 30°，有印度的塔尔沙漠，阿富汗的雷吉斯坦沙漠，伊朗的卢特沙漠，伊拉克的南部沙漠，沙特阿拉伯的内夫得沙漠，埃及北部的沙漠，利比亚北部的利比亚沙漠、哈姆拉沙漠、廷格特沙漠，突尼斯的阿比乌德沙漠，阿尔及利亚的东部大沙漠、西部大沙漠。

这些只是一个开始，北纬 30°线的故事远没有结束。这里不仅有让人谈“海”色变的百慕大三角海域，坐落在加利福尼亚圣克鲁斯镇让人忽高忽低的魔板石和使一切物体倾斜的小木屋，还有匪夷所思的斯芬克斯神像和若隐若现的诺亚方舟，神秘的雅鲁藏布江大峡谷和神奇的撒哈拉大沙漠；不仅有沉没于大西洋底部的大西洲和高度发达却突然消失的玛雅文明，还有轰动世界的三星堆遗址和超越历史的巨石文化等，不一而足。如果您想了解更多，那么《北纬 30°线：一条穿越地球种种秘境的神奇纬线》将是您最好的选择。

一段段扣人心弦的文字，一幅幅精美绝伦的图片，一个个引人注目的场景，本书将为您展示一个充满奇妙和魔幻的北纬 30°线。

先睹为快

在提到北纬 30°附近消失的超文明时，我们不能不提及距今 1.2

万年前在“悲惨的一昼夜”间沉没于海底的亚特兰蒂斯大陆，也就是人们常说的大西洲。世界各地一直流传着关于大西洲的传闻。据说，那是一块产生过巨大的历史奇迹的神秘大陆，那里智慧非凡的人民创造了高度发达的物质文明和精神文明，但后来却在一夜之间毁于一旦，突如其来的地震和海啸使得整块亚特兰蒂斯大陆载着都市、寺庙、街道、运河以及全体国民，在一夜之间沉没海底，消失在滔天的洪峰浪涛之中。

按柏拉图书中的描述：大西洲是一座位于亚热带的岛屿，方圆39.88平方千米，比小亚细亚和利比亚之和还大，人口估计有2000万。传说中沉没的大西洲位于直布罗陀海峡的外侧，即大西洋中心附近，跨越北纬30°，西经30°。大西洲文明的核心是亚特兰蒂斯岛，其市中心有主宫殿和奉祀守护神波塞冬的壮丽神殿，神殿是由黄金、白银、象牙或如火焰般发光的金属装饰的。岛上所有的建筑物都以当地开凿的白、黑、红色的石头建筑，既美丽又壮观。在首都波塞多尼亚的四周还建有双层的环状陆地和三层的环状运河，最外侧的运河宽达500米。在两块环状的陆地上还有冷泉和温泉，除此之外，岛上还建有造船厂、赛马场、兵舍、体育馆和公园等等。这就是古希腊哲学家柏拉图所描绘的亚特兰蒂斯大陆的全貌，自柏拉图的赞美之后，理想之城亚特兰蒂斯大陆就成为众人心目中向往的神圣乐土。

千百年来，那个古老而神秘的“大西国”传说，像幽灵一样，在地中海、大西洋乃至全世界回荡着，吸引着成千上万人去寻找这块失落的土地，这个富庶的泱泱大国。

……

随着考古工作的逐步深入，英国学者史考特·艾利欧德提出，亚特兰蒂斯在100万年前就已达文明的巅峰期，人们不仅有超能力，且能用化学的方法生产金银，并依靠生物工程学技术创造出各种不同的谷类和家畜。美国大预言家艾德加·凯西也断言说，亚特兰蒂斯已开始使用各种合金建造飞机、船舶、潜水艇，除此之外，收音机、电视机、电话、电梯等等已十分普及，其中最令人叹为观止的是亚特兰蒂斯的能源系统，他们用巨大圆筒形玻璃所制成的“火石”来收集阳光并将其转换成能源，他们用这种装置，将肉眼看不到的光供给各种不同的交通工具使用，还实行遥控操作。

延展阅读

《神秘北纬30°》

〔英〕詹姆士·伯烈斯特著。

在这部令人惊悚和着迷的作品中，作者沿着北纬30°线，为我们打开了地球所有的记忆之门：从古印度核战争遗址的惨景到万年之前一夜沉没的大西洲，从频繁访问地球的飞碟到魔窟般的百慕大三角海底外星文明基地……远远超乎人类历史的科技不断地影响着这一地带，外来文明至今还在“实验”着一个影响人类未来的庞大计划……

《欧洲民族大迁徙史话》

罗三洋　著

关于作者

罗三洋，业余历史爱好者，有《欧洲民族大迁徙史话》《柔然帝国传奇》《梦断三国：袁绍篡位阴谋破产记》等多部作品问世，深受读者的欢迎。

荐读理由

在波澜壮阔的人类文明史上，曾经多次出现十分奇特的现象：原本富裕繁荣的古老文明突然被摧毁，取而代之的是一段支离破碎乃至空白的记忆。野蛮战胜文明，落后战胜先进，国家分裂，经济衰败，科技倒退，天灾横行，战火纷飞，人口骤降……我们中国人对此并不陌生，西周、东晋、唐、宋等朝代的末季，这样的悲剧曾经很多次在古老的东方大地上重演。

在同样古老的西方世界，类似的悲剧也并不罕见。而其中最负盛名的黑暗篇章，莫过于始于公元 4 世纪，终于公元 6 世纪的民族大迁徙。曾经威震欧亚非三大洲、控制大半个西方文明世界长达 7 个世纪之久的罗马帝国，在众多内外因素的作用下，令人震惊地被一些落后的蛮族部落摧毁。在罗马帝国的废墟上，先后建立起了数十个日耳曼人的“民族国家”，给欧洲未来的政治版图开创了全新的局面，也为基督教和伊斯兰教的成长和发展奠定了坚实的基础。这段历史上承罗马帝国，下启中世纪，因而具有极其独特的重要性。《欧洲民族大迁徙史话》一书所叙述的，正是这样一段支离破碎而又耐人寻味的黑暗历史。

就内容而言，本书主要描述日耳曼民族与罗马帝国之间的关系，并加入一些其他相关民族的介绍。罗马帝国的灭亡原因复杂、影响深远，历来是国际史学界最热门的话题之一，相关的讨论几百年来长盛不衰。包括吉本、孟德斯鸠、马克思、恩格斯在内，众多声名显赫的社会科学家都为此投入了大量的研究精力，也取得了相当丰硕的研究成果。

作为一个来自东方的非历史专业人士，罗三洋“既无意、更无能力对如此重大的西方学术问题提出新颖的理论”，而是坚持“述而不作”的原则，以古代原始著作为基础，辅以近现代的考古和文献研究成果，努力将这段黑暗历史的来龙去脉大致呈现给中国读者。国内外介绍这段历史的书籍可谓汗牛充栋，其中不乏经典之作。不过，与专业历史学者的著作相比，《欧洲民族大迁徙史话》一书没有枯燥的讲述，没有烦琐的考证，取而代之的是行云流水般的倾诉——这正是本书成功的秘诀所在。

该书把欧洲民族大迁徙几百年的历史分散到 30 章之中，分别介绍了辛布里人、条顿人、安布昂人、哥特人、汪达尔人、胡人、阿瓦尔人、伦巴第人和格皮德人等少数民族迁移的历史，其中交织着与罗马帝国的战争与和平、联盟与决裂，几乎囊括了整个民族大迁移时代的所有重要事件和关键人物。其中既有力挽狂澜、改革罗马军事制度的马略，也有雄霸欧洲、被奥古斯丁誉为“上帝之鞭”的阿拉里克，还有老奸巨猾、大破罗马海军的汪达尔人首领盖瑟里克……值得一提的是，书中配有大量精美的插图和地图以及著名历史人物的头像，这无疑有助于读者从整体上把握民族迁移的整体情况，拉近了读者与那个历史时期的距离。

战争造成了民族仇恨，引发了民族迁移，同时也促进了民族融合和文化交流。现在阅读这段黑暗的历史，回想古老的罗马帝国的末路飘摇，不禁让人感慨，也让国人更加珍惜我国来之不易的社会安定和民族团结。以史为鉴，以人为鉴，珍惜当下，正是本书最终的落脚点。

先睹为快

但历史很快就将为罗马人安排一个旗鼓相当的对手了。纪元前欧洲最为惨烈的大决战已经一触即发。

话说在那遥远的北欧海面上，横卧着一座日德兰半岛，它和它周围的几座岛屿构成了后来被叫作“丹麦”的国度。日德兰之名来自朱特人，意思是“朱特人之国”；而丹麦之名则来自丹人，意思是“丹人的土地”。朱特人和丹人都属于日耳曼族群。“日耳曼”其实应该念作“格马尼”，《清史稿》翻译作“邪马尼”。不过，当时还根本没有“日耳曼”这个名字，日德兰半岛上也难觅朱特人和丹人的足迹，而主要是三个后来被历史学家们追授的“日耳曼民族”：辛布里人、条顿人和安布昂人。也有学者根据语言学资料，认为他们实际上应该属于凯尔特族群。现代的德意志人实为几个日耳曼和斯拉夫民族的混成体，后来同属日耳曼族群的盎格鲁——撒克逊人不学无术，竟然用“日耳曼人”来称呼德意志人，而用“条顿人”来称呼整个日耳曼族群，实在是数典忘祖。

其实，早期的日耳曼人与凯尔特人之间的区别很小，他们的语言也非常相似。在凯尔特语里，“辛布里”的意思是“同胞”、“条顿”的意思是“民众”，而“安布昂”的意思则是“冲锋”。甚至就连“日耳曼”这个名字也是凯尔特语，大约是“邻居”的意思，而这两大族群在历史上也一直纠缠不断。凯尔特人本来发源在现在德国南部的巴伐利亚高原，后来连这老根据地都被东方的日耳曼人夺去了。凯尔特人落荒逃到莱茵河西岸，管这里叫作“高卢”，就是“凯尔特人之国”的意思。哪知过了不到八百年，此地先为罗马所征服，又被日耳曼族群中的法兰克人夺去，改名叫“法兰西”，即“法兰克人之国”的意思。现在地球上已经剩不下多少红头发的凯尔特人了，其残部散居在苏格兰、爱尔兰和北美等地，但遍布欧洲的巨石建筑群和“格拉斯哥凯尔特人队”、“波士顿凯尔特人队”等少数球队的名称还可以勾起好奇的现代人对这个古老族群的追思。

……

在《日耳曼尼亚志》中，塔西陀曾经这样问道：“有谁会离开四季温暖宜人的意大利、阿非利加和亚细亚，穿越未知而危险的海洋，移居到土壤贫瘠，气候恶劣，环境荒凉的日耳曼尼亚去呢?”当时的日德兰半岛也和日耳曼尼亚其他地区一样，布满了森林和沼泽，终年雨雾弥漫，“十年倒有九年荒”。不久前，丹麦出土一具条顿少女的遗骸，经法医检查，死时才满 13 岁的她竟然有 11 年因饥饿导致骨骼发育延缓。也许正是由于生活所迫，就在公元前 120 年前后，辛布里人、条顿人和安布昂人中的大多数突然离开自己的家园，扶老携幼地南下，并由此揭开了日耳曼民族大迁徙最初的序幕。

延展阅读

《草原帝国》

〔法〕勒内·格鲁塞著。

草原帝国的范围除大中亚外，还包罗了波兰以东的东欧诸国，即东欧草原、俄罗斯草原、西亚草原、中亚草原和北亚草原。本书史事，上起新石器时代草原文化的黎明期，下迄公元 18 世纪晚期蒙古诸汗国。作者对草原各地各国的政治、经济、社会、文化、民族复杂、政治纷乱、朝代更迭和关系错综的历史进行了深入的分析和研究，牵出一条中亚史的线索和脉络，披荆斩棘，独辟蹊径，开创了研究草原民族历史与地理的新格局。

《时间的检验》

〔英〕戴维·罗尔 著

关于作者

戴维·罗尔，英国著名埃及波斯学家和古代史学家，现任跨学科研究会主席和英国苏塞克斯埃及学学会会长。他在学术期刊上发表过无数的论文，并于1986至1992年间担任《古代年代学论坛》杂志编辑。

作为一名考古学家，他曾随伦敦大学学院考古研究所远征队在叙利亚奥龙斯特河畔的卡叠什进行发掘工作。戴维还是1995年首映的享有国际声誉的三部电视系列片《法老们和国王们：对圣经的一次探索》的主持人。

荐读理由

长期以来，尽管基督教徒对于《圣经·旧约》中的记载深信不疑，哥本哈根大学的圣经研究权威们却认为这些不过是公元前2世纪的寓言性作品，任何人想通过考古来证实那些故事，都完全是在浪费时间。

然而戴维·罗尔进行的探索性研究向对《旧约》的历史性持怀疑态度的现代观点提出了大胆的挑战，于是就有了《时间的检验》一书的问世。在该书中，戴维·罗尔剥去了层层神话的外衣，为我们揭示了深藏在《创世纪》中惊人的真相。

《时间的检验》包括两卷：《圣经：从神话到历史》和《传说：文明的起源》。在第一卷《圣经：从神话到历史》中，作者试图证明《旧约》全书的故事从《创世纪》的最后部分到《出埃及记》《约书亚记》和《士师记》直到《列王纪》和《历代志》，都是建立在真实历史事件的基础上的。在作者看来，过去两个多世纪里考古学家之所以一直没有发现能够证实摩西、约书亚等神奇人物及其有关事件的证据，是因为他们"在寻找古代以色列人遗迹时虽然找对了地方，却完全弄错了时间"。

因此，作者的重要任务就是弄清这些历史事件的时间。据其考证，以色列人祖先约瑟被确定为埃及第十二王朝的一位重臣。他任职于法老辛努塞尔特三世和阿美涅姆黑特三世共治时期，并在紧随他们之后继位的阿美涅姆黑特四世和索布克捏菲努时期继续担任要职。约瑟时代的大饥荒就是阿美涅姆黑特三世统治时期尼罗河连续灾难性泛滥的结果，而以色列人离开埃及三角洲地区的时间确定是在第十三王朝末为人知的法老杜迪摩斯短暂统治时期。据此，戴维·罗尔探究了约瑟摩西、约书亚、扫罗、大卫和所罗门等人的城市、宫殿和坟墓，提出了新历史年表，展现了史诗般的圣经故事所发生的真实历史环境，为《旧约》中许多有超凡魅力的人物的存在提供了惊人的考古证据。

在《圣经：从神话到历史》出版之后，作者又走遍中东各地，为《时间的检验》第二卷搜集资料。他曾深入库尔德斯坦和阿塞拜疆地区探险，还到巴林群岛考察，并三次进入埃及东部沙漠作考古调查。多年的探索终于使戴维·罗尔揭开了众多围绕着我们的起源问题的重大秘密。在第二卷《传说：文明的起源》中，我们将循着亚当后代迁移的足迹，从伊朗西部巍峨的扎格罗斯山中的人间乐园进入史前苏美尔的沼泽，寻找《圣经》中的伊甸园和圣山。我们将从美索不达米亚的史诗文学中，发现大量能够证实《创世纪》故事的证据。戴维·罗尔找到了巴别塔的原型，证明了《圣经》中的大洪水是一个真实事件，他还找到了诺亚方舟停靠的地点——不过不是目前所猜测的亚拉腊山。

不仅如此，作者还带领我们回溯到更远的年代，去追寻埃及文明的起源，而且还要去更远的年代，到美索不达米亚人历史开始的时候。随着一次先驱性的探险发现了史前时代有外来者进入非洲大陆的证据，浩瀚的埃及东部沙漠敞开了它深藏已久的秘密。法老时代的埃及人一直怀念着一个时代，那个诸神来到尼罗河谷创建伟大文明的时代。这些原始的神是谁呢？他们又是从哪里来的呢？答案就在《创世纪》一书中。

此外，本书共有一百多幅精美的图片和地图，供读者在阅读过程中欣赏，使读者消除阅读疲倦。精美的图片、精致的彩色印刷让你一目了然，具有资料性、收藏性和观赏性；而详尽的地图，既精美又准确地概述了图片所呈现的故事。内容准确，通俗易懂，行文练达，让你的阅读轻松愉悦。

正如国外媒体评价的那样，自从考古学家们开始探寻古代社会的秘密以来，本书是解读《圣经》的著作中最不同凡响的一部。还等什么呢？快快拿起本书，和作者一起去探索《圣经》的奥秘吧！

先睹为快

大不里士附近最高的山是 3 700 米高的圆顶火山萨罕德山（萨尔贡二世战争时的“乌什山”）。在其峰顶也有那个深渊冰冷的水从一个狭小的井中涌出。这是又一个塔哈苏莱曼。对散居在这个大火山山坡上的当地百姓来说，这是一处圣地，他们称之为“圣杯之山”。每到周末和假日，大不里士人都要爬到山上，用大塑料桶来盛从高处的圣杯中流出来的泉水，据说可以治病。这个地方具有神奇的魅力。

我在1997年4月首次伊朗之行的最后一个早晨攀登了萨罕德山。我的目的很简单，只是想找个地方居高临下地拍一张伊甸园谷地全貌的照片，但在这最后时刻却还有一个惊奇在等着我。我们用了约一个小时才穿过了萨罕德山脚下的丘陵，经过公元前714年萨尔贡二世曾疯狂洗劫过的乌斯基（现名奥斯库）镇。终于，我们将一切人类居住的痕迹甩在了身后。种着庄稼的梯田不见了，在草地上吃草的牛羊不见了，在我们前面只剩下从沼泽上拔地而起的圣山闪闪发光的圆顶。柏油路仍在延伸，所以我们继续前进——于是，奇景出现了。

当小汽车拐过一处弯时，我们迎面看到一群奇形怪状的石头，是参差不齐的塔——石头的小尖塔，好像一片松树林紧贴在山坡上。如果这些还不足以让人惊讶的话，那么我马上就看出这些自然形成的塔是被掏空的，里面曾经有人居住过。我们看到的是一片穴居人的栖身之所！

这个坎杜万村在雪线之上，距萨罕德山顶部的火山口只有几百米。为什么会有人住在这里呢？没有人能想象出比这儿更恶劣的环境了。这里的人生存所必需的一切都须从山下的谷中取来，此处唯一所有的便是从深渊中涌出流往阿迪河的山泉。

当我们离开萨罕德山时，我想起了《恩麦卡尔和阿拉塔之主》中描写伊南娜高踞于阿拉塔之上的居所的一段：

“库舒巴峰巅伟大的天后啊，横空出世，装扮着库舒巴山上的高台……”

“库舒巴”的意思是“光明之山”。这部苏美尔史诗告诉我们，这座山是诸神起源的地方，也是恩麦卡尔本人的诞生之地，还是芬芳的油的源泉。

我禁不住在想，我们是不是正从天后的宝座上走下来。

结论六：

既然伊甸园是在阿迪河谷，阿拉塔王国被确定为米扬道阿卜平原，那么同时俯瞰着这两个传奇之地的那座火山便有了重大意义。萨罕德山（又叫作“圣杯之山”和乌什山）可能曾被视为“光明之山”，就是苏美尔传说中的聚会的山，因而也就是后来《圣经》中的“上帝的圣山”。

延展阅读

《破译〈圣经〉》

〔美〕苏拉米·莫莱著。

沿着文明的长河溯源而上，本书为读者开启了一扇带有神秘色彩的知识大门，它通往远古，指向《圣经》的世界……阅读过本书之后，《圣经》对于读者将不再仅仅是基督徒们的信仰之源，更是时间的印痕、失落的文明、诸神的警谕。

探求中华文明之根

《山海经》

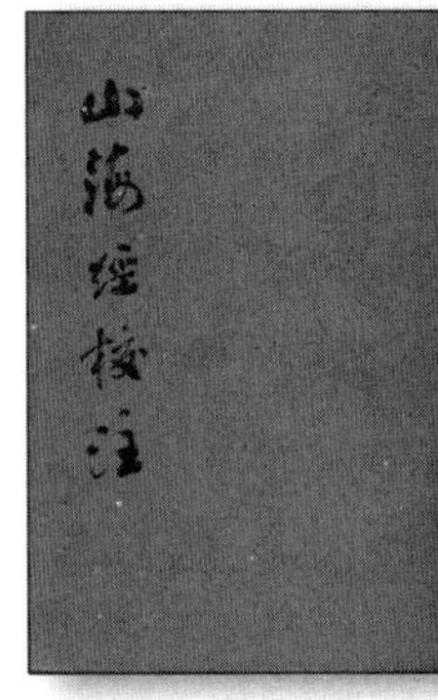

关于作者

《山海经》问世之后，其作者是谁一直众说纷纭，难以决断，乃至酿成了学术界千年未解的悬案。

按照刘向、刘歆父子和东汉王充的“正统”说法，《山海经》的作者是大禹和伯益，但人们在《山海经》中却找到了发生在大禹和伯益以后的史实，因此“禹、益作说”受到了质疑。此后，《山海经》的作者便成了众多学者考证的对象，种种假说纷纷而出，如“夷坚作说”“邹衍作说”；后人综合炎黄两族的传说而成说，南方楚人作说、巴蜀人作说、早期方士作说，等等，不一而足。对《山海经》作者的争论，实因《山海经》所涵盖的令人惊叹的博大庞杂、无所不包的内容所致，以致使研究者产生了仁智互见的结论。因此，这一疑案的彻底破解还需要时日。目前，学术界比较公允的说法认为《山海经》约成书于战国初年到汉代初年之间，是由不同时代的巫觋、方士根据当时流行的材料编选而成的，实际上是一部具有原始宗教性质的书。

荐读理由

说起《山海经》，大家都不陌生，大都知道这是一本介绍古代中国地理的、风格独特的一本奇书、怪书。《山海经》的书名虽最早见于《史记》，但直到百年后汉成帝时，刘向、刘歆父子奉命校勘整理经传诸子诗赋，才将此书公之于众。

《山海经》全书 18 篇，约 3 1000 字，其中藏山经 5 篇、海外经 4 篇、海内经 5 篇、大荒经 4 篇。全书内容，以藏山经 5 篇和海外经 4 篇作为一组，海内经 4 篇作为一组，而大荒经 5 篇以及书末海内经 1 篇作为一组。每组的组织结构，自具首尾，前后贯串，有纲有目。该书按照空间顺序，记录了我国古代的山川地理、人文风俗。按照中国古代地理观念，中国居于世界的中心。九州四周被大海包围。所以，《山海经》就从南方开始，按照南、西、北、中的顺序将作者所认识到的世界面貌加以阐释。就其叙述的内容而言，从天文、地理、神话、宗教，到民族、动物、植物、矿产等，天南海北，包罗万象，堪称我国古籍中蕴珍藏英之最者，实为研究上古时代绝好的宝贵资料。

然而，由于它所述多奇诡怪异，常被人斥为荒诞无经，以至于司马迁撰写《史记》时认为："至《禹本纪》，《山海经》所有怪物，余不敢言之也。"现在看来，历史学家凌纯声的看法可能较符合实际，即《山海经》乃是以中国为中心，东及西太平洋，南至南海诸岛，西抵西南亚洲，北到西伯利亚的一本"古亚洲地志"，它记述了古亚洲的地理、博物、民族、宗教等诸多宝贵的资料。

《山海经》以其简练的语言、奇幻的描述和奇特的神话为我们了解远古时期生活在中华大地上的先人们的地理观念和思想状态开辟了一条途径。尤为值得一提的是，《山海经》中保留着大量古老的神话。其中有许多对山神形态的描述，它们往往是奇形怪状的动物，或兼有人和动物的形体特征，如龙首鸟身或人面马身等，这里或含有对自然崇拜或图腾崇拜的意识，反映了人类早期的思维特征。

《山海经》《大荒经》记录了一些异国人的奇异相貌、习俗和风俗，如贯匈国、羽民国、长臂国、不死国、大人国、小人国等，是全书神话色彩最浓重的一部分。其中有不少想象奇特的神话，如刑天舞干戚、精卫填海等，都深入人心，流传甚广。与西方神话系统相比，《山海经》中的神话是片段的、支离破碎的，但不少故事已具有清晰的轮廓，有的经过缀合，甚至可以得到相当完整的故事和形象，如夸父追日、大禹和西王母的传说，以及圣地昆仑山的神奇景象等。因此，可以说，《山海经》是我国古代神话的一座宝库。

如果仅仅如此，《山海经》还不值得我们花费大量时间来精读。比地理资料和神话传说更重要的是，《山海经》真实地记录了中华民族在童年时代瑰丽的幻想、顽强的抗争以及步履蹒跚的足印。作为中华民族文化的源头，在很大程度上影响了民族精神的形成及其特征。

《山海经》体现了先民深重的忧患意识，这与奥林匹斯诸神的享乐精神形成鲜明的对比。从书中对那些能带来灾异甚至能食人的半人半兽或者半禽半兽的描述中，我们能看到先民们对生存环境的警惧之情。为了能顺利地生存和发展，我们的先民们在满怀希望中必须切实地体验现实的艰难，并做不懈的努力。比如在大禹、后羿的神话中，无不以相当的分量描绘人类的恶劣处境，但神性主人公们都能正视现实的灾难，并通过锲而不舍的劳作和斗争，战胜自然神话。

《山海经》还体现了先民们的反抗精神。生存环境的恶劣，激发了先民不屈的奋斗精神，这种奋斗精神本身就意味着与命运的抗争，由此而孕育出一大批反抗自然、反抗天帝的神话英雄，如精卫与刑天，他们这种顽强的抗争精神何等地壮烈！他们所象征的知其不可为而为之的悲剧性格，成了中华民族生生不息的精神长河中的巨浪。

作为上古时期的典籍，《山海经》对一般人来说确实很难读懂。在这种情况下，点校《山海经》的工作显得尤为重要。版本历来很多，其中往往鱼龙混杂、良莠不齐。其中，上海古籍出版社 1980 年出版的袁珂校注的《〈山海经〉校注》是近年来质量较高、较通俗的版本。

书中不仅有准确的标点和详尽的注释，还配有一百多幅精彩的插图，是读者朋友读懂《山海经》、走进《山海经》中神话世界的捷径。

先睹为快

又北二百里，曰发鸠之山，其上多柘木。有鸟焉，其状如乌，文首、白喙、赤足，名曰精卫，其鸣自诶。是炎帝之少女名曰女娃，女娃游于东海，溺而不返，故为精卫。常衔西山之木石，以堙于东海。漳水出焉，东流注于河。

——《山海经·北山经》

形天与帝至此争神，帝断其首，葬之常羊之山，乃以乳为目，以脐为口，操干戚以舞。

——《山海经·海外西经》

夸父与日逐走，入日。渴欲得饮，饮于河渭，河渭不足，北饮大泽。未至，道渴而死。弃其杖，化为邓林。

——《山海经·海外北经》

地之所载，六合之间，四海之内，照之以日月，经之以星辰，纪之以四时，要之以太岁，神灵所生，其物异形，或夭或寿，唯圣人能通其道。海外自西南陬至东南陬者。结匈国在其西南，其为人结匈。南山在其东南。自此山来，虫为蛇，蛇号为鱼。一曰南山在结匈东南。比翼鸟在其东，其为鸟青、赤，两鸟比翼。一曰在南山东。羽民国在其东南，其为人长头，身生羽。一曰在比翼鸟东南，其为人长颊。有神人二八，连臂，为帝司夜于此野。在羽民东。其为人小颊赤肩。尽十六人。毕方鸟在其东，青水西，其为鸟人面一脚。一曰在二八神东。讙头国在其南，其为人人面有翼，鸟喙，方捕鱼。一曰在毕方东。或曰讙朱国。厌火国在其国南，兽身黑色，生火出其口中。一曰在讙朱东。三株树在厌火北，生赤水上，其为树如柏，叶皆为珠。一曰其为树若彗。三苗国在赤水东，其为人相随。一曰三毛国。至国在其东，其为人黄，能操弓射蛇。一曰至国在三毛东。贯匈国在其东，其为人匈有窍。一曰在至国东。交胫国在其东，其为人交胫。一曰在穿匈东。不死民在其东，其为人黑色，寿，不死。一曰在穿匈国东。岐舌国在其东。一曰在不死民东。昆仑虚在其东，虚四方。一曰在岐舌东，为虚四方。羿与凿齿战于寿华之野，羿射杀之。在昆仑虚东。羿持弓矢，凿齿持盾。一曰戈。三首国在其东，其为人一身三首。周饶国在其东，其为人短小，冠带。一曰焦侥国在三首东。长臂国在其东，捕鱼水中，两手各操一鱼。一曰在焦侥东，捕鱼海中。狄山，帝尧葬于阳，帝喾葬于阴。爰有熊、罴、文虎、蜼、豹、离朱、视肉。吁咽、文王皆葬其所。一曰汤山。一曰爰有熊、罴、文虎、蜼、豹、离朱、鸱久、视肉、虖交。其范林方三百里。南方祝融，兽身人面，乘两龙。

——《山海经·海外南经》

延展阅读

《淮南子·地形训》

《淮南子》又名《淮南鸿烈》或《刘安子》，是西汉宗室淮南王刘安招致的宾客在他的主持下编写的。全书内容庞杂，它将道、阴阳、墨、法和一部分儒家思想糅合起来，但主要的宗旨倾向于道家。《地形训》主要涉及古代地理知识，其中搜集了大量神话，如女娲补天、共工触山、后羿射日、嫦娥奔月、海外三十六国、昆仑山、大禹以及九州八极等神话，与《山海经》相互补充、相得益彰。

《水经注》

郦道元　著

关于作者

郦道元，字善长，北魏涿州郦亭（今河北涿县南）人。他生年说法不一，尚难确定。史书仅记载他于孝昌三年（527）于阴盘驿亭（今陕西临潼县东）被害。他出身仕宦之家，少年时随父官居山东，喜好游历，酷爱祖国锦绣河山，培养了“访渎搜渠”的兴趣。成年后承袭其父封爵，封为永宁伯，先后出任太尉掾、书侍御史、冀州镇东府长史、颍川太守、鲁阳太守、东荆州刺史、河南尹、黄门侍郎、侍中兼摄行台尚书、御史中尉等职。他利用任职机会，周游了北方黄淮流域广大地区，足迹遍布今河北、河南、山西、陕西、内蒙古、山东、江苏、安徽等省区。每到一地都留心勘察水道形势，溯本穷源，游览名胜古迹，在实地考察中广泛搜集各种资料，以补文献不足，从而完成了举世无双的地理名著《水经注》。郦道元自幼好学，历览奇书，除《水经注》外，还撰有《本志》13 卷及《七聘》诸文，但都已亡佚，仅《水经注》得以流传。

陈桥驿先生是我国著名历史地理学家、郦学专家、浙江大学终身教授，他矢志不渝研究《水经注》60 余年，出版郦学著述 24 种，成就斐然，受到众多学者的尊重和赞赏。

荐读理由

《水经》是我国古代记载河流的专著，作者不详，《水经注》即以注《水经》得名，作者为北魏著名地理学家郦道元。《水经注》在我国长期历史发展进程中有过深远影响，自明清以后不少学者从各方面对它进行了深入细致的专门研究，形成了内容广泛的“郦学”。作为我国古代的地理名著，《水经注》包括了自然地理、人文地理和经济地理等方面的内容。

在自然地理方面，记载大小河流有 1 000 余条，从河流的发源到入海，凡干流、支流、河谷宽度、河床深度、水量和水位季节变化、含沙量、冰期以及沿河所经的伏流、瀑布、急流、滩濑、湖泊等都广泛搜罗，详细记载。记载湖泊、沼泽 500 余处，泉水和井等地下水近 300 处，伏流有 30 余处，瀑布 60 多处。所记各种地貌，高地有山、岳、峰、岭、坂、冈、丘、阜、崮、障、峰、矶、原等，低地有川、野、沃野、平川、平原、原隰等，仅山岳、丘阜地名就有近 2 000 处，喀斯特地貌方面所记洞穴达 70 余处，植物地理方面记载的植物品种多达 140 余种，动物地理方面记载的动物种类超过 100 种，各种自然灾害有水灾、旱灾、风灾、蝗灾、地震等，记载的水灾共 30 多次，地震有近 20 次。

在人文地理方面，所记的一些政区建置往往可以补充正史地理志的不足。所记的县级城市和其他城邑共 2 800 座，古都 180 座，除此以外，小于城邑的聚落包括镇、乡、亭、里、聚、村、墟、戍、坞、堡等 10 类，共约 1 000 处。在这些城市中还包括国外一些城市，如在今印度的波罗奈城、巴连弗邑、王舍新城、瞻婆国城等，林邑国的军事要地区粟城和国都典冲城等也都有详细记载。交通地理包括水运和陆路交通，其中仅桥梁就记有100座左右，津渡也近100处。

在经济地理方面，该书保存了大量农田水利资料，记载的农田水利工程名称就有坡湖、堤、塘、堰、堨、墱、坨、水门、石逗等。此外，还包括采矿、冶金、机器、纺织、造币、食品等手工业。所记矿物有金属矿物如金、银、铜、铁、锡、汞等，非金属矿物有雄黄、硫黄、盐、石墨、云母、石英、玉、石材等，能源矿物有煤炭、石油、天然气等。此外还有兵要地理、人口地理、民族地理等各方面资料。

除了丰富的地理内容外，还有许多学科方面的材料。诸如书中所记各类地名在2万处上下，其中解释的地名就有2 400多处。所记中外古塔30多处，宫殿120余处，各种陵墓260余处，寺院26处以及不少园林等。可见该书对历史学、考古学、地名学、水利史学以至民族学、宗教学、艺术等方面都有一定参考价值。

以上这些内容不仅在数量上惊人，而且作者采用了文学艺术手法进行了绘声绘色的描述，所以它还是我国的一部古典文学名著，在文学史上占有重要地位。它“写水着眼于动态”，“写山则致力于静态”，它“是魏晋南北朝时期山水散文的集锦，神话传说的荟萃，名胜古迹的导游图，风土民情的采访录”。《水经注》在语言运用上也是出类拔萃的，仅就对瀑布的描写来说，所用的词汇就有：泷、洪、悬流、悬水、悬涛、悬泉、悬涧、悬波、颓波、飞清等，真是变化无穷。所以我们说，《水经注》不仅是科学名著，也是文学艺术的珍品。

《水经注校证》以《四部丛刊》本为底本，参考35种版本，利用大量地方志和其他文献资料，融汇本人60余年研治体会，吸收王国维、胡适、岑仲勉、森鹿三等中外学者的学术成果，对原书进行标点、撰作校证，代表了当代最高整理研究水平，是读者阅读《水经注》最便利的读本。还等什么呢？让我们一起沿着前人的足迹去追本溯源，寻找历史中的河流和河流边的人和事吧！

先睹为快

又东过壶关县北。漳水东迳屯留县南，又屈迳其城东，东北流，有绛水注之。水西出谷远县东发鸠之谷，谓之为滥水也。东迳屯留县故城南，故留吁国也，潞氏之属。《春秋左传·襄公十八年》，晋人执孙蒯于纯留是也。其水东北流，入于漳。故桑钦云：绛水出屯留西南，东入海。漳水又东，冻水注之。水出西发鸠山，东迳余吾县故城南。汉光武建武六年封景丹子尚为侯国。冻水又东，迳屯留县故城北。《竹书纪年》：梁惠成王元年，韩共侯、赵成侯迁晋桓公于屯留。《史记》赵肃侯夺晋君端氏而徙居之，此矣。其水又东流，注于漳。故许慎曰：水出发鸠山入河，从水，东声也。

漳水又东北，迳壶关县故城西，又屈迳其城北，故黎国也，有黎亭。县有壶口关，故曰壶关矣。吕后元年，立孝惠后宫子武为侯国。汉有壶关三老公乘兴上书讼卫太子，即邑人也。

县在屯留东，不得先壶关而后屯留也。

漳水历鹿台山，与铜鞮水合。水出铜鞮县西北石磴山，东流与专池水合。水出八持山，东北流，入铜鞮水。铜鞮水又东南，合女谏水。水西北出好松山，东南流，北则苇池水，与公主水合，而右注之，南则榆交水，与皇后水合，而左入焉。乱流东南，注于铜鞮水。铜鞮水又东，迳李憙墓，墓前有碑，碑石破碎，故李氏以太和元年立之。其水又东迳故城北。城在山阜之上，下临岫壑，东西北三面阻涧，广袤二里，世谓之断梁城，即故县之上虒亭也。铜鞮水又东，迳铜鞮县故城北，城在水南山中，晋大夫羊舌赤铜鞮伯华之邑也。汉高祖破韩王信于此县。

铜鞮水又东南流，迳顷城西，即县之下虒聚也。《地理志》曰：县有上虒亭、下虒聚者也。铜鞮水又南，迳胡邑西，又东，屈迳其城南，又东，迳襄垣县入于漳。

漳水又东北流，迳襄垣县故城南，王莽之上党亭。

——《水经注·漳水》

延展阅读

《元和郡县志》

S 本书原名《元和郡县图志》，唐代李吉甫撰，是中国现存最早又比较完整的地理总志。原本四十卷，另有目录二卷，共四十二卷。《元和郡县图志》以贞观（627—649）时划分的十道为纲，配以宪宗时的四十七镇，每镇有图，冠于叙事之前，然后分别记述各镇所属州县的等级、地理沿革、四至八到、贡赋、古迹、山川形势、盐铁、垦田和军事设置。及至宋代，该书的图和目录均已亡佚，所以宋陈振孙《直斋书录解题》改称之为《元和郡县志》。

《读史方舆纪要》

顾祖禹　著

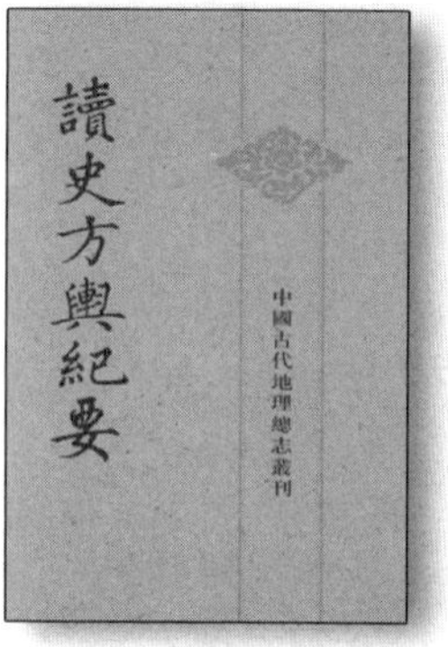

关于作者

顾祖禹（1624—1680），字景范，自署为常熟人，实则世居无锡宛溪，故自号宛溪，人亦称之为宛溪先生。

顾祖禹自幼聪颖过人，好学不倦，背诵经史如流水，且博览群书，尤好地理之学。顺治元年（1644），清兵入关，顾祖禹随父避居常熟虞山，长期躬耕授业，隐居不仕。他愤恨明末官吏无能，有“关河之险”而不能守，于是自顺治十六年（1659）始，他一边教私塾，一边开始《读史方舆纪要》的著述。康熙年间，虽曾应徐乾学再三之聘，参与《大清一统志》的编修，但他坚持民族气节，不受清廷一官一职，书成后甚至拒绝署名。在此期间，顾祖禹利用工作之便，遍查徐氏传是楼藏书，为《读史方舆纪要》的修撰积累了大量资料。经过 20 多年笔耕不辍的奋斗，终于在其 50 岁的时候完成了这部举世闻名的历史地理巨著。

荐读理由

清代地理著作佳作频出，其中，清初顾祖禹独撰的《读史方舆纪要》集前人之大成，被誉为“千古绝作”“海内奇书”。

《读史方舆纪要》是一部记叙地理沿革、战争形势的历史地理专著，它不仅是历史地理研究者必读之书，也是历史研究者不可缺少的重要史籍。因其编写体例便于翻检，也可以作为一部历史地理方面的工具书使用。全书130卷，附录《舆图要览》4卷，共280余万字。它按照明末行政区划分区叙述历史地理沿革，详记史实，大体可以分作四个部分：

第一部分，《历代州域形势》9卷。按历史顺序编排，记唐虞三代、春秋战国、秦、两汉、三国、晋、南北朝、隋、唐、宋、元、明各朝之方国、州、郡、府、县等政治区划和沿革，使“学者一展玩而州域之分合，形势之重轻，了然于中，然后可以条分缕析，随处贯通”。

第二部分，南北直隶十三省。分省纪要114卷，记直隶、江南、山东、山西、河南、陕西、四川、湖广、江西、浙江、福建、广东、广西、云南、贵州等省内的州、县、山、川、关、卫的位置和原委。每省卷首都冠以概论形势的总序一篇，论其在历史上最重要之点，务使全省形势了然。各卷论述，均自撰纲目，自作注释。每府亦仿此例，而所论更是分析详密。每县则记辖境内主要山川、关隘、桥、驿及城镇等。

第三部分，《川渎》6卷。采录历代地理书中对于山川、江河的记载，“以川渎异同，昭九州之脉络也”。

第四部分，天文《分野》1卷，列历代史志有关各地星宿分野之说。

附录《舆图要览》4卷，则自京师各省、边疆漕运以至海洋等，都有图表，“以显书之脉络”。

与其他地理学著作相比，本书确有其独特之处。概括来说，主要表现在以下诸方面。

首先，选材得当，体裁新颖。与一般地方志不同，《读史方舆纪要》着重记述历代兴亡大事、战争胜负与地理形势的关系。历代州域形势以朝代为经，以地理为纬；分省纪要则以政区为纲，朝代为目。全书经纬交错，纲目分明，且自作自注，叙述生动，结构严谨，读之趣味无穷。

其次，具有浓厚的军事地理色彩。作者在书中详细记载历代兴亡成败与地理环境的关系，每叙述某一地理实体时，必穷根究源备述其军事上的地位和价值，而对名胜古迹的记载则相对简单得多。难怪张之洞认为“此书专为兵事而作，意不在地理考证”。梁启超也认为，“景范之书，实为极有别裁之军事地理”。

再次，注重人地关系的辩证思维。尽管本书以研究天险地利为主，但其中始终贯穿着天险地利只是成败得失的从属条件，而决定的因素还在于社会和人事的正确思想。坚持人地关系的辩证思维，是本书大放异彩的重要原因之一。

最后，注重经世致用。顾祖禹在论述各地的地理形势时，尽量做到以地理条件为印证，使历史成为地理的向导、地理成为历史的图籍，互相紧密融汇。全书对于有关国计民生的多写，无关的少写，详人之所略，略人之所详，这也是《读史方舆纪要》有别于其他地理著作之处。

《读史方舆纪要》长期以来由于内容丰富、地名齐全、考订精详、结构严密，不但胜于唐代成书的《元和郡县图志》、宋代成书的《太平寰宇记》，而且超越明代成书的《寰宇通志》《大明一统志》。若与清代历史地理巨著、官修的《大清一统志》相比，也毫不逊色。如果您想了解中国古代历史地理、军事地理和经济地理，那么本书将是一本不可或缺的重要参考书。

先睹为快

昔在神禹克平洪水之灾，作为《禹贡》，孔子删《书》，列于《六经》。其并传者，又有《山海经》，其词迂诞。太史公曰："言山川者，断自《禹贡》。"允矣。

自禹以神圣平成天下，传之子孙，其支庶列为伯侯。其在《商颂》曰："韦顾既伐。"说《诗》者曰："顾亦桀党也。"呜呼！桀之暴虐，天下皆知弃之，顾为同姓国，葛藟相庇，宗社无陨义也。汤欲倾夏，则不得不先翦顾，顾亡，而夏随之矣。然则顾非党于桀也。后有弃其宗祀，献符瑞于仇雠之庭者，是则顾之罪人也已。自汤伐顾，而顾遂微于商周之世，及汉兴，始得姓于江淮之南。盖少康封少子于会稽，以奉禹祀。至春秋时，越子允常而始大。其子勾践，遂以其国霸，灭吴而有其地，通盟于上国。又数传为楚所灭，子孙窜处于江南，各保城邑，自为君长。而海阳侯以灭秦诛项功，分符汉室，五传侯绝。侯之子孙，皆以顾为姓，保氏族于江南。

及吴丞相雍以功名显，累传以降，皆有功德文章载在史册。至黄门侍郎野王，则以著述显于梁陈之际。所著书数百卷，而《舆地志》尤见重于世，至今学者犹宗师而俎豆之。由隋唐以迄两宋，子孙代有名人，而征君原九于宋端平元年，由临安避地梁溪，耕读于宛溪之上。子孙奉遗命，历元世皆隐居不仕。

明成化中，徵侍郎允敬，始官于朝。曾孙光禄丞大栋，当嘉靖间，好谈边徼利病，跃马游塞上，与大司马灵宝许公论善，撰次《九边图说》，梓行于世。子奉训大夫文耀，万历中以光禄大官正奉使九边，还对，条奏甚悉，天子称善。文耀生郡诸生龙章，早卒。龙章生柔谦，九岁而孤。好读书，补邑弟子员，深慨科举之学，不足裨益当世，慨然欲举一朝之典故，讨论成书。年及强壮，而遘流寇之变，遂遁入山，焚笔瘗砚，率子祖禹躬耕于虞山之野。久之益穷困，愤懑无聊，得奇疾。将卒，呼小子命之曰：“吾家自两汉以来，称为吴中文献，先代所著述，小子可考而知也。士君子遭时不幸，无可表见于世，亦惟有掇拾遗言，纲罗旧典，发舒志章，昭示来兹耳。尝怪我《明一统志》，先达推为善本，然于古今战守攻取之要，类皆不详。于山川条列，又复割裂失伦，源流不备。夫以一代之全力，聚诸名臣为之讨论，而所存仅仅若此。何怪今之学者，语以封疆形势，惘惘莫知。一旦出而从政，举关河天险委而去之，曾不若藩篱之限，门庭之阻哉！先光禄在世庙时，彷徨京邑，岌岌乎有肩背之虑。图论九边，以风示谋国者。先奉训当神庙中，四方无虞，以边备渐弛，伏戎可虑，先事而忧，卒中忌讳，仕不获振。先文学请缨有志，揽辔无年。及余之身，而四海陆沉，九州腾沸，仅获保首领，具衣冠，以从祖、父于地下耳。嗟乎！园陵宫阙、城郭山河俨然在望，而十五国之幅员，三百年之图籍，泯焉沦没。文献莫征，能无悼叹乎！余死，汝其志之矣！”小子匍匐呜咽而对曰：“小子虽不敏，敢放弃今日之所闻？”

卒一年，而祖禹以疾发。又三年疾愈，不揣愚陋，思欲远追《禹贡》、《职方》之纪，近考春秋历代之文，旁及稗官野乘之说，参订百家之志，续成昭代之书，垂之后世，俾览者有所考镜。而贫贱忧戚，杂乱其中，上之不能涉江逾河，登五岳，浮沅湘，探禹穴，穷天下之形势；次之不能访求故老，参稽博识，因以尽知天下险易扼塞之处；下之不能备图志，列史乘，不出户而周知山川城郭里道之详。惟是守残抱缺，寤叹穷庐，吮笔含毫，消磨岁月，庶几无负先人提命之意。若以语于著作之林，余小子夫何敢！

延展阅读

《大清一统志》

穆彰阿、潘锡恩等编纂。

《大清一统志》是清朝官修地理总志。清代编修《一统志》前后凡三次，第三次修始于嘉庆十六年（1811），成于道光二十二年（1842），又名《嘉庆重修一统志》，穆彰阿等修，共560卷，另加凡例、目录2卷。《嘉庆重修一统志》进行了增补，不仅仅是嘉庆二十五年（1820）以前的清代地理总志，而且也包含了以往各代的地理志内容，它不仅为研究清史提供了许多宝贵的资料，也是研究中国历史、地理的重要参考书，其价值超过了以往任何一部地理总志。

《布局天下：中国古代军事地理大势》

饶胜文　著

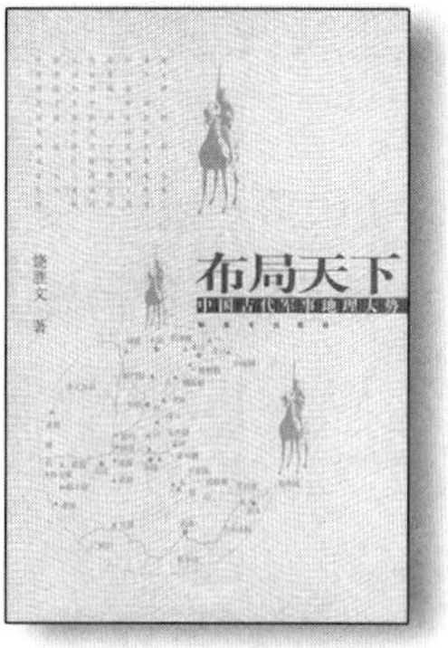

关于作者

饶胜文，1969 年生于湖北孝感，1999 年毕业于北京师范大学历史系，现执教于中国石油大学（北京），主要从事军事历史、军事地理及战略思想文化研究。

他读史论史，自溺于一种“裁冰及剪雪，谈笑看吴钩”的趣味与情怀，留意兴亡大略，潜心治乱兴衰。曾获 2002 年中国石油大学校级优秀教师。主要著作有《布局天下：中国古代军事地理大势》（2004 年获“第五届中国人民解放军图书奖”）、《九一八：事变背后的角力》等。

荐读理由

由于对地理的无知而付出的代价是绝对难以计算的。

——英国地理学家霍尔迪奇

中国地理环境是中国历史展开的舞台。历史上的一幕幕兴衰成败的大剧都跟这个舞台密切联系在一起。纵观历代战争，虽说时势不同，但地理形势所蕴含着的攻守要点作为最基本的形势却发挥着一以贯之的作用。历史上，有多少英雄豪杰，因不懂天下大势虽称雄一时，而终归失败。因此从军事角度考察分析中国地理历来受到了古人的重视。

在我国古代历史遗产中，论军事地理大势者，代有所出，蔚为大观。从《孙子》十三篇，到贾谊《过秦论》；从诸葛亮《隆中对》，到杜佑《通典·兵典》；从李吉甫《元和郡县图志》，到顾祖禹《读史方舆纪要》，等等。我们可以看到：不论是从军事、政治、地理着眼，还是从某一局部的发展着眼，抑或是从总揽全局着眼，军事地理大势都是人们说不尽道不完的话题。作为一本历史军事地理著作，《布局天下：中国古代军事地理大势》是目前我国研究军事地理的最重要著作之一，该书从一个全新的角度探讨中国古代军事地理大势，对于读者朋友深入认识中国历史上的历代兴亡，具有很强的参考价值。

本书的一个鲜明特点，是把中国古代军事地理大势形象地概括为“棋盘型格局”。全书内容亦由此而展开。因有“棋盘型”，乃有“四角”的分析，即关中、河北、东南、四川；乃有“四边”的阐述，即山西、山东、湖北、汉中；乃有关于“合天下之全势”的中原的认识。全书从地理形势、军事成败入手，最后落实到政治局面的变化，即历史上统一与分裂的成因及其类型。概而言之，全书由地理而言军事，由军事地理而论政治得失。

这样的结构，这么重要的内容，在这本20多万字的著作中，不可能详加论述，只能是“布局”之梗概、“大势”之要略。尽管如此，作者在一些具体论述上还是作了比较深入的分析，如其论河北攻守的三个层次、论湖北的三个重心、论汉中东西延伸的特点，以及论四川攻守之稳固的形势、论东南何以形成保据之最佳形势等，都是根据古代军事态势、攻守得失以及前人所论而经过认真思考提出来的，别有新意。

其中最精彩的莫过于“统一与分裂”。在这一章中，作者在吸收王夫之学说的基础上，进一步阐释了中国历史分裂的类型和统一的轨迹等问题。例如，作者别出心裁地从社会权力结构的角度解释了土崩与瓦解两种分裂形式，进一步把分裂的局面分为南北对峙、东西对抗、三足鼎立、四分五裂等几种类型，论证之严密，说理之充分，让人叹服。

朱熹在《朱子语类》中这样教他的学生读史：“读史当观大伦理、大机会、大治乱得失。”那么，怎么才能知天下大势，明历代兴亡呢？古代军事地理无疑是一个最好的切入点。作为介绍中国古代军事地理大势的通俗读本，本书值得读者一读。

先睹为快

中国古代军事地理格局乃是一种棋盘型格局。

从军事地理的角度来看，中国的地理格局就像一个不规范的围棋盘。在这个不规范的围棋盘上，关中、河北、东南和四川是其四角，山西、山东、湖北和汉中是其四边，中原为其中央腹地。

中国的地域虽然辽阔，但在历代战争中起决定性作用的却主要是上述九大地域。大体上分布在中国地势第二级阶梯和第三级阶梯上。

这里所说的起决定性作用，主要是指在历代战争中，上述九大地域的重要性往往关系到天下的统一与分裂、关系到一朝一代的兴与衰，或者，在中原政权与塞外游牧民族之间的战争中关系到中原政权的存与亡。

王夫之曾论及王朝衰亡的两种形式：一种是土崩，一种是瓦解……大体说来，瓦解意味着全面的混乱和无序，持续的时间通常比较短，重建新的统治秩序通常也比较快；土崩则意味着在整体的秩序崩溃之后尚有局部的秩序保存，其衰亡往往要持续一个较长的时间过程，新的统治秩序和新的统一局面的重建也往往要经历一个较长的时间过程。秦、新、隋和元的灭亡便属于瓦解，东汉、西晋、唐和宋的衰亡则属于土崩。

至于为什么会出现这两种不同的形式，原因当然是复杂的。下面，我试着从社会权力结构的角度提供一种解释。

一般说来，那种专制程度比较高的朝代在统治秩序解体之后，容易出现瓦解的局面。这种朝代高度专制的统治往往制造了一个权力结构单一的社会，在最高统治层与最下层民众之间，缺少与皇权分享权力的中间势力。其暴虐的统治遂在最高统治层与最下层民众之间造成了最直接的矛盾……一旦它的统治因某种原因而削弱，稍有导火线，即可导致矛盾的普遍爆发，结果其皇权遭到的是普遍的反对。所以，它在整体的秩序解体之后，连局部的秩序也没法维持，因而出现王夫之称之为瓦解的那种普遍的动荡和混乱。

……

而那种专制程度不高、或是其专制因某种原因受到削弱的王朝，在其统治秩序解体之后，容易出现土崩的局面。这种朝代的统治秩序中存在与皇权分享权力的中间势力，这种中间势力既是削弱皇权的力量，也是维系皇权的力量。在皇权受到挑战时，这种中间势力可以起到缓冲和分散矛盾的作用。这样的朝代，即令整体的秩序解体了，但那些中间势力尚可维持或建立局部的秩序。这种势力作为政治上的离心力，若与地理上的离心力结合起来，往往导致分裂割据的局面。

延展阅读

《必争之地：古今军事地理文化要览》

孙超著。

残破的城垣、荒凉的小岛，如果不是战火的燃烧，很少会有人注意到这些荒凉之地。繁华的城市、阳光明媚的海滩，忙碌和安逸的背后谁会想到这里曾经的寸土必争？本书带你走进一段历史，感受曾经的金戈铁马；踏入曾经的战场，了解什么叫必争之地。这里让人感觉到荒凉，这里让人感觉到阴沉，只因这里流过太多的鲜血，只因这里吞噬了太多鲜活的生命。是什么让这里成为一块国殇之地？是什么让这里成为一片悲戚之所？本书将带您走进这些兵家必争之地，感受这里散发出的悲壮与峥嵘；回味战争历史，探寻逝去的血雨腥风。

《无所不在的伟力——地理环境与中国政治》

吴松弟 著

关于作者

吴松弟，1954 年生，浙江泰顺县人。1982 年毕业于东北师范大学历史系，次年考取复旦大学中国历史地理研究所研究生，1986 年获历史学硕士学位，留所工作，1992 年获历史学博士学位，现为该所副教授。主要研究中国经济史和历史经济地理。著有《无所不在的伟力——地理环境与中国政治》《中国古代都城》《简明中国移民史》(与他人合作)《北方移民与南宋社会变迁》等著作，以及有关宋代经济史与中国东南地区历史地理的论文多篇。

荐读理由

为什么我国兄弟民族多居住在边疆地区？

为什么居住在边疆地区的兄弟民族经常与汉族建立的王朝发生武装冲突，甚至建立了元朝、清朝等统一王朝？

既然周边民族和汉族经常发生武装冲突，为什么中华民族大家庭没有分裂，我国一直是统一的多民族国家？

……

诸如此类的“为什么”，足可以罗列出成百上千。这些问题，都直接或间接地与地理环境有关。古人在议论天下大事时，常有“天时不如地利，地利不如人和”的感叹。“地利”即地理环境、自然条件与军事形势。可见，古人把地理环境与时机、群体的团结和主观努力并列为争夺天下、巩固天下的三大要素。生动形象的比喻，十分贴切地道出了地理环境与社会发展、政治嬗变的密切关系。

但是，长期以来，由于种种原因，关于地理环境对社会发展、政治嬗变的影响，人们往往讳莫如深，甚少论及，偶有的论述也只是人云亦云，不敢越雷池一步。近年来，人们终于能够面对现实，实事求是地探讨地理环境与社会发展、政治嬗变的关系，各类文章层出不穷，呈现出一派生机勃勃的景象。吴松弟先生的《无所不在的伟力——地理环境与中国政治》一书就是其中较为新颖、全面的一种。

本书最大的亮点在于理论上的突破。作者认为：“地理—经济—政治”的影响机制，无疑是地理环境影响政治的主要表现形式。这实际上与普列汉诺夫的观点一致：“地理环境决定着生产力的发展，而生产力的发展又决定着经济关系以及随在经济关系后面的所有其他社会关系的发展。”显然，经济在这里已成为联结地理环境与政治的中介或桥梁，地理环境影响着经济，而经济又影响着政治。

与此同时，作者并不否认地理环境对政治的直接影响，例如，国界、国防区域、进军路线等，但这些只是地理环境影响政治的次要方面。不过在人类生活的早期，由于生产力水平的极度低下，地理环境对历史发展的决定性影响却是十分明显的。因此，按照作者的观点，地理环境对社会发展与政治嬗变的影响有两种机制，即“地理—经济—政治”主要但却是间接的影响机制、“地理—政治”次要但却是直接的影响机制。

从这一理论出发，作者运用了自然科学、社会科学、人文科学多学科的理论与方法，特别是从自然空间的全新视角和世界文化圈自然背景的对比研究手段，全方位地审视了地理环境因素对中国政治发展的重大影响。

通过对中国六大政治区域、民族战争、统一的多民族国家的地理特质、历史上南北对立的自然条件，以及历史上政治割据的主要区域等一系列重要问题的分析，作者为我们勾勒出了一幅较为完整的中国政治文化所赖以建立和发展的空间结构，以及这种空间结构与中国政治文化相互作用的复杂而又漫长的历史过程。

在此基础上，作者提出了颇多令人深思的观点和意见。例如，针对我国现在的某些省区面积过大、人口过多的问题，作者认为如能适当缩小省区面积，无疑会提高行政效率，加强对地方的管理，增加决策的科学性。又如，有些省份涵盖了一些地理、农业经济、民俗有较大差异的地区，如果能作适当调整，使省区内的地理环境与经济社会区域大体一致，势必有利于制定区域社会经济发展战略和有关政策。

读完此书，你就会明白地理环境确实是无所不在的伟大的力量，它通过直接或间接的方式，不同程度地影响着古代中国政治领域的许多方面。不仅如此，尽管作用与表现形式有所不同，地理环境在今天、今后仍将对许多中国政治领域产生影响，我们一定要从古代的实践中汲取经验教训，更好地利用地理因素为政治和谐发展、社会长治久安贡献力量。

先睹为快

谁都知道，秦统一以来的两千余年，我国是统一的高度皇权专制主义中央集权制的国家，所谓“溥天之下，莫非王土；率土之滨，莫非王臣”，便是这种状况的写照。一方面，内地农耕社会大多数时间均处于同一个王朝的统一管辖下。尽管这种统一局面曾遭到无数次军阀割据的挑战，经历了三国、东晋十六国和南北朝、五代十国，北宋和辽、西夏对峙、南宋和金对峙等分裂时期，并未导致内地农耕社会一分为二、一分为三或一分为四，分裂的局面维持不了太长的时间。随着时间的推移，中央政权对周边区域社会由政治上施加影响、控制，演变为实行直接的行政管辖，从而实行全国性的高度统一。另一方面，在内地农耕社会实行高度的中央集权，各地大权，集于中央；中央大权，集于皇帝，从而构成塔式的统治体系。地方无论在政治上、经济上、军事上、财政上都要绝对服从中央政府。中央政权在周边区域社会实行直接的行政管辖之后，这种专制主义的中央集权统治也深入到了边疆地区。

在古代世界，找不出第二个像中国那样经历了长期统一局面的国家了。欧洲封建时代分裂为数以百计的诸侯国，意大利、德意志都各自有数十个“公国”和“侯国”。印度在孔雀王朝之后长期处于土邦林立的一盘散沙状态，从没有建成过一统帝国，甚至从来就没有一个民族的专名。日本虽然有“万世一系”的天皇制度，但在封建时代仅是虚置的君主，割据状态延续了近千年。在古代世界，也找不出第二个像中国那样经历了长期极端君主专制的中央集权制的国家。西欧各国仅仅在封建社会结束期间，经历过一段短暂的（至多是二三百年或三四百年）的君主专制时期，便过渡到君主立宪制或民主共和国，君主专制未获充分发展。君主专制较为发达的俄国、德国以及一切东方国家，其专制程度无论如何是不能与古代中国相提并论的。

然而，这种统一的中央集权政治，始终面临着主要来自地方的分裂与分权即分享权力倾向的挑战。尽管历史上分裂局面为期不太长，只占封建时代的一小部分，它毕竟几次重复出现，特别在元之前几次出现统一与分裂相继的周期性现象，所谓“分久必合，合久必分”，即是指这种周期性间歇现象。除了这种较长时间全国范围内的分裂局面，短时期的全国或局部地区的分裂割据现象更代有出现。地方也常向中央要求较大的权力与独立性。统一与高度中央集权就是在与分裂和分权倾向作斗争的过程中不断得到加强的。

为什么中国能建成如此发育、如此持久的高度中央集权制的统一国家？为什么它又会遇到分裂与分权倾向的挑战？在彻底清理沉重的历史遗产的时候，我们不能不注意它的生存环境即古代中国统一与分裂的地理基础，不能不注意地理环境对中央与地方、地方与地方之间关系的影响。

延展阅读

《地理环境与中国古代社会变迁三论》

高凯著。

该书主要探讨了地理环境下的土壤微量元素与中国古代社会变迁的关系问题，具体涉及三个问题：地理环境下的土壤微量元素与匈奴、鲜卑的“收继婚”问题，地理环境下的微量元素与历史时期黄淮海平原文明进程的关系，地理环境与孙吴时期临湘侯国的疾病人口问题。本书内容充实，包含丰富的环境学、地理学等知识。

《汉唐西域与中国文明》

林梅村　著

关于作者

林梅村，中国现代著名考古学家。1956 年 4 月生，祖籍广东，成长于北京。20 世纪 70 年代后期，在史学家马雍门下受业三年。1977 年考入北京大学历史系就读考古学专业，1982 年获得历史学学士学位。毕业分配至中国文物研究所，历任助理研究员、副研究员。

1993 年，林梅村应美国梵学家邵瑞琪教授邀请，赴华盛顿大学从事中亚死文字研究。1994 年，受聘于北京大学考古学系，现为北大考古文博学院教授、博士生导师。2002 年，应日本学术振兴会邀请，赴日进行学术交流，任京都佛教大学客座研究员。2001 年至 2004 年，三赴香港讲授中外文化交流考古，任香港城市大学客座教授。2004 年，应纽约大都会艺术博物馆和普林斯顿大学考古艺术系之邀，赴美作学术演讲。

其研究涉及历史、考古和中亚死语言三个领域。自 1982 年起，他每年都到新疆、青海、内蒙古或甘肃丝绸之路沿线进行实地考察，几乎踏遍天山南北所有重要遗址，多次深入塔克拉玛干沙漠腹地寻访沙埋古城，同时赴瑞典、英国、美国和日本调查流散海外的新疆文物和中亚死语言写卷。

2005 年，作为中央电视台《1405——郑和下西洋》摄制组学术顾问，林梅村实地考察东南亚、中东和土耳其等国郑和史迹。1984 年至今，在英国《伦敦大学东方与非洲学院院刊》、德国《中亚杂志》、日本《古代文化》、中国《考古学报》《文物》《考古与文物》等刊物上发表论文百余篇；在中国和日本出版《古道西风》（北京：三联书店，2000 年）、《丝绸之路与中国文明》（东京：日本放送出版协会出版社，2005 年）等学术专著八部。

荐读理由

西域，一个永远说不完的话题。

在两千多年的历史进程中，西域始终与中国紧密联系在一起，已然成为中华文明不可分割的一部分。没有西域，中华文明将黯然失色很多。从这个意义上说，每一个中国人都有责任了解西域的历史，认清西域的现状，把握西域的未来。

狭义上的西域是指玉门关、阳关以西，葱岭（即今帕米尔高原）以东，巴尔喀什湖东、南及新疆广大地区。目前市场上介绍西域或新疆地理、历史的书籍可谓汗牛充栋，数不胜数，但集科学研究、知识普及和旅行笔记于一体者则少之又少。林梅村先生的《汉唐西域与中国文明》就是其中的经典之作。

《汉唐西域与中国文明》共收录了作者从 1993 年到 1996 年之间的研究成果，全书约 35 万字，共四编 28 篇文章。

第一编“中原与西域诸文明的最初接触”，包括《帝辛甲骨所见殷宫秘史》《商周青铜剑渊源考》《祁连与昆仑》《吐火罗人与龙部落》《狮子与狻猊》《天禄辟邪与古代中西文化交流》《从考古发现看火祆教在中国的初传》七篇文章。该编从不同角度介绍了中国与西域文明最初接触的历史，其中具有许多开创性的观点，如《帝辛甲骨所见殷宫秘史》，作者综合利用多种资料，特别是小臣墙刻辞等甲骨文资料，严密地论证了中国与世界其他古代文明的最早接触在遥远的青铜时代就已经开始。在《吐火罗人与龙部落》中，作者根据“大月氏是讲吐火罗语的游牧人”这一线索，破译了大月氏故乡的地名，对大月氏人的来龙去脉作了详细的研究，取得了突破性的进展。

第二编“西域胡语新论”，包括《古代大夏所出丘就却时代犍陀罗语三藏写卷及其相关问题》《中国境内出土带铭文的波斯和中亚银器》《固原粟特墓所出土中古波斯文印章及其相关问题》等七篇文章。这些文章对西域地区的语言进行了卓有成效的研究，取得了丰硕的成果。

第三编“塔克拉玛干沙漠考古记”，包括《汉唐和田河的古代交通》《疏勒佛教考古概述》《汉代精绝国与尼雅遗址》《楼兰国始都考》《楼兰鄯善王朝的最后居地》等七篇文章。这些文章从不同侧面为我们展现了作者在西域考古的经历，其中的某些篇章，如《汉唐和田河的古代交通》，既有精准的考据、严谨的论证，还有充满欢声笑语和扣人心弦的冒险经历，语言生动、精彩、引人入胜，读起来既富有知识性，也不乏趣味性。

最后一编“从洛阳到印度及罗马之路”则介绍了从洛阳到印度、罗马的丝绸之路，包括《中国与罗马的海上交通》《麻沸散与汉代方术之外来因素》《从突骑施钱看唐代汉文化的西传》等七篇文章。其中最引人注目的莫过于《中国与罗马的海上交通》一文，作者从浩如烟海的历史文献中复原了从罗马到中国的古代航线，并雄辩地指出“这段航线东段的开辟与战国秦汉以来中国方士入海求仙不无关系”。

另外，书中附有许多精美的插图和地图，为读者朋友阅读本书打开了便捷之门。在一定程度上也为此书增强了可读性。

总之，作为一本集科学研究、知识普及与旅行笔记于一体的经典之作，《汉唐西域与中国文明》对于开阔视野、加深对西域地区的认识具有积极作用。有兴趣的读者不妨试着读一读，也许会有意想不到的发现。

先睹为快

历史上塔克拉玛干沙漠中曾有几条发源于昆仑山的季节河可在洪水期贯穿南北注入塔里木河或深入沙漠腹地，例如：且末县的且末河、民丰县的尼雅河、于田县的克里雅河等。由于气候变化，昆仑山的雪线升高，植被逐年减少，这些发源于昆仑山的河流水量减少，导致下游绿洲的死亡。克里雅河下游的打弥、尼雅河下游的精绝以及且末河下游的且末等古代绿洲王国就是因此而衰亡的。目前只有和田河能在洪水期穿过沙漠，与南下的阿克苏河及西来的叶尔羌河汇流形成塔里木河。和田河上游有东西两源，西源称喀拉喀什河（意为“墨玉河”），发源于喀拉昆仑山脉的喀拉塔格山北麓，年径流量达 21.9 亿立方米；东源称玉龙喀什河（意为“白玉河”），发源于昆仑山脉慕士塔格山南麓，年径流量 22.9 亿立方米。两河在墨玉县吐孜鲁克奥塔克乡的库西拉希（今阔什拦干）汇入主流和田河。和田河源流相加，全长 563.5 公里，年径流量达 44.8 亿立方米，最后在阿克苏地区阿瓦提县博斯坦乡老甘草场东北（今新疆建设兵团农二师 16 团 4 营 2 连驻地附近）注入塔里木河。和田河虽有泉水 47 处，但水源主要靠山间冰雪消融供给。洪水期和枯水期的径流量悬殊较大。每年 6—8 月玉龙喀什河流量占全年流量的 80.6%，喀拉喀什河则为 73.4%。10 月初，和田河进入枯水期，10 月中旬河床基本被晒干，河床上可以通车行人，所以，我们的考察时间选在 10 月中旬。

……

我们这天的目的地是和田河末流 16 团老甘农场。当地人称这段和田河为“嘎兹达里亚（鹅河）”。在博斯坦村一位维族向导的带领下，我们终于在夜幕降临之前到达鹅河西岸。这时河水已退，但河床尚未干透。我们在靠近河岸较干的河床上安营扎寨。10月中旬的塔里木盆地昼夜温差很大，白天最高气温达摄氏20~22度，夜晚最低气温降至摄氏0~1度。我们架起篝火迎接和田河考察的第一夜。和田河两岸是茂密的原始胡杨林，常有羚羊、野猪、野兔、麋鹿出没。据说，这片森林还有野狼，所以我们派人守夜，维持篝火。于是，八名队员轮流担当这一夜的“骑士”。

延展阅读

《西域文明：考古、民族、语言和宗教新论》

这是作者的另一部精品。

本书是从作者20世纪90年代初在英国、日本和国内学术刊物上发表的40余篇论文中挑选出来集结而成的。全书分为“11世纪前中国与西方诸文明的对话与交流”“丝绸之路上的古代语言”“西域考古与历史研究”和“世界五大宗教在中国”四编，集中反映了作者从事西域文明研究的成果。

《人文大国：影响世界历史的大国与人文精神》

倪健中 著

关于作者

倪健中，1959年出生。浙江大学（原杭州大学）中文系毕业。中国移动通信联合会创始人之一，现任该会副会长兼秘书长，同时担任中国质量认证中心管委会副主任，文化部进口游戏审查委员会委员，中国互联网协会创始理事，北京泛亚太经济研究所执行所长。曾主编有大型政论丛书《国是论衡》、大型企业研究丛书《中国脊梁》及《信息网络词典》，参与编写有《领导干部信息网络化知识读本》和《国家信息安全报告》等著作，并担任总策划。

《国是论衡》系列丛书包括《海洋中国》《首都中国》《风暴帝国》《国家地理》《人文大国》《人文小国》等十余部著作。“国是论衡”取东汉王充“铨轻重之言，立真伪之平”的《论衡》之意。该丛书以追求富国强民的真理为宗旨，全面系统地介绍了中国和世界。无论是形式还是内容，都与街头俯拾皆是的休闲生活读物形成强烈的反差，严肃得要你洗手静心专辟时间才能看。可是它现在也“普及”到市面上了。面对风雨频繁的中国历史，匹夫有责的报国心永远是民间不衰的话题。

荐读理由

“海水呀，你说的是什么？”

“是永恒的疑问。”

“天空呀，你回答的话是什么？”

“是永恒的沉默。”

——泰戈尔

如果我们接着诗人的思路再问一句：

“世界呀，你暗层下面涌流的是什么？”

“是透视世界历史的大国秉性。”

所谓大国秉性，是指对世界历史产生深远影响的大国的人文精神，也就是我们所说的国民性。每个国家和民族都影响着世界历史的发展，但不同的国家产生影响的程度不同，一个或几个大国在某一时期往往对世界历史的发展起着主导和决定作用。那么，它们靠什么去影响呢？秉性，大国秉性。英勇尚武的俄罗斯人喜欢用拳头说话；严谨细致的德国人用机械驱动世界；笃信宗教的印度人在世界各地传播爱与美食；热情奔放的巴西人带给世界的是激情与快乐。不同的国家有不同的秉性，带给世界的也是完全不同的影响。

大国的秉性对世界历史的转变、发展有着惊人的作用。以我们大家所熟知的犹太人为例，他们对世界的历史、格局、命运产生了常人无法估量的影响。众所周知，犹太人是一个令人尊重的民族；犹太人的国民性有两点：智慧和理财。

论智慧，犹太人几乎撑起了现代科技与哲学的发展。从科学技术角度看，有相对论的创立者爱因斯坦、“计算机之父”冯·诺伊曼、量子力学的奠基人波尔、“原子弹之父”奥本海默等；从社会思想来看，有现代经济学的创立人大卫·李嘉图、共产主义的创始人马克思、心理大师弗洛伊德等；从文化艺术界看，有浪漫主义诗人海涅、天才音乐家门德尔松、“现代艺术之父”毕加索等；在政治、外交领域，犹太人更是纵横捭阖，充分运用自己的智慧影响着世界历史的进程。

论理论，这个世界上没有第二个民族能与犹太民族抗衡。犹太民族操纵着世界经济，占美国人口比例不到2%的犹太人支配着美国的经济。以至于有种说法，犹太银行家在家里不小心打个喷嚏，全世界的银行都会感冒。日本人藤田曾讲：“战后日本经济的成长，确实令人鼓舞，但是把日本经济扶持到这一步的是犹太人。因为犹太买主从日本大量订货，日本才因此而积累了大量美元，走上了富裕之路。”

在犹太人以其智慧和理财能力改变世界的同时，其他大国也以各自的方式改变着世界。关于大国秉性与人类文明和世界历史互动的故事数不胜数，如果您想知道更多的故事，那么请您务必细细研读本书。全书共80多万字，以精练的语言、严谨的结构把众多纷繁复杂的大国故事和人文秉性娓娓道来，给人以知识的洗礼、思想的冲击和深深的思考。相信读者在阅读本书后，定会有所思、有所想、有所收获。

本书分上下两册，共14章，详细介绍了对世界历史进程产生重大影响的14个大国。其中上册从亚洲开始，先后介绍了东西合璧日本人、奇异文明印度人、“天方夜谭”阿拉伯人、智慧神秘犹太人、黑黑白白南非人、花花绿绿澳大利亚人、大气泱泱俄罗斯人；下册从欧洲开始，先后介绍了绅士淑女英国人、血统崇拜德国人、浪漫情怀法国人、上天入地意大利人、自由奔放美国人、枫叶国度加拿大人、狂欢极乐巴西人。

俗语说：一沙一世界，一花一天堂。同样，一本好书也可以改变一个人，改变他对世界的认知和评价。请以本书验之。

先睹为快

50年，弹指一挥间。

按理，不该忘的永不能忘，也不会忘。

然而，有人却装疯卖傻——“这是真的吗?”

绝大多数有头脑的人却不会忘。

两位德国总理跪在受害国的土地上深深忏悔；

某些首相、大臣却为军国幽灵缠身，跪在靖国神社前忏悔，“欲说还羞”。

倘若真的“害羞”，何必当初！

篡改教科书、把“慰安妇”问题说成“商业问题”……何羞之有？何耻之有？

“无耻之徒”！

战争罪行，竟成了挑逗军国主义瘟神，开展外交交易的资本！

“往则往矣”，覆水难收，没有人想再打一次世界大战，侵略“侵略者”。

但历史绝不能重演！

——《人文大国·东西合璧日本人》

印度的历史，就是一部外来民族入侵史。

有人说，现代印度人几乎人人血统混杂，以至于分不清什么种族了。

几千年间，侵略者的人潮后浪追前浪，雅利安人、波斯人、马其顿人、阿拉伯人、突厥人、蒙古人、葡萄牙人、荷兰人、法国人、英国人，几乎凡有“劣迹”的民族，都想到这里圆东方梦。

19 世纪，马克思“哀其不幸，怒其不争”地写道：

“印度社会根本没有历史，至少是没有为人所知的历史。”

实际上，印度的文明太丰富了，简直成了人类文明的博览会。

尼赫鲁说：

“印度多种多样性是惊人的！”

这决不夸张。

但印度人并未陶醉在丰富多彩的过去，用萨拉夫的话说：他们正在“建立一个崭新的未来!”

真正的印度基调不是泰姬·玛哈尔陵，不是大象，不是耕牛背后颇有耐心的农民，而是在辽阔的土地上充满活力的人流。正是在这个人流之中，人们看到了印度的色彩、变化多端和蜜蜂般的忙碌，同时也感到了它的力量、生气和宏伟。

印度自古就是地理上的一个桌球袋，一个终点，一个定居地，而不是一个补给站。宗教的约束连同地理上的约束，至今还把它的人民限制在它的地界之内不得迁移。这地界是有形的，也是无形的——即它那奇异丰富、源远流长的民族文化。

在印度这张网内，存在着一种特殊的异质性，它是一幅由各种文化、语言、饮食、神祇和服饰组成的织锦画。

——《人文大国·奇异文明印度人》

延展阅读

《大国的兴衰》

〔美〕保罗·肯尼迪著。

《大国的兴衰》一书总结了公元 1500 年以来大国兴衰的历史，并对“今后世界政治的格局”作了预言。当中国准备在 21 世纪“和平崛起”之际，这本书显然是很值得国人一读再读的。

《人文小国：小国的地缘支点与人文精神》

倪健中 著

关于作者

见《人文大国：影响世界历史的大国与人文精神》之“关于作者”。

荐读理由

The small is the beautiful.（小的就是美好的。）

这是英国学者舒马赫20世纪70年代所写的一本书的名字，也是贯彻全书的核心思想。他认为企业的小型化经营既灵活，又符合自然的本性，因而是美好的。其实不仅小的企业是美好的，小的国家及国民性也是美好的。中国古代圣人老子的“小国寡民”思想就是对其最好的诠释。“小国寡民。使有什佰之器而不用，使民重死而不远徙。虽有舟舆无所乘之，虽有甲兵无所陈之。使民复结绳而用之。甘其食，美其服，安其居，乐其俗。邻国相望，鸡犬之声相闻，民至老死不相往来。”短短75个字，把一个地域不大、人口不多的“甘其食，美其服，安其居，乐其俗”的社会理想勾勒出来，百字精妙，非美而何？

国民性这一影响国力的重要因素是一种渗透在全体人民中的无从看见的精神，它为大家所共有。各民族的差异，它们的伟大和卑劣，它们的全部气质都来自这种精神，这种国民性。大国有大国的国民性，小国亦有小国的国民性。小国的国民性有它自身的特征，概括起来有这样几点：

首先，惊人的灵活性和适应性。小国由于其领土小、人口少，军事防御力量弱，为了生存，便磨炼出一种能屈能伸的国民灵活性。这种灵活性不是软弱的表现，而是刚强的特殊表现形式。

其次，特有的顽强性。由于实力弱小，小国经常受到大国的侵扰，小国人民进行了长期不屈不挠的反抗，形成了顽强的抗争性。

再次，强烈的自由、主权意识以及对平等权利的渴望。由于历史上备受大国欺凌，中小国家有一种天然的自由平等理念与意识。正如匈牙利诗人裴多菲的呐喊："生命诚可贵，爱情价更高。若为自由故，二者皆可抛。"

最后，清晰的民族认同感。小国对于自己民族、自己国家的特征有着比大国、大民族更强烈、更直接、更明确的认同。在历史的变迁中，小国比大国对世界局势的变化更为敏感。为了使自己民族在历史发展中不至于失掉自己的特征，小国经常会不断强化民族认同感。

人们容易看到大国的贡献，甚至大国一个微不足道的贡献也被神化为一个创造。而对于小国，对于它们的创造和成就往往不给予重视，甚至不愿意承认。实际上，小国在世界历史的进程中一直起着十分重要的作用，小国的贡献令人惊叹，甚至连上苍都会为之肃然起敬。

君不见，牙买加的飞人们一次又一次冲击着人类的速度极限；君不见，奥地利人一手打造了世界音乐之都；君不见，巴勒斯坦人在夹缝中求生存，从来都未屈服；君不见，瑞士在动荡的欧洲站稳脚跟，甚而成为和平的代名词……

历史是如此庞大复杂，"君不见"小国的精彩数不胜数。出于这种考虑，本书为您详尽而精彩地阐述了小国的人文精神和国民性，希望能帮助您更好地了解那些被遗忘的小国和它们的历史、现在与未来。

本书分上下两册，共 17 章，90 余万字。其中上册从亚洲开始，为您讲述了世界为之下赌注的东亚人、喜马拉雅山南边的混合型的南亚人、马背上孕育文明的中亚人、富裕而多事的西亚人、鲜为人知的中非人、走向成熟的西非人、是是非非难以评说的东非人和阿拉伯文化孕育的北非人；下册则分别介绍了种族主义阴影下的南部非洲人、居住在地球一隅的北欧人、敏感乐观的中欧人、西欧“四小龙”的“龙民”们、几家欢乐几家愁的东南欧人、漂泊在太平洋上的大洋洲人、摆脱殖民阴影的南美人、色彩纷呈的中美洲人以及历史陈迹中的西印度群岛人。

《人文小国：小国的地缘支点与人文精神》折射出了历史星空中弱小民族的人文光芒，是咀嚼小国国民性的可靠读本。那么，还等什么呢？请跟随作者的讲述，在夜深人静之时，进入那茂密的小国人文之林，去领略东亚人的细腻、美洲人的浪漫、非洲人的质朴……

先睹为快

苏丹，一个金色的国度。

英国学者巴兹尔·戴维逊发现了一个秘密：

正是黄金，为苏丹建立了权力。

黄金，把欧洲殖民者馋得口水直流。

有一种传统看法，苏丹文明是阿拉伯人带来的。

实际上，在穆罕默德还没出生时，苏丹人的美丽头巾和连衣裙就风靡整个非洲了。

有人作了一个大胆的设想：

“我们简直很难想象，假如苏丹文明同东方接触时吸收了亚洲和欧洲文明的一切精华的话，究竟会产生怎样的结果?”

当初富丽国，如今竟被联合国列为世界最不发达的国家之一！

谁之过也?

苏丹人用鲜血换来了独立，正以和平争取繁荣！

——《人文小国·阿拉伯文化孕育的北非人》

摩纳哥的国际形象

“袖珍国中的袖珍国”；

蜚声全球的旅游胜地。

全球九个袖珍国，摩纳哥倒数第一，但这里有世界赌城蒙特卡洛。

摩纳哥引人之处，不在自然风光，而在独特的人文景观。

摩纳哥刽子手都要从法国请，这是惯例！

摩纳哥格言：

“上帝助我！”

不如改成：

“法国助我！”

——《人文小国·东、南欧人：几家欢乐几家愁》

美洲有两个巴拿马：

一个是号称“世界桥梁”的通道地带城市；

一个是困守太平洋低地的封闭乡村。

巴拿马，“地峡生命线”。如果麦哲伦知道以后会有一条运河沟通东西两世界，他又何必绕道合恩角？

美国人眼中，巴拿马运河不过是“美国的一条国家水道”；

对巴拿马人来说，这条运河无疑是心脏上的“血淋淋的创伤”。

为了运河，美国人演出活捉巴拿马总统的当代“海盗戏”；

为了运河，巴拿马人“宁愿一代人献出生命”。

巴拿马草帽闻名全球，不知道这草帽产地在厄瓜多尔，就因为由巴拿马运河运到西方，世人只知巴拿马，不知厄瓜多尔。

——《人文小国·色彩纷呈的中美洲人》

延展阅读

《一口气读完世界历史》

本书是德国历史学家、文学家曼弗雷德·马伊的代表作，也是德国最畅销的世界历史普及读物。它以其生动、浅显、流畅的文字，将人类数千年的历史脉络清晰地浓缩在不到200页的这本普及读物中，又因配以大量插图，使得本书特别具有阅读价值。尤其对那些想系统了解世界历史全貌的人们更有裨益。但作为一名西方学者，作者的历史观、价值观难免有其局限性，他的某些观点我们并不认同，相信读者会以批判吸收的态度阅读此书。

《国家地理：从地理版图到文化版图的历史考察》

倪健中 著

关于作者

见《人文大国：影响世界历史的大国与人文精神》之“关于作者”。

荐读理由

在今天世界上领土最大的几个国家中，中国是唯一拥有稳定疆域的历史悠久的国家。

为什么中国在2000多年前就形成了广阔的疆域？

为什么中国的疆域能够稳定地延续下来？

为什么中国在历史上曾多次被外族入侵践踏，但每一次都能够重新站起来，且日益繁荣？

如果您对这些问题百思不得其解，那么我们推荐您读一读《国家地理：从地理版图到文化版图的历史考察》一书。

1989年11月9日，美国前总统尼克松访华后会见记者时指出：

“中国对美国，具有地理政治意义上非同寻常的重要性。”对于许多中国人来说，“地理政治”还是一个陌生的名词。但对于国际政治学，特别是西方政治学，以“地理政治”为中心概念的地缘政治理论，却是他们构想世界战略的一种极其重要的基础理论，同时也是解读中国历史的一把关键的钥匙。本书正是从地理政治的角度系统地考察中国历史上的疆域和文化变迁，以及这种变迁之后的民族生存史和东西方文化之间的差异。

要了解历史上中国的疆域和文化的变迁，我们必须弄清“历史上的‘中国’的含义”。著名历史学家、复旦大学的葛剑雄教授对此进行了细致的考察。他认为在历史上，在明清以前，“中国”是一个地域概念，并不表示国家或疆域的意思。同时中国也是一个文化概念，指称的是汉族文化区，即使是边远地区，只要聚居了大批汉人，或者汉族传统文化相当发达，都可以被看作中国的一部分。所以，本书所谓“历史上的‘中国’”以中国历史最后的封建帝国——清朝所达到的稳定的最大的疆域为范围，具体来说包括中国目前的领土以及巴尔喀什湖和帕米尔高原以东、蒙古高原和外兴安岭以南的地区。

全书洋洋洒洒共150多万字，分为上、中、下三册，包括八大部分共44章。上册包括第一部“中国的世界”与第二部“世界的中国”，共15章，全面而系统地介绍了从伏羲神农到秦皇汉武，再到唐宗宋祖，再到一代天骄成吉思汗，然后介绍了经过明清一直到解放之初的版图变迁史。其中既有“匈奴未灭，何以家为”的大汉雄风，也有“大漠孤烟直，长河落日圆”的盛唐气象；既有“今日八荒同一宇，向来边缴不须论”的元大汗，也有乾坤初定、一统中国的清帝国；既有群雄割据、逐鹿中原的战乱动荡，也有“天下何处是神州”的衰落与沦丧，更有痛失漠北的百年之叹。从中我们清晰地看到昔日的天下观：普天之下莫非王土。古代中国人一直沉浸在这种“自信”中。正是这种“自信”，使中国在历史上一枝独秀，雄踞东方；也正是这种“自信”，导致了百年耻辱，千古遗恨。

第三部“异路殊果：西方国家版图变迁举隅”共5章，详细介绍了世界历史上从古到今典型的版图变迁，如亚历山大东征、伊斯兰远征、十字军东征、美国的西进运动以及日本的侵略和扩张等，让我们在了解世界其他国家版图变迁的同时，更好地看清了自己的位置。

第四部与第五部共10章，对中国历史疆域变迁作了理论上的分析和研究。在作者看来，一部版图变迁史就是一部民族生存史以及与民族生存相关的地理、政治、经济、国际等环境的演变史。中国和西方在版图变迁上经历了不同的道路，一个由盈到亏，一个由亏到盈，这背后的主动作用恰恰是两种文化之间的差异。对此，书中作了精彩的分析和评价。

第六部“历史回声：中华版图变迁的当代景观”共8章，讲述了新中国成立之后的领土变迁，其中既有港澳台问题，也有中印边界纠纷和西藏问题，以简明扼要的语言为读者展现了新中国成立后中国边界风云的来龙去脉。

第七部与第八部共6章，这是全书最少的一部分，也是全书的点睛之处。作者在分析研究地理版图的基础上，进一步提升到文化版图与文化主权的高度。在作者看来，中国不仅需要保护地理版图和国家主权，更需要保护文化版图和文化主权。

阅读此书，能够引发读者更深层次的思考。中国历史上的辉煌与近代的衰落，时而让人兴奋，时而让人心痛。展望未来，面对严峻的国际形势与激烈主权和文化权之争，我们没有理由继续沉默，无所作为。已经强大起来的中国一定要，也一定会呵护她的每一寸肌肤，捍卫每一寸国土。

先睹为快

沙俄在强占中国东北、西北领土的同时，处心积虑地霸占蒙古地区，以实现其“黄俄罗斯”的迷梦。它先后制定所谓“米勒尔计划”“穆拉维约夫计划”“巴达玛耶夫计划”，狂妄提出占领西伯利亚直到长城脚下大片中国领土的要求。为达到这一目标，沙俄先后采取军事进攻、政治利诱、外交讹诈、策动宗教叛乱等一系列卑劣手法，侵略我蒙古地区。但即使是1860年的《北京条约》、1864年的《中俄勘分西北界约记》、1869年的《乌里雅苏台界约》、《科布多界约》这类严重损害中国主权的不平等条约，也从未否认蒙古地区是中国领土这一铁的事实。

但是，沙俄侵占蒙古地区的野心不死。

外蒙重回祖国怀抱，只是昙花一现。

促成外蒙的回归是因为沙俄完蛋了，自治的蒙古成了没有保姆的孤儿。

外蒙要抵制俄国革命的侵袭，不得不坐在与中华民国的谈判桌前。

出于自身利益的考虑，蒙古上层人士一致认为回归中华民国是巩固他们地位的最好选择。

但紧接着，形势很快发生了变化……

外蒙失却了沙俄，但并没有摆脱魔爪。

外蒙也革命了。

但革命的动机和结果呈现出纷纭复杂的态势。

当苏俄面临国际主义和国家利益之间的选择时，国家利益还是占了上风，一改尊重别国主权的态度转而支持蒙古独立。

这也难怪，俄国的大国沙文主义之症并不会因发生了革命就被医好了。所以，新社会的苏俄没有忘记对外蒙的“格外惦记”也就不足为怪了。

“风吹草低见牛羊”的诗意之乡，“祖宗根本之地”的骑马民族振兴之土，孕育了瑰丽的民族，谱写过辉煌的历史。

但在一个丑恶凶残的年代，这片土地与中国视同陌路，仅一线之隔，却成了另一老大帝国的附庸。

到底是谁出卖了外蒙，历史已经过去，但蒙古人、中国人都心中有数。账是赖不掉的。

延展阅读

《中国区域历史地理》

李孝聪著。

李孝聪，现为北京大学历史学系教授、中国古代史专业博士生导师，教育部文科重点基地北京大学中国古代史研究中心副主任，北京大学中国历史地理与古地图研究中心主任。本书以中国区域自然条件与人类活动的互动关系为视角，阐述大地域、多民族统一国家在形成发展进程中的历史地缘政治结构，在区域地理环境制约下，水陆交通线与城市的分布、地区开发的模式、人类活动对自然环境的扰动，以及中国文化区域的划分、文化扩散与融合、区域民间文化的特征，等等。

《海洋中国：文明重心东移与国家利益空间》

倪健中　著

关于作者

见《人文大国：影响世界历史的大国与人文精神》之“关于作者”。

荐读理由

制海权，特别是在与国家利益和贸易有关的主要交通线上的制海权，是民族强盛和繁荣的纯物质因素中的主要因素。

——艾尔弗雷德·赛耶·马汉

请记住马汉的这句话。西方历史的古代史、世界历史的近现代部分，在某种意义上正是争夺与国家利益、国家贸易相关的制海权的历史。为了从中国的“历史大辞典”中抹去“望洋兴叹”的无奈，为了避免近代中国的百年国耻，为了在世界海洋大国的桅杆群里高高地飘扬起中国的旗帜，为了中国在地球这个人类赖以生存的空间中生存得更加从容，中国需要经略海洋！

如何经略海洋？只有更好地认识海洋的过去和现在，中国才能更好地经略海洋。所以，经略海洋，我们需要了解海洋、了解人类开发和利用海洋的历史以及在这一过程中形成的海洋文化，增强全民的海洋意识。出于这种目的，《海洋中国：文明重心东移与国家利益空间》（以下简称《海洋中国》）一书应运而生。《海洋中国》分上、中、下三册，共八部35章，洋洋洒洒140余万言，以全球视野看海洋、看中国，解读地理的中国海洋、历史的中国海洋、经济的中国海洋。全书不仅注视世界海疆变迁图，而且对文明重心东移与国家利益空间的关系提出了独到的见解。

《海洋中国》首先纵论了世界的大洋。在第一部“站在地球上看海洋”中，作者在介绍四大洋情况的基础上，比较了四大洋周边的主要国家的海洋战略和海洋力量，让读者对世界海洋形势有了清晰的了解。最后提出了“海洋：世界霸权之剑?”这一问题，供读者朋友自己去思考。

《海洋中国》还专门从地理、历史和经济的角度分析了中国的海洋。在第二部“冷眼向洋：地理的中国海洋”中，作者用冷静而充满深情的笔调介绍了中国海洋国土的现状和所面临的问题，既有对国民海洋意识匮乏的慨叹和无奈，也有对海洋国土屡受侵犯的痛心和愤怒。在第三部中，作者则从现实转入历史，从徐福东渡到郑和下西洋，从《海国图志》到甲午战争，中国的海洋历史在短短的几章中尽收于眼底。而第四部“蓝色浸润：经济的中国海洋”则以无可置疑的事实和雄辩的论证让读者朋友看到了海洋对于中国经济的巨大意义。

不仅如此，作者还进一步深入到对海洋文化的探讨。第五部、第六部对比了太平洋、大西洋和印度洋三大海洋文明的特点，分析了海洋民族的性格以及中国文化特征的优势和劣势。作者精辟地指出中国文化的特点，“中国人的排异和自大，重农抑商，求稳与避乱的内在心理决定了中国人中庸、保守的一面，决定了中国人对海洋文化的淡漠态度和对土地的浓厚的依恋”。从古至今，中华民族傍河临海而居，始终没有失去与海洋的密切联系。虽然历史宣判了中华民族并非海洋民族，但这并不能否定中国作为海洋大国的地位，用不了多久，历史将重新作出公正的判决。

我们该怎样经略中国的海洋？作者在第七部“中国海之未来”中给我们提供了一个全新的视角。在作者看来，海洋意识的缺乏是海洋最大的敌人。中国发展海洋事业必须提高全民的海洋意识，加强海洋立法和海洋管理，积极开发海洋的经济潜力。古代中国人远航的行为曾令全世界震惊，在漫长的沉寂之后，中国终于在改革开放的大潮中走向大海，在世界的海洋里扬帆远航，这是中国人走向世界的一个新的开始。

总之，《海洋中国》一书讲述的中国海洋问题可谓包罗万象，不同的读者都可以从中找到自己需要的资料和理论。但是，它不变的目标仍在于唤醒和增强个人的海洋意识，吹响开发海洋的进军号。

先睹为快

中国是海洋大国吗？

这从地理的角度完全可以这样讲。但从海洋的开放性角度来看，“海洋大国”仍处于劣势，东部和南部存在的两个“环海链”阻碍着其优势的“尽数”发挥。

中国海连接欧亚大陆、太平洋和印度洋，具有独特的地理区位优势。从古到今，在促进周边国家经济发展、文化演进中一直发挥着重要作用。

冯天瑜在《地理环境与文化生成》中指出：“地理环境，包括宇宙的、地质的、气象的、水文的、人文的、生物的等等条件，它们共同构成人类生存的基础，创造文化的自然前提。如果把各民族各国度文化有声有色的表现比喻为一幕接一幕的悲喜剧，那么，各民族、各国度所处的地理环境便是这些戏剧得以演出的舞台和背景。”

中国的海洋为我们提供了得天独厚的地缘之利。如果从海洋战略和实力方面看，称中国为海洋大国还为时过早。

但未来的舞台已经搭起，我们不应再做海洋的看客，而应该成为21世纪海洋大戏中的主角！

走了黑毛倭寇，来了西夷红毛。

走了海匪毛贼，来了江洋大盗。

走了爱财取物的，来了通商要政的。

走了长矛刀剑，来了铁甲利舰。

打败的倭寇走了，打败我们自己的西夷红毛来了，还赖着不走了，这是中国海洋的悲哀。

明清天朝式微。

中国人在大陆与海洋的历史性博弈中究竟输在何处？

输就输在“文明”两字上。

衰败落后的封建文明怎抵御得了新生的资本主义文明？

中国古代哲人说：“知先行后。”如果没有深刻、周密的思想指导，事情就很快流于平庸了。

中国的海洋意识即便在当代仍需大力培养，这事实上也是一种民族素养，需要量的积累和在深度、广度上的开拓。

当代中国海洋意识的缺欠在于大家都不能回答这三个问题：

谁是从事海洋事业的人？

怎样建构海洋事业？

谁是海洋事业的支持者和后继者？

延展阅读

《决战海洋：帝国是怎样炼成的》

海洋战略在今天已变成了名符其实的“吞金战略”。作者宋宜昌以生动的文笔、深刻的洞察力和清晰的解说，回顾和分析了世界主要海洋帝国的崛起、争斗、发展、衰落的历史，总结和揭示了各个世界性帝国在海洋谋略上的经验教训和成败得失，揭示了海洋谋略的重要性，读来令人有茅塞顿开之感，为关注世界发展和中国崛起的广大读者把握和理解现代世界大国竞争与合作的大局，提供了极其宏观和精微的观察与分析。

《首都中国：迁都与中国历史大动脉的流向》

辛向阳、倪健中　主编

关于作者

辛向阳，现任江南大学设计学院院长、教授、博士生导师，卡耐基梅隆大学设计哲学博士，是目前少数在美国获得设计哲学博士，并回到中国内地的华人之一。

倪健中介绍见《人文大国：影响世界历史的大国与人文精神》之“关于作者”。

荐读理由

一提到首都，我们就会想起西安、洛阳、南京、北京等“七朝古都”“九朝古都”，这些都城不仅在当时成为中国的核心，而且通过政治、文学等形式渗透进中华文化的骨髓，成为文明的一部分。殊不知还有太多太多的“首都”在落满历史尘埃的故纸堆里被遗忘、被掩埋……

中国历史上究竟有多少首都？这似乎像是卢沟桥上的狮子，数也数不清。一般来说，如果把每一历史时期的陪都计算在内，中国的首都有 298 个；如果包括一些王朝末期小朝廷所选定的“国都”和农民起义政权建立的“国都”，这个数目在 350 个左右。

之所以有如此众多的首都，除了历史悠久、朝代繁多等原因外，中国首都的发展模式亦是不可忽视的因素。与西方国家相比，中国的首都有其特殊性。这种特殊性表现在：中国的首都，经济从属于政治，从属于政权，从属于皇帝。首都首先是政治中心，进而成为物质和文化消费中心；但都城缺乏自己的创新能力，特别是生产能力，所需要的物质和精神消费品基本上都来自全国各地。所以，王朝一旦衰落，经济和文化就会崩溃，国都就会失去它存在的根基。而新的王朝一经建立，就会重新寻找适合它存在的国都。

美国城市学者利维·玛姆福特在 1938 年出版的《城市文化》中说过：“城市是一个国家精神文化与物质文明的缩影。”这句话用于形容中国的首都最恰当不过了。首都之于中国，犹如根须之于树，头脑之于身体。首都出现迁移，则或因战争，或因自然不可抗力，其背后都有丰富精彩的故事。从某种意义上来说，一部迁都史就是一部浓缩的中国历史。

迁都是中华文明东进南下运动的必然结局，同时，每一次大迁移又都促进了中华文明的复兴和发展。迁都使中国经济总有新的农业增长点和手工业生长点，是中国经济在数千年间保持世界高水平的一个重要因素。

迁都是中国政治、军事、经济、文化、社会等多方面因素的综合表现，了解迁都，可以知晓中国政治的诡谲、军事的机心、经济的跌宕、文化的瑰丽、社会的纷纭、人性的芜杂。每一次首都的变迁都凝缩了一个时代的特征，从中我们可以窥见当时的历史背景。

因此，了解首都，研究迁都，是我们更好地了解历史、认识过去的一个重要途径。不仅如此，还对我们研究和制定首都发展战略具有积极意义。

《首都中国：迁都与中国历史大动脉的流动》一书分上下两册，洋洋百万言，考证严谨、旁征博引，可以称得上是一部简明的中国首都史。全书共26章，其中第1章简略介绍巴西、德国、美国、日本等国的迁都历史，从第2章至第26章是全书的主干，系统介绍了中国历史上各个朝代都城的发展和迁移状况，从夏商周到秦汉，再到隋唐，再到明清，最后到现代，结构清晰，有条不紊。文章的最后作者详细分析了首都北京的现状和发展困境，读起来尤为振聋发聩、不绝于耳，是读者不可错过的精彩章节。

不同于空洞的统计和描述，本书的语言也独具特色，既有严谨精确的理性论证，也有激情慷慨的感情抒写，读起来津津有味，别有一番理趣。

相信这本《首都中国：迁都与中国历史大动脉的流动》能引发读者对中国首都的过去、现在和未来的思考，这正是本书的目标所在。

先睹为快

秦王嬴政统一六国，自称始皇帝，幻想嬴姓江山传继不绝，至千世万世。

刘邦建议，选都关中，更名“长安”，为求子子孙孙“长久平安”。

刘邦未得“长安”，但长安却成为当时世界上最大最繁荣的城市，只有罗马堪与之比。

而罗马与长安又绝不相同，正反映了东西文化的两种特征和走向。

《未能归一的路——中西城市发展比较》描述了这种特征与走向：

“罗马与长安的差异表现在：城市生活的动态与静态，城市空间结构的皇权与世俗，城市政治的法治与人治，城市经济的商品性与自然性。”

“一言以蔽之：罗马体现了西方的商业——海洋文明，因而是开放的。长安则表达了农业——内陆型文明，因而是封闭的。”

可见，“中外历史之不同，不光是人才和人性的问题了”。

中国诸昏君之中，隋炀帝可居首位，弑父蒸母，杀兄霸嫂，五常皆废，五毒俱全。

挨了一千多年“千夫指”，终于有人为他说话了：

钱穆先生为其开脱，炀帝为人狂放，作诗赋文冠绝一时，治国安邦则非其所长。

有人说：“今日检讨炀帝的成败，不能专以他一人功罪作最后的解答。”

戴着有色眼镜看事情总会有问题。过去常说：“只见树木，不见森林”，这还不算严重，因为还有些人只见树叶，连那棵树也未必看得见。

血汗铸就的东都洛阳，泣血鬼神的千古大运河，都是祸民铁证，没有必要为炀帝开脱。但这两个大举措无不是出于当时之急需。并且如今看来，这却是文明史上的两大创举。

莫以成败论英雄，莫以是非谈古人。

延展阅读

《首都东扩》

卞洪登著。卞洪登，1958 年生于江苏连云港，曾经撰写过《中国资本运营方略》《统一中国》《国策百谏》等颇有影响的“三国”书籍。《首都东扩》一书图文并茂，通过 10 章 57 节内容叙述了北京的形成历史和建设过程。书中介绍了梁思成的“一都双城”规划与苏联专家单中心“摊大饼”规划的较量过程；介绍了郑也夫与樊刚的“轿车大论战”过程；书中还介绍了各国治理堵车的办法和中国治理“首都变首堵”的过程中众多专家的建议主张。尤其引人注目的是，作者在书中花了大量笔墨勾画出首都东扩、构建国家行政中心、向京津唐廊过渡地带要空间的美好发展前景。

《中华五千年生态文化》

王玉德、张全明 著

关于作者

王玉德，出生于1954年，华中师范大学文华学院教授，华中师范大学历史文化学院教授、博士生导师，湖北省学术带头人。曾任华中师范大学历史文化学院院长，现任华中师范大学民间文化研究中心主任，法文化中心副主任、院学术委员会主任、文化管理研究中心主任，湖北科技史学会秘书长。

现从事历史学、历史文献学、中国传统文化研究，致力于研究传统文化的保护与开发，对文化产业学、文化遗产学、红色文化均有涉猎。著有《发生与交融》《辑佚学稿》《中华神秘文化》《宦竖人格》《孝》《中华堪舆术》等著作。

张全明，自1981年大学毕业至今，主要在华中师范大学历史文化学院从事中国历史地理、中国古代史，尤其是宋史的研究与教学，主要著作有《宋太祖的人生哲学》《中国历史地理论纲》等。

荐读理由

人类已经迈入 21 世纪，回望历史，展望未来不难发现：20 世纪的人类最关注社会与政治，21 世纪的人类则把视点移向生态与文化。

自从地球上有了人，就有了文化，也有了生态与文化的统一体。可以毫不夸张地说，生态文化是人类历史的一条生命线，也是人类具有永恒魅力的课题，由此产生了一门崭新的学科——生态文化学。生态文化学是从文化角度研究生态的学科，它是生态学和文化学的分支学科和边缘学科，也是涉及地理学、历史学、人类学、社会学、环境学、生物学的交叉学科。与美国人类学家丁斯图尔德在《进化与过程》一书中提到的文化生态学不同，生态文化学不仅注意生态对文化的作用，而且特别重视文化对生态的反作用。

长期以来，我们对地理环境决定论进行了严厉的批判，充分肯定了经济生活方式对社会的作用。但是这种批判也产生了一些负面效应，使许多人不敢理直气壮地谈论地理环境因素对人类社会的作用。事实上离开环境因素，奢谈社会文化特征，难免陷于片面和偏见。以中华民族为例，我们的民族一直生息在亚洲东部，世世代代以农耕为主。为什么呢？这是生产力发展水平低下的必然，也是地理环境影响的必然。

中国的地理条件复杂，群山之间有大河，大河流域有湖泊和平原，而这些平原土肥水美，气候温和，天然就是从事农耕的区域。农耕民族聚族而居，必然形成宗法文化，而建立在农耕—宗法基础之上的国家必然形成君主专制，必然形成与之相应的伦理道德。于是就形成了生态—农耕—宗法—专制—伦理这一具有中国特色的文化发展模式。显而易见，不论经济、政治，还是人的价值取向，都起源于生态自然，从某种意义上说，中华民族五千年文化是由特定环境铸就的。

不仅如此，生态往往是文明兴衰的重要因素之一。从古埃及文明，到古巴比伦文明，再到古爱琴文明、古希腊文明，其兴起离不开优越的生态环境，而其衰落则亦是生态环境遭到破坏的必然结果。楼兰古国、高昌古国的没落与消亡，正是由于植被大量破坏，水系无法维持造成的。大漠吞没了绿洲，也吞没了文明的火种。而现在太平洋、印度洋上的岛国正日益受到海平面上升的直接威胁，国家存亡危在旦夕。丢掉了生态，文明无以为继。

作为四大文明古国之一，中国历史悠久，五千年来从未中断。中国历史上的生态环境不断在恶化，并经常出现严重的灾害，但为什么中国文明没有中断呢？原因是多方面的，但自然因素是不可忽略的重要因素之一。如果您想知道更多关于中国古代生态与文化的事情，那么请关注《中华五千年生态文化》一书，它将是您最好的选择。

作为系统介绍中国五千年生态文化的著作，本书上册是“中华五千年生态文化史论”，分章节系统介绍了从先秦到清代纵横五千年的生态文化，具体包括生态的基本情况、生态与政治文化和经济文化的关系以及古人的生态思想。下册是“中华五千年生态文化专论”，既有生态环境的概论，也分八个专题分别介绍了中国古代的气候、土壤、生物资源、治水、矿产、灾害等与生态文化的关系以及生态旅游文化。值得一提的是，书中还系统介绍了古人的生态思想及保护环境的举措，值得今人学习和借鉴。

“以史为鉴，可以知古今”，了解古代的生态文化有助于我们更清晰地认识目前的环境危机，采取积极的措施保护人类赖以生存的环境。这正是本书最大的意义所在。

先睹为快

统一后的秦朝，法律制度更趋完备，出现了在全国范围内实施保护森林资源的专门法律和制度。《秦律·田律》就明确地规定了对森林资源的保护："春二月，毋敢伐材木山林及雍（壅）堤水。不夏月，毋敢夜草为灰，取生荔……到七月而纵之。唯不幸死而伐绾（棺）椁者，是不用时。"该律所言，春天二月，不准到山上伐取树木，不准堵塞水道。不是夏季，不准烧草用作肥料，禁止手摘新吐芽的植物……到了夏季七月，才解除禁令。只是对那些不期死去而需采木为棺者，才不受上述季节的限制。就文献记载而言，这是我国封建社会保护森林资源的最早法令。这一律令的规定，有秦始皇"专山泽之饶"之嫌，但下面一事，足见秦始皇当时在保护植被方面的贡献。相传他当年巡幸各地，东临泰山时，"见山上已鲜（少）花木，乃下令曰'无伐草木'"。

帝王巡游是中国古代生态旅游史上有文字记载的最早出现的一种旅游类型。这种巡游是中国历史上一群具有帝王、君主这类特殊身份的人所曾进行或经历过的旅游活动。他们初期多以巡视地方为主，兼有游览、观赏当地山水的内容。随着时间的推移，中国古代史上后期的巡游，更多地具有以游览、观赏名山胜水为主，兼有巡察地方或特别事务等为辅的内容。

最初的帝王巡游，可以追溯至三皇五帝的时代。中国古代一直流传着神农跋山涉水遍尝百草，黄帝巡游四方，虞舜南巡九嶷，大禹治水的足迹遍布黄河与长江流域等许多巡游的传说。至于周武王巡狩河岳，周宣王田猎宾客，秦始皇东临碣石、封禅泰山、蓬莱求仙等则是言之凿凿，刊载于国史志录。而且秦始皇的东巡、封禅、求仙等游览、观赏山水的举动，日后差不多都成为太平盛世时期帝王们巡游的传统方式与惯例，尤其是隋唐以后，天子巡狩，帝王封禅，君主"微服私访"，几乎成了皇帝的重要"公务"之一。可以说，正是历代帝王开启了中国历史上"公费旅游"的恶例，创立了"公务旅游"的先河。隋炀帝三下江都（今江苏扬州），乾隆帝三下江南，唐太宗亲征高丽返游盘山，康熙帝北征西讨时游历众多山水，以及无数帝王封禅五岳，拜谒孔府，刻石武当、匡庐诸山，狩猎于御苑禁地，如此等等，都可谓中国历史上众所皆知的帝王巡游的盛事。

延展阅读

《生态文化审美之维》

王茜著。

“生态”是21世纪的核心话题。在现代文明世界里，自然生态危机日益严重，与此相伴的则是信仰缺失、欲望泛滥、自我孤立、生存意义平面化等人类精神方面的危机。但是通过生态科学发展提高环保技术、完善环保政策还不足以从根本上解决人和自然的矛盾，关键是要通过思维方式和文化意识的变革来培育一种新的生活世界观和生态文化。鉴于此，本书试图在哲学美学层面和审美文化现象研究层面论述生态文化的审美之维，通过阐释中西方哲学美学理论中的生态文化资源，对生态审美精神进行建构，提出天、地、人、神共在的生态价值和谐论。

《中国地脉：国家地理与人文情貌》

白郎 著

关于作者

白郎，本名和文军，纳西族人，1968 年 11 月 21 日出生于云南丽江，当代作家。5 岁之前混迹于丽江一个温润的纳西村庄，此后游荡在壮丽的香格里拉高原，直至 18 岁远足他乡。1991 年毕业于苏州铁道师院历史系。现供职于成都晚报副刊部。已出版的主要作品有《中国地脉：国家地理与人文情貌》（以下简称《中国地脉》）《吾土丽江》等，主编有《茫茫归途》等。

荐读理由

一方水土养一方人，每个民族都有其独特的民族风情和民族精神。关于中国的民族风情和民族精神，历来国内外哲人都有所点评。黑格尔认为世界历史开始于中国；布莱尼茨认为中国人的两大特点是爱好和平和敬神尊祖；费正清强调中国的人文主义特点是：忍耐、爱好和平、讲调和、守中庸、保守知足、崇拜祖先、尊敬老人与有学问等；

李约瑟认为中国人的特征是道德伦理观念较重，具有恭敬地自谦性处世心态和人道主义精神；歌德认为中国是一个在一切方面都保持节制的民族，这正是中国文化持续几千年从未间断的原因；印度学者出身的总统达拉克里希南则认为中国人是爱美的，整个国家就是一座巨大的艺术宫殿。

透过中国人文精神那陈旧静美的阔大面庞，穿过中国深厚而古老的传统大地，蓦然回首，我们实际上已经觉察到，中国文化最动人之处在于人与自然之间神秘而敞开的亲密交流，以及这种交流所形成的生活和文化。对于中国人来说，灵魂的拯救不是来自上界的神，而是来自脚下的土地。

不过，作为巨大复杂的文化载体，中国文化中的地域性差异是不可小觑的。国内外哲人的评价往往重视中国文化之同，而忽视了不同区域之异，因而其点评往往显得片面、有失客观。因此，了解中国文化需要在整体把握的同时，具体分析不同区域的文化特征。《中国地脉》就是这样一部值得读者阅读和收藏的中国区域文化之书。

乍看其名，《中国地脉》仿佛是一本介绍中国自然地理的科普读物。其实不然，阅读之后，你会发现《中国地脉》融人文地理、历史记忆、旅行见闻于一体，既是一本图文并茂的关于中国国家地理与人文情貌的科普读物，又是一本思考中国人文精神过去、现在与未来的随笔集。

首先，《中国地脉》是关于国家地理和人文情貌的科普读物。与纯粹介绍中国自然地理不同，本书重在对中国的区域地理及其人文情貌的过去、现在和未来的介绍。全书共有北方卷与南方卷两册，其中北方卷分区介绍北方各地的人文情貌，包括“燕赵乃慷慨悲歌之地”“秦中自古帝王州”“大中原的重量”“齐鲁厚土”以及“西北考古”等章节，南方卷则包括“吴越温如玉”“鲜红的湖湘”“天府之盆”“岭南风雷”以及“云南秘境”等章节。与行云流水般的文字相得益彰的是精美的图片和照片，它们以一种无声的语言默默地阐释着各地的人文风情，等着读者来发掘和体验。

由于篇幅的限制，本书不可能将中国地脉文化全部收罗其中，却将“一方水土一方人”的常识解释得淋漓尽致。书中浮现着的正是中国那无比古老、硕大、漫长的鲜活身影。当您手持一卷，坐于斗室帷幄之中，从综罗百代的广博细微中餐霞饮月，纵横天地，飞渡南北，感受精彩的中国人文地理时，本书的目的也就达到了。自古燕赵多慷慨之歌，秦中无愧于“帝王之液”，中原大地养育了华夏精神，齐鲁厚土成就了千古名人。当西北楼兰依然笼罩于神秘烟色之中，吴越的香山软水依旧沉浸于江南春色时，作为中国近代领头羊的湖湘已经卷入激进的狂飙，当叱咤风雷的岭南大地走上革命与改革之路时，神秘的云南依然徜徉于红土和白雪之间……还有那壮美的碧海青天、辽远的雪域大漠，这是一片深沉厚重的热土，她淳朴、豪放，也优雅、端庄，她藏住了太多的无奈和苦难，却也呈现着不尽的美丽与幸福！

一位读者朋友在读过此书后，有以下的评价：“字里行间充满文化的味道，通过描述当地的山脉、水文、风俗，分析当地人的性格特征。说教味很淡，作者的很多观点值得借鉴，对于了解各地的人文习惯很有帮助。”此话一语中的，点破了本书的价值所在。

其次，《中国地脉》中有大量篇幅是关于中国各地人文精神的思考。这里既有对历史上的辉煌成就的赞赏，也有对现实状况的无可奈何；既有对古风没落的痛心慨叹，也有对未来美景深深的期待。繁荣与衰败、没落与复兴、欣欣向荣与无所作为、急功近利与重归自然……本书给予读者的是远远超出人文地理之外的体验和感悟，定会引发读者深深的思考。

总之，若想了解中国区域地理文化，本书将是您最佳的选择之一。

先睹为快

在某种半是自豪半是试探的心理驱使下，我们试图从近代燕赵中找到与古代燕赵一脉传承的精神——那种慷慨刚烈、闪射着阳刚之美的英雄主义古风，然而，我们的愿望落空了，“旧时王谢堂前燕，飞入寻常百姓家”，一切都改变了。燕赵古风的两大特点“深沉”和“崇高”，前者被保留下来，后者则杳无踪迹，极为罕见了。我们仅仅在头上包着白帕子的雁翎队身上看到燕赵古风的一二残影。火焰是如此地微弱，残影是如此地暗淡。50 年代后期河北徐水公社激动地向全国人民宣布他们遵照毛主席的指示最先跑步进入了共产主义，单从勇气上来看这倒不失为具有燕赵古风的虎虎生气，但如今却成了一则令人辛酸的历史笑话。我们无论如何也不能接受的事实是，抗日战争期间，燕赵是狗腿子和汉奸最多的地区之一，惊诧之余，唯一合理的解释是，悲歌慷慨的燕赵古风已经无可奈何地没落了。

——《中国地脉·北方卷》

斯文·赫定一生热爱中国文化，并对中国古老的文明情有独钟，以至于他总是忙碌地进出中国，而他本人终生未婚。也有人拿这个问题问过他，他的回答是：“我已经和中国结了婚！”

……

在《亚洲腹地探险八年》中，斯文·赫定满怀深情地这样对罗布泊念想着：“去罗布泊对我们来说意味着出现了光辉的前景，在原计划中，我就曾经向南京政府提出过塔里木河下游和孔雀河的利用问题。引水进入罗布沙漠，使 2000 年前的古楼兰城附近的村庄复活、把那里的冲积平原变成良田和花园，这情景在 34 年前——1900 年 3 月 28 日我发现楼兰废墟时——就曾梦想过。”

——《中国地脉·北方卷》

马帮在 1941 年扮演了重要的历史角色，它是丽江成为抗战期间万商云集的商业重镇的主要因素。从未有人统计过这一年有多少匹骡马穿行在茶马古道上，但最保守地估计，也应在5000匹以上，加上丽江其他马道上的骡马，将是一个很大的数目。

事实上，当时的长途马帮极少让马匹参与到驮队之中，取代它的是雄健的畜中贵族骡子。骡子比马的耐力更强，力气更大。一队马帮往往拥有数十匹到百余匹骡子，排头的头骡、二骡是经过精心挑选的上好母骡，头骡头上插着一面写有马帮招牌的绿色齿边三角黄旗，脖子上悬着脆响的铜铃，骡嘴上戴着用细皮带编成的花笼头，额前挂有红缨和圆形护脑镜，骡鬃两侧披着被染成大红色的牦牛尾巴。整个驮队的最后一匹骡子，是老练而压得住阵脚的尾骡，它使一长队骡子形成一个整体。

——《中国地脉·南方卷》

延展阅读

《环球人文地理》

原是电脑报集团旗下的人文地理旅游类杂志《国家人文地理》，2010年3月正式更名为《环球人文地理》，这标志着它的视野从雄鸡的版图正式走向蔚蓝色的地球。《环球人文地理》是中国第一本以人文为中心的地理旅游类杂志，面向国内外公开发行，是读者朋友全面了解国家地理与人文情貌的最佳选择。

《人文地理与中华伟人》

和文军　著

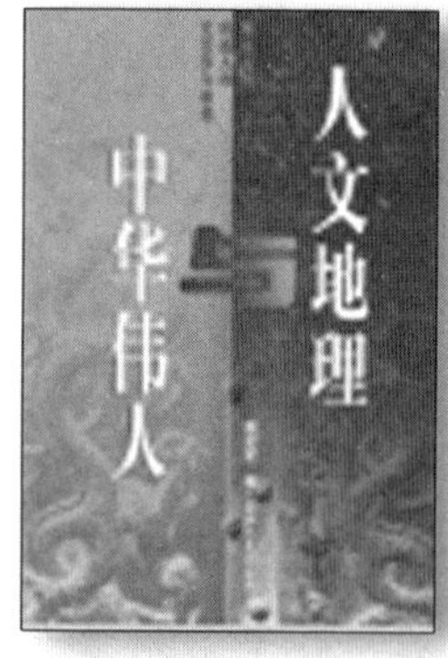

关于作者

见《中国地脉：国家地理与人文情貌》之“关于作者”。

荐读理由

有一则幽默：让来自不同国家的人以大象为论题写一篇文章，德国人写的是《大象的思维》，法国人写的是《大象的爱情》，俄国人写的是《俄罗斯的大象是世界上最伟大的大象》，中国人写的则是《大象的伦理道德》。

这则幽默形象地把隐藏在每个民族心灵世界中的那种浓郁的文化特质渲染了出来。确实，一方水土养一方人，不同国家和地区的人往往显示出不同的性格与思维习惯。这种差异在历史名人身上表现得更为明显。作为人文地理潜移默化塑造的流光溢彩的形象，历史名人从来就不外在于人文地理的母胚。如果把历史名人比喻为鱼，人文地理就是水；如果把历史名人比喻为树，人文地理就是土地。离开一定区域的人文地理这个自然与社会交会的总体背景去奢谈历史名人无异于缘木求鱼。从某种意义上说，历史名人恰恰是一定区域的人文地理环境中“民族精神最大标记”的一种充分体现，同时也进一步修补和深化了人文环境的外部功能。

20 世纪前期，弗洛伊德的高徒、奥地利心理学家荣格提出了“集体无意识”理论，在他看来每一个人一生的行为都受到背后一只无形大手的控制，这只大手就是长期以来沉淀在传统中具有文化同构特征的综合价值观念。这种价值观念是人文地理的一个重要组成部分。

以齐鲁文化为例，尽管内部各有差异，但从总的角度来看，齐鲁人给人的印象是壮实伟岸、淳朴厚实、耿直重情、富有同情心，潜含着英雄主义的阳刚豪洒之气。自古就有“齐鲁自古出贤相”的说法。齐国的建立者姜子牙和鲁国的建立者周公旦就是两个充满传奇色彩的贤相；接踵而来的是管仲、晏婴、诸葛亮、王导、王梦、房玄龄等历史贤相。齐鲁之所以出贤相而非出富商大贾，这与唐代以前齐鲁地区发达的经济、良好的教育以及普遍磊落大方的人文情怀是分不开的。

历史地理是历史文化的载体和基础。作为一个巨大复杂的文化实体，中国文化中的地域性差别是非常大的。划分这种区域文化最简单的方法是二分法，即把中国文化以长江为界划分为南、北两大块。这种划分确实有其合理之处。在我们感觉之中，北方文化像高山一样崇高、庄严、敦厚、朴实、壮阔，而南方文化则像清水一样灵秀、柔情、细腻、飘逸、梦幻。这实际上是同一文化的两种异质，就像一个英岸豪爽的伟丈夫和一个柔软美丽的巧女子，一起组成了一个完美的家庭。

其实，南北文化内部并非铁板一块，不同的地域亦有不同的文化特色。详细划分的话，可以分为许多小的分区，如燕赵文化、三秦文化、三晋文化、齐鲁文化、吴越文化、关东文化、荆楚文化、草原文化、岭南文化、巴蜀文化、青藏文化、西域文化、台湾文化等。每一区域文化都有其特点和秉性，都培育出各具特色的人文风情和历史名人。《人文地理与中华伟人》一书就是通过对中国主要区域的自然与人形成的历史生活和文化风情的描写，使人们感受到这些区域所特有的文化特征和人文面貌还有其中的山水土地和人物岁月。

诚如作者所说：“这是一本关于中国历史文化的闲书，也是一本关于中国区域历史文化深境大随笔。”能闲天下人所不能闲者，方能忙天下人所不能忙。如果读者朋友能够手持此书，坐于斗室帷幄之中，餐露饮月，吸取名山大川之清气，领悟千年地理与人文，那么定会大有收获、满载而归。从这种意义上说，闲书不闲，闲书亦有其不闲之趣。

先睹为快

在大陆腹地伟大黄河两岸的地盘上，拥挤地聚居着一亿多河南人，世界上没有几个大国家的人口数目能与之相比。

河南是中国传统文化的一大堡垒。

河南到处沉积着上下五千年来博大精深的中国传统文化。在这儿的土地上随便刨几下，说不定就能刨出个恐龙蛋或者是青铜酒器什么的来。

文章老辣雄沉的河南人韩愈说：要看整个中国的兴衰变迁请到河南来。

河南人牛劲十足勤劳简朴，自视甚高，因循守旧。早期的河南人老愚公就是个胸襟开阔豪气冲天的小农。

河南人灵柔不如南方仔，刚猛不如北方佬。这里的人们刚柔相济，每一个人都受到过传统文化严密的训练，他们的性格集中了周围陕西楞娃的老成、湖北九头鸟的心机、山东梁山好汉的沉勇、河北棉民的淳朴。

陕西人怀着自视甚高的口气调侃河南人是“侉子”，甘肃人是“炒面客”，四川人是“拐子”。

“麦面辣子菜籽油，老婆孩子热炕头”，陕西人大都敦厚笃实，豪洒温良，他们是中国最为恋家的一个群体。

黄河、黄土高原。天下黄河九十九道弯，在黄土高原上拐了几道弯。一曲悲怆悠扬的信天游唱得人眼泪都流出来了。

喝一大碗陕北的烧酒，听那高亢热情的喝酒歌，陕西人的性格悠悠地浮现出来。江南人要是端起陕西的耀州老碗，肯定得倒吸一口凉气，啊呀呀，这粗糙而沉重的白瓷碗大哉！

“米脂的婆姨绥德汉”，陕西女子灵巧能干，陕西的楞娃壮实豪洒。

历史上灿烂的辉光时至今日已黯淡无光，封闭保守的陕西人啊，何时才能重温过去时代的辉煌和芳香。

在元代以后的八百年时间里，燕赵这块土地成为“天子脚下的宠儿”，它的整体文化在皇权的辉光里闪现出耀眼的光泽，受到整个世界的注目，它的大批移民和新生血液在某种模糊不清的优越感中演绎或继承着燕赵悠长的传统。历史，在时间这条大河的交汇点上翻开一页又一页崭新的篇章。与此同时，燕赵的人性也在权力的挤压下日益萎缩内敛。苍凉的易水日显枯淡。

……

英雄何处寻？遗风安在哉？

历史上的燕赵是奇侠、豪客、英雄、土匪、流氓、大头鬼的乐园，是中国英雄主义的源头和男子汉降生之地。

燕赵多悲风，多义士。一句“燕赵自古多悲歌慷慨之士”，令我们胸中的块垒沉郁，并且百感交集。

燕赵的英雄主义古风已经成为一种遥远的传说了吗？

延展阅读

《人文地理学》

陆林著。

本书在人文地理学的学科层面上，主要探讨人文地理现象的特征和规律，以统一人文地理学的观念和角度开展对人口空间过程、城市与城市发展、旅游的区域特征、政治的空间结构与空间过程、文化生态与文化景观、民族的区域特征与民俗、宗教与宗教景观以及行为过程与行为空间的探讨。全书突出了人文地理学的中心课题和基本理论，体现了人文地理学的时代性、应用性等学科特点，是读者系统了解人文地理学的最佳选择。

《地理学与生活》

〔美〕阿瑟・格蒂斯

〔美〕朱迪丝・格蒂斯

〔美〕杰尔姆・D. 费尔曼　著

关于作者

阿瑟・格蒂斯，在宾夕法尼亚州立大学获学士和硕士学位，华盛顿大学获博士学位。他是若干本地理学教科书和两本地图模式分析专著的合著者，在城市地理学、空间分析以及地理信息系统等领域著作颇丰。2002 年，荣获美国地理学家协会杰出学者奖。

朱迪丝・格蒂斯，密歇根大学学士、硕士。她和丈夫阿瑟・格蒂斯是美国中学地理学计划的原作者之一，并为新泽西州普林斯顿教育委员会系统开发了教育资料。

杰尔姆・D. 费尔曼，在芝加哥大学获学士、硕士和博士学位。除了在韦恩州立大学、不列颠哥伦比亚大学和加利福尼亚州立大学北岭分校任客座教授外，主要在伊利诺伊大学香槟分校任职。教学与科研兴趣总体上集中在人文地理，特别是城市与经济地理，以及地理文献、俄国与独联体地理和地理教育等方面。

黄润华，北京大学城市与环境学院教授，地理学名词审定委员会委员，长期从事土壤地理学、自然地理学、环境科学的教学和研究。

主要译著有《重新发现地理学》《当代地理学要义——概念、思维与方法》和《美国环境科学百科全书》等。

韩慕康，北京大学城市与环境学院教授，地理学名词审定委员会委员，长期从事海岸地貌、构造地貌和地震地质方面的研究。参编专著和辞书十余部，发表学术论文50余篇。

孙颖，1998年毕业于北京大学城市与环境学系，获得人文地理学硕士学位。现就职于北京联合大学应用文理学院城市科学系，任讲师。曾参与翻译《当代地理学要义——概念、思维与方法》等著作。

荐读理由

地理学是一门古老的学科，最初仅指地球的绘图与勘查，但到今天已经逐渐发展为一门范围广泛的学科。在1975年，美国和加拿大没有几所大学的地理系为学生开设全面了解地理学的通论课。相反，大多数地理系只是分别开设自然地理学和人文地理学或文化地理学的课程。阿瑟、朱迪丝和杰尔姆发现了这个问题，他们想让大多数学生只修一门大学地理学课程，只有一本地理学教科书，于是便想编写一本涵盖地理学家所研究各种专题的课本。最终，他们如愿以偿。

《地理学与生活》一书精确而清晰地讲授了有关地理学的基本性质、它所面临的知识上的挑战，以及各分科之间逻辑上的相互联系等内容。学生通过此书可以接触到本学科丰富而广博的知识。本书会让他们清楚地了解地理学各分科的内容与研究范围，认识到地理学一元化的主题，并为他们进一步在感兴趣的领域学习打下基础。

相对于其他地理学书籍，本书特别突出了地理学与生活的相关性。对人体有害的天气现象、城市土地的利用模式、城市形态的变化、城市垃圾与危险废物的处理等与我们生活密切相关的问题均有涉及。平实却生动的文字与丰富的实例，使本书极具可读性，读者通过本书亦会获得一种新的思维方式。

本书是一本优秀的地理教科书。组织一本好的教科书必须使之有足够的灵活性，使教师能适应该课程的课时与主题的限制。全书共13章，分为四个大的篇章，囊括了地理学四大研究传统，即自然地理学、人口地理学、文化地理学、城市地理学。以介绍地理学的发展、核心概念，以及长期以来在地理学思想与著作中形成的四种系统性传统为开端。四大传统独立成篇，每篇集中论述这些地理学观点的一个方面。虽然本书按一个短学期或长学期设计，但如果教师将它用作某些专题的导引，或者用作补充读物或课堂计划的补充，本书也可看作是全年的地理学导论。

该书出版以后，广受社会好评，一版再版，到2013年已经是第11次改版了。作者在改版过程中不断根据时代的发展对本书进行修订，并补充了很多前沿性内容。如第11版就增加了对近年来世界范围内出现的重大自然灾害的评述，例如2004年12月26日东南亚大海啸，2005年8月29日新奥尔良及邻近地区因卡特里娜飓风登陆造成的大破坏，2005年10月8日巴基斯坦和印度克什米尔地区发生的7.6级地震等。

三十年的时间，三位作者为此书呕心沥血，铸就了一部经典。这本地理教科书走向了世界，在世界范围内赢得了广泛的赞誉。对地理学感兴趣的同学，可以试着以本书为指引，一步一步走进博大而丰富多彩的地理世界。相信《地理学与生活》一定不会让您失望！

先睹为快

所有人口预测都包含一种假设，即到某个时刻人口将会停止增长而稳定在替代水平上。如果没有这个假设，未来人口数字就会大得难以想象。像当前这种不受控制的增长率，全世界人口会在3个世纪内达到1万亿，4个世纪后达到4万亿，以此类推。

虽然对当今世界是否人口过剩、什么是适度人口或者可持续的最大人口应该是多少等问题还存在理性的争论，但是数以万亿计的总数还是远远超过任何合理的期望值。

人口压力并非来自人类所占据空间的大小。例如，曾经做过这样的计算，美国特拉华州就能轻松容纳整个人类。问题出自支持人口所必需的粮食、能源和其他资源，以及日益增长的需求和满足这些需求的技术对环境产生的冲击。目前许多国家的人口增长率使之几乎不可能达到他们所希望的社会与经济发展。显然，从某种意义上说，人口必须尽快停止增长。就是说，或者应该采取人口转型方面所暗含的自行导致的限度，或者达到人口与资源之间以更戏剧性的方式建立起一种平衡。这种认识并不新奇。公元2世纪神学家德尔图良（Tertullian）就持这样的观点：“必须把瘟疫、饥荒、战争和地震看作对民族的救治，就如同修剪人类的繁枝一样。”

地理学专门化分支并不彼此孤立，而是密切相关的。地理学所有分支的共同特点是有三个主要的兴趣点。第一，地球表面自然和人类现象的区域差异。地理学研究人类社会与人类所占据和改变着的自然环境之间的关系。第二，关注地球上联结一个区域和其他区域自然现象与人类活动的系统。这两种兴趣相结合导致第三个恒久的论题：在特定的区位条件下，对人类—环境（或者生态）关系和空间系统的地理学研究进行区域分析。由一些地理学家所从事的这种区域方向称为区域地理学。

另有一些地理学家选择某些特定的事物，而不是地球表面的某些区域进行界定，做专门化的研究。这些系统地理学家可能关注自然环境或者人口和社会的一个方面或是几个相关方面。在不同情况下，所选取的研究题目是考察它们与其他空间的相互关系和区域格局。自然地理学关注的方向是人类—环境结构中的自然环境方面。它关注地貌及其分布，大气状况和气候格局，土壤或植被组合等。系统地理学的另一个分支是人文地理学。它的重点是研究人类：他们住在哪里，他们是什么样的人，他们在空间上是怎样互动的，人类在其所占据的自然景观中建立了什么样的人文景观。

延展阅读

《所有可能的世界》

〔美〕杰弗里·马丁著。

杰弗里·马丁，任美国南康涅狄格州立大学地理学教授，美国著名地理学家。著有《地理学的本质》等著作。这是一本有关地理学史和地理思想史的经典著作。作者在书中提供了古代、中世纪以及现代西方主要国家与地区的地理观念的演变史，并且介绍了它们的地理学与地理学者的概况，有助于读者对世界范围的地理学研究和实践进行跨文化理解。本书适合从事相关研究工作的人员参考、阅读。

《中华帝国晚期的城市》

〔美〕施坚雅　著

关于作者

施坚雅（1925—2008），美国国家科学院院士、戴维斯加州大学人类学系教授。施坚雅教授一生致力于人类学、人口学和历史经济区划等研究，在国际学术界享有崇高的声誉。

施坚雅教授著述等身，其中产生重大影响的有《东南亚华人》《社会科学与泰国》《泰国的华人社会史》《泰国华人社团的领导和权力》《两个世界间的中国城市》《中华帝国晚期的城市》等，并发表大量研究中国社会、经济结构、社会科学研究、农村和农民、人口、民族、海外华人的论文，包括著名的《中国农村的市场和社会结构》。

荐读理由

此书标志着对中国城市的研究，已经跳出了晦涩难懂的传统汉学的窠臼，开始进入了历史社会科学的比较城市研究的道路。

——诺顿·金斯伯格

我国有众多历史名城。这些城市有着自己的城市文化和城市性格，有自己几千年来传承下来的城市特色。这些城市的特色和地位，有些是政治因素赋予的，但更多源于其特有的社会经济地位。但大部分中国人在想到中国的疆域时，往往是从省、区和县这一行政等级区划出发的。这种把中国疆域概念化为行政区划的特点，阻碍了我们对由经济中心地及其从属地区构成的社会经济层级的认识。就一般情况而言，一个地方的社会经济现象更主要的是受制于它在本地以及所属区域经济层级中的位置，而不是政府的安排。《中华帝国晚期的城市》一书就是运用这种社会经济层级理论分析了明清时期中国的社会进程、经济交流和文化变迁，取得了重要成果，成为研究中国古代城市历史的经典之作。

《中华帝国晚期的城市》一书并非施坚雅单独完成，而是包括施坚雅在内的国内外十几位著名的汉学家、历史学家、地理学家、社会学家、人类学家共同劳动的结晶。本书共包括三编，包括各编的导言在内，共有19篇论文。姑且不论这些论文在内容上的成败得失，仅仅从文风上看，就具有鲜明的特色。每一篇论文都显示了作者扎实的汉学基础，但没有一篇文章陷入烦琐考证的窠臼。本书不仅对专家学者有所启迪，而且能激发普通读者的兴趣，以至“连一个冷漠的评论者也会引起兴趣”。

作为一名称职的主编，施坚雅凭借其精湛的汉学基础和在历史城市研究中的丰富经验，把这些论文各得其所地组织到他所精心策划的三大主题之中：（1）历史上的城市，论述城市的建立和发展，以及影响其形成与发展的诸多因素；（2）空间的城市，在突出城市在其各自的腹地和区域中扎根的基础上，论述城市与城市以及城市与乡村间的联系；（3）作为社会体系的城市，论述了城市内部的社会结构。难能可贵的是，他还在每个主题中加上了自己具有卓识见解的导言，把这些原来各自独立的论文黏合在一起，使每个主题获得更多的数据和更大的说服力。因此，这些导言既是本书的点睛之笔，也是读懂本书并从社会经济角度了解中国古代城市的一把钥匙。

本书的成功不仅在于摆脱了旧汉学烦琐的考证，开拓了社会经济分析和比较城市研究的新方向，还在于作者们在历史城市研究中采用的方法。其中既有德国学者瓦尔特·克里斯塔勒的“中心地理论”方法，也有在历史地理方面有很大难度的计量方法。此外，在本书中还可以随处发现一些历史城市研究中的巧妙方法。如施坚雅在第一编《历史上的城市》的导言《中华帝国的城市发展》中就巧妙地把一幅宋代的石刻图与现代的航测地图结合起来进行了对历史城市的比较，“把苏州城 1229 年的石刻全图与 1945 年的航空拍摄图并列对照，二图相印证，足见城市形式异常稳定，城墙、壕沟、街道与运河，都极其接近一致”。

《中华帝国晚期的城市》作为一本学术著作，对一般读者来说可能有点深奥，但绝非晦涩难懂。相信有兴趣的读者能够在阅读本书的过程中对中国城市的过去、现在和未来有所思考。

先睹为快

我的论点是：地方行政规模如此增长，不但要连带引起衙门的增加，而且要连带引起各级官僚和僚属人员的膨胀，这就会使交通设施的负担达到被压垮的程度，并将提出超过任何农业国能力的协调和管理等问题。此外，扩大了的官僚机构，只有靠苛征暴敛的榨取，靠提高农业及商业方面的税收才能维持。苛捐杂税不但会降低农民生活水平，而且会减少地方缙绅与商人的收入；要压制由此而引起的地方一级的不满，其间种种问题，无疑都会成为任何皇室垮台的祸根。因此，帝国晚期的一千年间，在扩张着的边境上建立新县为什么愈来愈少于理论所推断的数目，由上面所考虑到的问题也就可以说明了。假设要按照（1）维持政府在地方一级施行其政令的能力（斯蒂芬的理论），或（2）使税收能维持在与敛税的行政费用相称的水平上（惠特尼的理论）这两方面所需比率来建县，则不论管理官僚还是管理民众的问题，都会因为地方行政绝对规模过分庞大而致担当不了。因此，在边远地区建县比意料中的比率为低，而在核心地区则实行并县，都是出于同一理由。据此看来，只有有条不紊地收缩基层行政职能的范围，并容许地方体系内部官僚政府的效率下降，统一国家才能维持到帝国晚期。

现在再让我们在心目中想象一下明时的南京，做一番最后的比较吧。中国的建筑式样在时间上毫无变化，在城乡空间上也相对地没有差别，特别是中国城市又从没有永久性的建筑为特点，这些情况凑合起来，就使今日的南京丧失了我们把它与伟大帝都联系起来的那种壮丽宏伟的原貌。北京是唯一的大城市，其现存的景观能在活着的一代人的一生中，把旧中国都城的某些伟大形象传达于我们的意识中。北京是能把壮丽宏伟的古迹完好无损地保留到我们这个时代的唯一的中国帝都。因此，多少有点无知，我们常易把最高的赞词都集中在这座城市上。利玛窦（Matteo Ricci）是一位很有素养的旅行家，他在1595年到过南京，这样写道："据中国人看来，这座城市的壮丽是举世无双的，在这方面，世界上大概真也极少有超过它或堪相匹敌的城市。南京确是满城遍布宫殿寺观、小桥楼阁，欧洲的类似建筑，绝少能超过它们。在有些方面，南京超过我们欧洲的城市……此城曾做过整个帝国的京都，作为古代帝王之居，历数百年之久。其帝虽迁居于北京……但南京的气派与声名却丝毫无损。"1600年利玛窦看到北京后又写道："此城的规模、城中房屋的规划、公共建筑的结构及城防沟垒，都远逊于南京。"北京的沙文主义者常以为它是世界上唯一当得起最高级形容词的城市，他们还是想一想利玛窦的有见识的比较吧！他的这个比较，还是在两城市都还完好的时候作出的呢，尽管当时的南京已非其极盛时代了。

延展阅读

《帝国晚期的江南城市》

〔美〕林达·约翰逊主编。

该书汇集了美国、澳大利亚、意大利和日本学者对中国长江下游苏州、杭州、扬州和上海等城市的研究，可以说至少体现了当前国外学术界对中国区域城市研究的最新方法和视角。约翰·霍布金斯大学的罗威廉教授为该书撰写的导言，更是站在学术的前沿，对目前国外学术界区域与城市研究的焦点、存在的不足和今后的研究方向提出了自己的看法，这不仅使我们对国外区域与城市研究的最新进展有所了解，而且对于我们今后如何消化和吸收国外的研究理论与方法也具有指导意义。

《北京微观地理笔记》

王彬 著

关于作者

王彬，出生于1949年，鲁迅文学院研究员、副院长，中国作家协会会员。1982年毕业于首都经贸大学，致力于叙事学、中国传统文化、北京地方文化研究。主要著作：《红楼梦叙事》《水浒的酒店》《中国文学观念研究》《禁书·文字狱》《北京街巷图志》《北京老宅门》《旧京街巷》等。

荐读理由

诚如莎士比亚所说，“有一千个观众，就有一千个哈姆雷特”。以怎样的心态去审视和感悟一座城市，就细微情感而言，恐怕很难找到完全相同的两种。但这些看法、观点往往都只是停留在感知层面，并没有从城市地理本身去做细微的分解与阐述。城市，一座有思想的城市，除了给人庞大的宏观印象外，其具体的每一条街道、每一片区域、每一座院落以及它们之间的组合，都存在着细微的脉络，而且“有血有肉”，体现着独特的精、气、神。这正如我们人自身一样，一个自然健康的人体，其肌肉、骨骼、皮肤必然是自然和谐的有机组合，尽管它们体现出各自不同的精神和气质。在此之上，微观地理学应运而生。

很多读者第一次听到微观地理学这个概念时，可能会很陌生，产生一种高深莫测的感觉。其实，微观地理学没有什么神秘可言，它就在你我身边，就是关于我们生活区域的地理历史和现状的学问。如果说城市地理学以城市整体为研究对象，那么，微观地理学便是以城市区域为研究对象，既研究区域整体，又研究区域内部的道路、建筑、轴线、界面、节点、天际线等，以及其所包含的历史因素与人文内涵，进而研究区域与城市的相互关系。

城市地理属于宏观地理，城市的每一片区域、每一条街道、每一座院落都是城市的有机要素。微观地理与城市地理相互依存、相互补充、相互融合、相互延伸。因而，宏观的城市地理应该和微观的区域景观、人文色彩相协调。在规划城市之前，应该进行微观地理分析，从而为城市建设减轻压力，降低难度，这样既能使城市规划趋于合理、完善，也能使城市形象得到进一步的提升。可惜，长期以来，我们对微观地理学缺少认知。随着城市改造与城市建设步伐的加快，由于缺乏对微观地理的研究，出现了诸多弊端。

这本由三联书店推出的专门针对北京的城市地理学术专著，主要通过对城市微观地理的观察、探究来解构宏观的北京城市地理，并运用微观地理的研究方法，对北京的城市、道路、区域、四合院进行综合全面的审视与思索。全书共有四卷，为了便于读者阅读，每一卷确立一个中心内容。其中，第一卷主要阐述井田制与北京的筑城理论、元大都中轴线上的城市标志、微观地理中的古都脉络；第二卷主要阐述井田制与北京城区的道路和胡同的起源、空间、形态、细部以及胡同的存在意义；第三卷主要阐述井田制与北京历史上的里坊、区域，不同区域中的不同特征；第四卷主要阐述井田制与北京的四合院、四合院的建筑布局与人文精神。

书中无论是对井田制与北京的筑城理论、元大都中轴线上的城市标志、微观地理中的古都脉络的梳理，还是对北京胡同的起源、空间、形态、细部以及胡同存在的意义的讲述；无论是对井田制与北京历史上的里坊、区域的追溯，还是对北京四合院里的建筑布局与人文精神的辨析……这些种种对北京城市微观地理全面解构、研究的文章，读起来并不艰涩，就单一的每篇文章而言，无论是立意还是行文，都很简单明快，能把学术研究文章写到如此程度，并不多见。这也是本书热销的重要原因之一。

《北京微观地理笔记》能给读者以知识的熏陶、心灵的启迪，能够让您对自己所生活的城市的古老文明和现代人文精神，有更深入、全面的认识。《北京微观地理笔记》让我们看见了一座古老而不失现代色彩的城市的全貌。

正如王彬先生所言："城市是思想的产物，不同的经济制度产生不同的建设思想。六朝古都北京便是古老的王城理念的产物，需要我们在历史的夜色里思考与追寻。"思考北京，追寻北京，就让我们从《北京微观地理笔记》开始吧！

先睹为快

以万明寺为界，其南，至月坛北街，是1976年以后的新建楼房。再南，从月坛北街至月坛南街，则是二十世纪五十年代所建的灰色楼群了。至于其西，位于万明寺以西，横贯于阜外大街与阜外大街的南礼士路，则是需要我们认真而且审慎地考察的对象。通过踏勘和新旧地图比较，南礼士路的前身即是今天的南礼士路东巷，这意味着，南、北礼士路在历史上是直线相对，而不是今天的拐角形式。南礼士路的历史颇为悠远，在金代，是中都崇智门外的官道。明中叶建外城以后，这里又成为西便门外的官道。由于它的南端，是月坛东门外的礼神坊，因此，这条街道，在明代的时候称礼神街，从阜成门去月坛祭祀，是要从这里经过的。入清以后，雍正二年(1724)，礼神坊改叫光恒坊，于是随之改称光恒街了。又因为在清代，这一带有驴市，可以租用脚驴，便以阜外大街为界，分称南、北驴市口，1911 年以后，驴市谐音为礼士，延至今天。

解放以后，北京的房屋基本成为房管局的产权，采取低廉的租赁政策。房管局没有能力对房屋进行大修，只能进行简单修补，最常见的是在雨后，对屋顶用沥青补漏。从 1949 年到 2004 年，五十多年的时间里，北京的旧房没有很好维修，有相当部分成为“危房”，大多数四合院也是如此。从八十年代末期，北京开始进行“危改”，九十年代以后，速度加快，成片的胡同被推土机推平了，依附于胡同的四合院自然也不复存在。但是，北京到底消失了多少四合院，至今没有一个权威机关进行统计，我们只能大体估算。以西城为例，近些年，消失了二百多条胡同，由此推算，北京的四个城区消失了一千条胡同，当不是保守数字。如果以一条胡同有二十座四合院计算，那么，近些年，北京消失了两万座四合院，是完全有可能的。

延展阅读

《北京街巷图志》

这是作者的另一部精品。

北京建城已有三千余年的历史，最早的城址在北京房山琉璃河董家林，后迁至广安门一带，元以后又迁至今地。街巷依托城市，但以往有关北京街巷的书籍，只是从名称的角度介绍街巷的流变。本书则首次从城址变迁、城市规划与建设的角度，对北京街道与胡同进行系统研究，反映了这一方面的最新成果。为了使读者对北京的街巷有一个感性的认知，书中收录了320幅具有历史意义的精美照片，以文为经，以图为纬，兼有认知、收藏与鉴赏多重价值。

《北京老宅门》

王彬、徐秀珊著。

此书是国内第一本专门介绍北京传统民居大门的图册。它不仅为我们提供了二百余张照片，而且对北京特色老民居大门及细部结构进行了翔实、准确的阐述，可谓图文并茂。就在本书制作过程中，传来了北京申办2008年奥运会成功的喜讯，这意味着北京的城区改造将加快步伐，而书中收入的许多老宅门图片并没有坐落在四合院保护区内，它们的身姿将会渐渐消失，只能永远保留在照片之中了。这就更显示出此书的价值，它不仅是研究者和美术工作者的宝贵素材，而且可作为艺术的鉴赏和我们永久的纪念。

《人文地理随笔》

唐晓峰 著

关于作者

唐晓峰，出生于1948年，辽宁海城人。1975年毕业于北京大学历史系考古专业，1981年获北京大学地理系历史地理硕士学位，1994年获美国锡拉丘兹大学地理系博士学位。现为北京大学环境学院历史地理研究所教授。主要从事城市历史地理、中国先秦历史地理、地理学思想史方面的研究，在研究中注重结合考古学的方法。

荐读理由

人文地理学是探讨各种人文现象的地理分布、扩散和变化，以及人类社会活动的地域结构的形成和发展规律的一门学科，是与自然地理学并立的地理学两大分支之一。人文现象不仅受自然地理环境影响，还受各种人文环境的影响。因此，了解人文地理不仅应了解自然地理，还应了解生活于地理环境中的人。研究中国的人文地理也应该如此。中国人的四肢并不粗壮，却能打造出万里长城，主要靠的是中国心。

不了解一颗“中国心”，只考察中国人的四肢和腰臀，是不行的。不了解中国人、不了解中国人的生活和思想，想研究中国人的人文地理，这也是不可能的。了解中国人，了解中国人的生活和思想有很多途径，而阅读《人文地理随笔》或许是其中最快捷的一种。

本书是作者近年来发表的一些人文地理随笔的总汇，全书共收集了79篇随笔，分为上下两编。尽管叫地理随笔，书中却没有讲多少地理环境，也没有什么游记，更不是像一般人所认为的那样为我们指引道路去向。按照作者的说法，“文中多是一些‘想法’，要么是从地理现象引发的想法，要么是在想法中找出的地理内容”。作者以简明流畅、情趣盎然的笔法，陈述议论地理学中有关空间观察、景观解读、环境感知等一系列现代人文地理观念，从中品评各类人文行为和历史现象。《人文地理随笔》中的每篇文章都不长，但内容颇丰，从中国商代的甲骨文，到今天的北京城，从国内人文地理现象，到国外有关的重要著作与人物，无不有所涉及。

上编共61篇文章，占全书分量的三分之二，主要是一些笔调轻松、短小精悍的短文。由于作者幼年生活在北京的胡同中，对老北京城留下了深刻的印象。在该书中，有十多篇是写北京的，其中对北京人文地理的叙述和感悟尤为精彩。在《历史城市的空间形态》中谈到无限膨胀的都城空间格局与帝国胜利者无拘无束的宏观视野的关系；在《“瓦子”与城市》一文中介绍了首都从君王威严之地转到“瓦子”（“瓦子”古称为昼夜玩闹的场所）的过程；在《明清北京城的中轴线与百姓》一文中，他叙述了中轴线中除皇城外，其南北延伸线的街道上功能变迁及其基层百姓众生文化的百态；在《辇毂之下》的景观与人生中，他介绍在红墙黄瓦的皇城外，青砖灰瓦建筑的大小四合院与胡同中各居民群的生活变迁；在《老北京》一文中，他对胡同中普通居民生活的典型习俗如数家珍地作了动人描述。

而最引人深思的莫过于《什刹海的酒吧》。作为清代市民文化繁荣标志的什刹海，在王朝解体之后，经过长期的安宁空寂。随着改革开放的深入，在大量拥入北京的外国游客欣赏中国传统文化的推动下，什刹海成为中西文化的交会点。作者对此作了精彩的论述，其对当代中国所谓的“精英”的批评更是振聋发聩、切中要害。

下编共16篇文章，相比上编来说，口气比较严肃、内容更加学术化。如果说上编是对一些具体事物的人文地理学视野的分析和论述的话，那么下编则是对人文地理学理论方面的介绍和评述。例如在《人文地理学理论的多元性》一文中，作者详细介绍了人文地理学的各种分支及其特点，指出人文主义研究所获得的理解有助于使人们更好地理解自己和他人，从而使人类社会更加成熟和丰富；在《中国近代地理学的“身世”》一文中，作者系统地梳理了中国地理学的发展历程，提出有外来地理学、弱国地理学、救国地理学、科学地理学和失落了文化的地理学说法等类别；在《还地理学一份人情》中，介绍华裔著名学者段义孚在开创西方人本主义地理学方面所取得的成就以及提出“Topophilia”（恋地情结）研究的意义。

除了丰富的内容之外，本书还配有大量有历史价值的图片，以帮助读者直观地理解地理学所蕴含着的深厚的人文内容。

相信每一位读者在阅读本书之后都会体会到人文地理的妙趣，获得启发与新知，增加对我们生活空间的认识和感悟。

先睹为快

前些日子去了一回什刹海，一看，全明白了。在银锭桥旁，特别是烟袋斜街两侧，新开了若干西式酒吧，虽说门户多取中式，但到底压不住洋文招牌。原来什刹海开始与国际接轨了！一问起因，还是到处可见的那个模式：本来一处中国人不大理睬的旧地段；老外爱看中国旧传统，于是常来游访；专挣老外钱的老中跟过来，开设古怪小店（点蜡不点灯、废品作装饰、布置原始鬼头艺术等等），为游览中国传统的老外准备香槟咖啡；深慕洋人文化的中国精英也跟过来，但并非游览中国传统，只在仿效洋人模样，喝香槟，品咖啡。

直到今天，欣赏中国传统的事，总还是老外打先锋，中国精英随后。表面看起来，中国精英也来欣赏自己的传统，其实是心仪洋人文化，模仿洋人行为。由中国人自己打先锋，来欣赏、保护传统的事很少，一项成功的中国传统保护，背后一定有一群呼吁的洋人。在什刹海一带开创“胡同游”的徐勇先生说：“驻北京的外国人，耳朵特别灵，听说有人领着逛胡同，一传十，十传百，这个使馆通知那个使馆，那个公司叫着这个公司，开着车就都来了。”“老外们钻进胡同就不愿意出来，逗留的时间越长越好，和老百姓聊天没完没了，走一路问一路，见什么都感兴趣。”可是，像这样的中国人能有几个？

老外打先锋，开发出一个传统地段，于是围绕老外，滋生出其他群体：开设西式小吧的中国商人、修炼西式文化的中国精英、欲结交外国男友的中国女郎等等。传统地段的住户，也会渐渐动起脑筋，打老外的主意，赚他几个“美刀”（US Dollar）。如今的传统地段开发，多是沿此模式一步一步地起来。

奇怪的是，在中国自己的环境中，中国自己的精英如今很难带头开出一个文化地段。北京城里除了祖宗留下的几处地方，如琉璃厂、大栅栏等，没有什么地方是现在的文化精英开创出来的。祖先能做到的事情，今人已经做不到了。

……

北京今天的文化群体可谓不小，在社会上的动静也很大，但没有老外撑着，中国精英在创造公共文化社区上，一直成不了气候。比如胡同，文化精英曾撰文，曾演讲，论证胡同的价值，但何曾听说有中国文人聚首胡同开出生气的。我们每每听说哪段胡同、哪条小街热闹起来，多半是“鬼子”来了。老外救胡同，是北京的时代特征。今日什刹海的热闹发展，也属于这个时代。

延展阅读

《北京城市历史地理》

本书由北京大学著名历史地理学教授侯仁之先生担任主编，唐晓峰担任副主编，系北京市社科“九五”规划精品工程项目。全书共11个章节，40万字，是一部从历史地理学的角度系统研究北京城的著作。该书资料丰富，对古代人口变迁进行了很全面的分析，而且图文并茂地从多方面考察、分析，较直观地反映了北京城历史的风貌。

《城记》

王军 著

关于作者

王军，新华社主任记者。1991年毕业于中国人民大学新闻系，后在新华社北京分社从事经济报道工作。1993年开始对梁思成学术思想、北京古城保护及城市规划问题作系统研究，发表学术论文《梁陈方案的历史考察》《1955年：中国传统与现代主义的决裂》，参与《梁思成全集》年谱部分的编写，应邀在清华大学、北京大学作学术演讲，参与策划梁思成建筑设计双年展、北京城记忆数字影像展。

荐读理由

50年前，梁思成在"长官意志"面前碰得鼻青脸肿，结果北京的古城墙死了，牌楼消失了；50年后，梁思成的追随者在"开发商"面前，同样灰头土脸，结果，北京相当数量的四合院和文化遗址，面临着在劫难逃的厄运——这就是北京古城的宿命。

——王军

我们经常把城市喻为一本打开的书：石块和钢筋水泥凝固着几代人的抱负、理想、成败和恩怨。梁思成和北京城的命运就是这样一部很难让人平静、值得再三解读的大书。虽然这一主题已不再新鲜，但是《城记》仍然不同寻常：作者试图廓清北京城半个多世纪的空间演进，以及不为人所知的建筑背后鲜为人知的悲欢启承。

本书是作者十年磨一剑的结晶。作为八百年的帝都，北京是一座幸运的城市，也是一座不幸的城市。北京的悲剧在于，由于共产党人的远见，它在战火中奇迹般地保存下来，然而却在和平建设时期被逐渐毁掉。由于领悟了毁城背后民族的大命运，作者没有诉诸道德义愤，而是超越了具体的人世臧否和恩怨，以记者的冷静、客观、忠实的记录，不厌其详地钩沉探微、采访众多当事人，用故纸和史实尽可能地逼近这桩众说纷纭的历史公案。在写作过程中，作者采访了50余位当事人，收集、查阅、整理了大量第一手史料，实地考察京、津、冀、晋等地重要古建筑遗迹，跟踪北京城市发展模式、文物保护等专题进行深入调研。

全书分为10章，从北京的现实入手，以50多年来北京城营建史中的历次论争为主线展开叙述，其中又以20世纪五六十年代为重点，将梁思成、林徽因、陈占祥、华揽洪等一批建筑师、规划师的人生故事穿插其间，试图廓清“梁陈方案”提出的前因后果，以及后来城市规划的形成、北京出现所谓“大屋顶”建筑、拆除城墙等古建筑的情况。全书内容涉及“变消费城市为生产城市”“批判复古主义”“大跃进”“整风鸣放”“文化大革命”等历史时期，作者坚持述而不作的原则，尽可能详尽地搜集并整理资料，引导读者自己去思考过去半个世纪的功过是非。

正是这份冷静和客观，赋予《城记》真实的现场感、强硬的历史质感，以及巨大的震撼力。在1958年“大跃进”时期，正式提出的改造故宫和在天安门建政府大楼的设想是最令人震惊的事实。“北京市当中放上一个大故宫，以致行人都要绕道而行，交通十分不便”“要用阶级观点分析故宫和天安门的建筑艺术”——多么响亮、正当，多么熟悉的思维和语言，熟悉得令人不寒而栗！

《城记》的另一大特点是图片丰富、精美、珍贵。该书选配的三百余幅插图，不乏私人珍藏的照片及画作，如梁思成先生工作笔记中的画作和首次发表的梁思成水彩写生画。不仅如此，书中更有多幅被拆毁的古城门与现址数字合成的照片，展示了原本可能的新旧并存、既古且新的北京城市图景，正如我们今天在前门和天安门所看到的那样。历史不能重演，失去的北京再也不能找回，不过这些照片和图景的确可以在一定程度上帮助我们更好地了解北京城的过去，把握北京城的未来。

当年被拆除的永定门，已经在原址按原尺寸重建，但它将是个没有文化价值的“假古董”。即便口头上说加强古文物保护意义如何重大，却并不妨碍有关部门继续拆毁已经非常稀少的精美的四合院，这着实令人心痛。保护北京，任重而道远。相信读者朋友读了此书后必有同感。

先睹为快

1951 年 8 月 15 日，梁思成致信周恩来总理，希望能够“在百忙中分出一点时间给我们或中央有关部门作一个特殊的指示，以便适当地修正挽救这还没有成为事实的错误”。

但是，这封信并未促成梁思成所希望的结果。很快，公安部、燃料部、纺织部、外贸部办公楼在这里盖出来了。大规模的建设看来不可避免地要在旧城内发生了。

梁思成陷入了复杂的心境，后来他甚至称毛泽东不懂建筑。原中国建筑学会秘书长汪季琦回忆道：

“梁思成说：毛主席可以领导政治、经济，但他不懂建筑，是不能领导建筑的。针对此说，彭真讲：我们开始也是觉得自己是外行不能领导内行，可是后来想来想去还是觉得只有外行才能领导内行，照你所说，毛主席在军事上也不能说是内行，他不会开坦克，也当不了士兵。比如梅兰芳他也只能唱青衣，他就唱不了花脸。可是他就可以当戏剧学院的院长。一个人不可能行行都会，但他是制定方针政策的人。”

同年（1954 年）9 月，《北京市总体规划说明（草案）》又将东西长安街、前门大街、鼓楼南大街 3 条主要干道的宽度调整为 120 至 140 米，并提出一般干道宽 80 至 120 米，次要干道宽 60 至 80 米。

国家计委多次对北京的道路宽度等提出质疑，有人以“房必五层，路必百米”相讥，更有人批评这是“大马路主义”。

但是，北京市的态度是坚决的……

就在北京规划建设大马路的时候，西方各大城市却在大力发展单行线，力求不以道路的宽度，而是以其密度取胜。

在路网规划方面，北京市长期以来实行道路“宽而稀”的双向交通模式，20 世纪 50 年代制定的道路红线规划一直执行至今，机动车道路一般相隔 700 至 800 米一条。相比之下，一些西方发达国家的城市则走了一条道路“窄而密”的发展模式，如华盛顿，机动车道路一般相隔 100 至 150 米一条。由于路网密，这些西方城市大力发展单向交通，注重路网与道路系统的建设。

从交通技术上看，提高路口的通过能力是解决拥堵的关键，因为车辆就是堵在交叉口上。而双向交通最大的问题就是路口通过能力低，因为既有直行，又有左拐，相互干扰严重，而单行线就不存在这个问题。据测算，单行线比双行线提高车辆通过量 50% 至 70%。

二战之后，许多西方城市就是看准了单行线这个“法宝”，使堵车的问题得到改善。纽约交通管理局在1949年开始推行单行线，创造了“奇迹”；伦敦借助其密度较高的路网，大力发展单向交通，把2/3的道路辟为单行线，事半而功倍。

延展阅读

《大城北京》

林语堂著。

林语堂旅居美欧数十年，以英文写出多部传世的经典专著，向西方介绍光辉灿烂的中国文化。该书同作者同类专著一样，旁征博引，纵横捭阖，以丰富的文史资料和自由的行文风格阐释主题。纵：叙述北京数千年的历史演变；横：展示北京文化的各个层面——内城与外郭、市区与郊野、皇室与民众，以及皇宫、御苑、寺庙、佛塔、雕塑、绘画、书法等艺术的概观或细节。所有这些，尽可能以照片和地图辅助表达，可谓图文并茂、多姿多彩。本书更是国人不可不读的又一名作。

地理学的大学问

《地图的历史》

〔英〕杰里米·布莱克 著

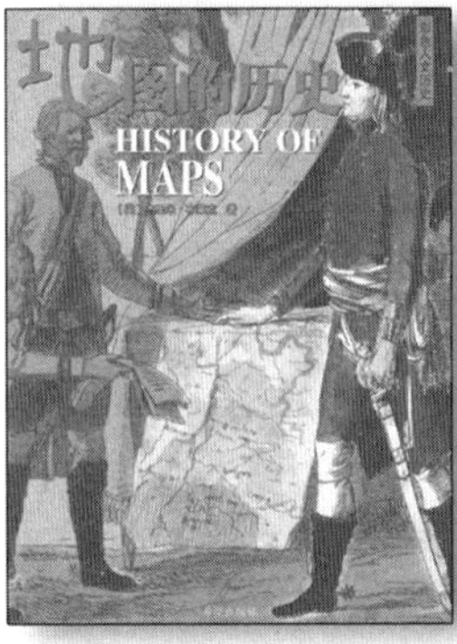

关于作者

杰里米·布莱克，英国埃克赛特大学的历史学教授，同时身兼《今日历史》《国际历史评论》《军事史杂志》和《媒体史研究》等杂志的主编。他的学术足迹几乎遍及整个西方世界，其著述包括《地图的历史》《地图与政治》《美利坚战争——为自由而战》以及《1650—1830 的欧洲与世界》等。

荐读理由

现在，我们随手就可以找到各种各样的地图。小到小区地图，大到世界地图，它们似乎自古以来就存在一般，亲切而自然。那一笔一线，勾出了我们所认知的空间，也描绘了我们的生活。但这看似简单的地图，却是人类几千年来努力探索的结晶。

地图的产生和发展有着漫长的历史。当我们惊叹于今天地图绘制的细致与精确时，别忘了很长时间里它并不完全是科学观察的产物。

有如天文学源于占星、化学源于炼金术，地图其实源于非科学的宗教、神话、审美等领域。面对把大地绘成莲花状的古印度地图，面对把自己的国家置于世界中心的古中国地图，人们读到的当然不是客观的真实，而是某种信念、某些爱好……

从一定意义上说，地图是某种“人类困境”的产物：大自然先天而完整地存在着，人的知识却只能在后来一点一滴接近它；世界是无限的，而作为其观察者与丈量者的人却不能不受困于肉身的有限；地球本身是圆的，但当它被人们绘制出来时，就变成了平的……这些无法消弭的天然差异，注定要使人类绘制地图的历史充满了幼稚、荒诞不经、发现与臆想、执着于历险精神的特点。

2006 年英国历史学家布莱克出版的《地图的历史》，为我们全面而系统地了解地图的源流提供了很好的途径。

在布莱克笔下，《地图的历史》被分割和演绎为八个部分，即古人的眼睛看世界、停滞的中世纪、地理大发现、文艺复兴的光辉、发现与真知、贸易与帝权、军用地图、摩登时代。其中每个部分都代表了一定时期内，人们对地图的认识和思考以及地图在人们生活中的地位和作用。

文章在第一章“古人的眼睛看世界”中，首先介绍了中国古代的绘图技术，如《兆域图》、计里画方、裴秀的制图六体、唐朝的地理索引以及先进的航海图等。布莱克高度评价了中国在古地图创作上的历史地位，称之为“东方巨龙”。文中写道：“在地图方面，中国人可以说作出了非常杰出，甚至是不可替代的贡献。公元 1 世纪前后，中国在制图中已经采用比例缩放和直角坐标网格体系。随后，他们又将水手使用的磁石罗盘和印刷术用于制图。而此时，欧洲对这两样光耀千古的伟大发明甚至一无所知。”但是他在这一段落的结尾也实事求是地说中国在世界制图史上并没有持续扮演先锋角色，“总体来说，中国人对探求外部世界的兴趣相当有限”。

之后，经过中世纪的停滞和地理大发现的突破，从 14 世纪中期到

16 世纪末，持续了两个半世纪的文艺复兴在弘扬人类崇高精神的同时，也极大地扩展了人类的空间观念。世界从此变得越发宽广——除了地中海之外，大西洋、太平洋和印度洋在地图上得到更准确的展示。很多探险家都多少能作些绘图工作。在这个时期，制图家往往也是艺术家。

到了 18 世纪，人们渐渐养成了查阅地图的习惯，以“上北下南”为地图方向的模式已基本确立。三角测量法的使用，使得大多数定位都更加精确。标准化测量距离方法的发展则使地图学家们更易于了解、评估和接受前辈的工作成果。在这一时期，地图的制作目的越来越趋向于为大众服务，为特殊的军事用途以及为地产、交通等其他领域服务。

人类制作的地图大多问世于 20 世纪。当时，地图百花齐放，人们甚至绘制了宇宙中的星系图，为制图技术开创了一个崭新的空间。地图，已经成为人类生活结构中极其重要的一部分，这意味着整个世界在飞速发展，人们需要精确地测量时间和空间并将其直观地表达出来。

读完《地图的历史》，我们再来思考地图是什么，依旧觉得无法用一句话来概括和定义，地图的内涵较之人们想象的要丰富得多，古代舆图家的成就体现了对人类多种知识（诸如神话、宗教、美学、信仰、自我中心式的世界观）的杂糅。地图的历史浓缩着人类对世界的误会、想象、信念以及认知力的交互与混合，证实了我们对生存环境的正确认识来得既缓慢又曲折，而且不乏可笑之处。

地图的历史，反映出的是千百年来人们的兴趣和价值观的变化，以及地球本身的变化！相信读者在阅读本书时会不由自主地陷入这样的沉思。

另外，本书采用彩版印刷，并配有 200 多幅精彩的地图和图画，其中地图 100 多幅，历史人物和自然风光借鉴 100 幅。全书正文不足 200 页，几乎每页都有插图。这种非常具有创造性的编排，极大地增强了阅读的趣味性，从而帮助读者在阅读文字的同时能够获得关于地图发展历史的感性认识。

先睹为快

在印加文明之前，安第斯山脉的居民就已经在用自己的一套理念表达空间概念了：他们把符号或者图标纳入最基本的平行线，或者纳入像网格一样的几何形状中，从而呈现出他们所要呈现的地理情况。

在15世纪，当西方传教士的绘图技术还十分有限的时候，印加人就已在南美洲创立起了他们短暂的帝国，并发展出先进的绘图技术。在他们的地图上，边界被划分得非常复杂，其划分标准有军事上的、行政上的、经济上的以及文化上的。这些边界并不完全吻合，而是按照其各自的标准来制定。在这种情况下，要想从空间上界定各种地图文化所带来的影响绝对是件吃力不讨好的事。

作为一种地图文化，印加的道路系统从何而来？又被什么人所继承？至今仍是个未解之谜。但不管怎样，在没有我们通常概念中的地图样本，更确切地说，在没有任何地图作品参照的情况下，印加人已经能很好地构建他们的空间理念了，比如说校准他们的瓦卡（意为“神圣之地”，这里指一种建在山顶上的神殿）的位置。

犹他州是美国的第四十八个州。1872年，美国的欧洲移民们终于在其南部发现了最后一条未知的河流——埃斯卡兰蒂河，而最后一条未知山脉——亨利山脉，也随之被揭开了神秘的面纱。但仍然有很多地理信息等待人们去勘探并绘制入地图。费迪南德·海登（1829—1887）是内政部全美版图地理测量项目中主管测绘的负责人。从1869年开始，他在落基山脉地区做了大量的测绘工作。1871年，他的测绘成果——黄石河流域的地图问世，这使国会对这一地区给予了更多的关注，最终将黄石地区定为首个国家公园。

托尔金的《指环王》（创作于1954—1955年）三部曲就配有一幅作者绘制的“中土”地图。出版的时候这幅图与原书分开来，用大开版的彩色图版单独印行。从一方面来说，这幅地图既未给读者带来对“中土”空间范围的真实感受，也并未让读者真实理解书中正方力量与邪恶力量之间的关系。书中所写冲突的核心就是那个指环，而那个指环并不能在地图中绘制或解释清楚。但从另一方面来看，这幅“中土”地图对帮助读者了解书中所说的地点方位和书中人物所必须完成的任务，是有重要意义的。同样的，托尔金的《霍比特人》（1937年）中威特兰（意即荒地）地图也有助于读者理解书中的描写。地理学家科恩·维恩·冯斯特绘制的《托尔金的中土地图集》（1981年出版）全面绘制了托尔金笔下的地域、地点方位以及书中人物的旅程，图中的比例尺和距离都是根据原书的文字推断计算出来的。

延展阅读

《地图的由来》

〔美〕A. G. 史密斯著。

本书详细介绍了地图的由来。在这本书中，你将了解有关地图、海图的许多知识——它们的产生、发展及其用途，你还会了解人们是如何学会在海洋、陆地间穿梭往来而不会迷失方向的，以及那些帮助人们辨认方向的工具。

《地图的力量》

〔美〕丹尼斯·伍德 著

关于作者

丹尼斯·伍德，美国著名地理学家，出生于1948年。伍德在马萨诸塞州的克拉克大学取得地理学硕士和博士学位。1974年至1996年伍德在北卡罗来纳州立大学设计学院教授建筑与景观。之后一直作为自由工作者进行研究。

伍德发表了大量关于地图的作品，如《地图的力量》《家庭规则》《透过地图观察：塑造我们世界观的图片的力量》《地球变化中的五个十亿年》《再思考地图的力量》等。伍德的研究得到欧美学术界的高度赞赏，2008年他在伦敦皇家地理学会上作了题为“地图的未来”的报告。

荐读理由

地图有力量吗？听到这个问题时，很多人会目瞪口呆，不知所措。那么让丹尼斯·伍德的《地图的力量》来告诉你吧。

力量来自于做事的能力。地图同样在做事情，地图在劳动，在满身大汗、竭尽全力地投身工作，以达到不断复制使用地图而使自身得以存在的目的。地图做事的过程也就是它呈现并再现过去人类积累的思想和劳动，以及我们生活其间、同时又共同努力维持其存在的环境的过程。地图的最大特点在于它可以选择性地将过去带到现在，使得其可以自由地再现过去，而不是成为时光机器，完整地把过去呈现，消除现在和过去的界限。正是这种再现，使地图可以替人的利益服务。因此，从这个意义上说，地图不仅有力量，而且其力量甚至大到不能忽视的程度。

在丹尼斯·伍德眼中，地图不是僵硬的、呆板的线条与颜色的组合，而是生动活泼的艺术品。各色各样丰富的形象，变化万千，令人目眩，这就是地图的世界。树枝与石块、羊皮纸与金叶、纸张与墨水……几乎没有什么东西不曾被用来框架我们所居住的世界的形象。我们像鸟与蜂一样，在生命的姿态中舞出地图：在空气中勾勒，在岩石上描绘，在银器上雕镂，在纸页上印刷……地图所赋予我们的现实超出我们的视野、我们的掌握、我们的时间，那是一种我们别无他法可以获得的现实。地图使过去与未来得以呈现在我们面前，它使生活成为可能。

本书共包括七章，在每章中，作者都以生动轻松的笔墨阐述了一个问题。具体来说：

第一章“地图的作用在于替利益服务”，作者试图说明地图如何做事，如何构建世界，而不是复制世界，如何呈现过去积累的思想和劳动，从而可以为我们今日生活服务。

第二章“地图镶嵌在它们所协助建构的历史里”，作者试将地图放入它出现的历史之中，作为一种为利益服务的工具，而这种利益不仅使地图出现，也因此划分了使用地图和使用不同地图的人的世界。

第三章“每幅地图都显示此而非彼”，试图借助阅读汤姆·凡·桑特精美的世界地图，说明这些利益蕴含在每张地图之中的方式。

第四章“地图所服务的利益隐而不显”，通过仔细阅读和理性分析新泽西州东北部林雾德地方的地形测量图，作者追索地图遮掩它所具有的利益并使它自然化，从而引导读者通过阅读发现隐藏在地图中的风景的特点。

第五章“利益具现在地图的符号神话里”，通过阅读《北卡罗来纳州官方公路地图》，作者试图证明这种遮掩方式存在于可以用来解析地图和构造地图的符号之中。

第六章“每个符号都有历史”，通过讲述一个特殊符号即地形起伏符号的历史，作者科学地阐明地图与文化其余部分的连续性，阐明了文化的利益，也就是地图的利益。

第七章“地图也替你的利益服务”，作者提出了一个重要思想，即每个人都可以绘制地图。然后进一步阐述了地图对人们的作用和意义：地图是决策过程的关键、地图负担的重任等。最后作者水到渠成地得出结论——在理解了每一张地图所服务的利益之后，地图可以服务于你我的利益。

正如《基督教科学箴言报》（美国著名报纸，一共获得过七次普利策新闻奖）所评论的那样，“本书犹如一缕灿烂、清新的光辉，映照在我们对地图的习惯体验上——第一次，丹尼斯·伍德引导他的读者穿过纷杂多变的地图世界，不断探索：地图展示了什么，遗漏了什么？为什么会这样？读过本书，你将再不会以同样的眼光看待地图”。这正是我们极力推荐本书的原因。相信读者在读过本书后，会发现地图的力量并真正爱上地图。

先睹为快

我的世界愈大，里头所包含的人数愈多，这有两层含义。第一，我们需要地图以便了解彼此的行踪，以及自己的目标。地图借助联系我们与我们浸淫其中的广大符码、法令、契约、条款、惯例、协定等等系统的一切其他方面，而达到这个目的。但就第二层含义来说，地图容许我们能够彼此追踪：这需要达到一定的人口规模才行。我想象有一个人数的界限，超过这个数字的社会，便需要制作，低于界限就不需要。这并不是因为其中的成员不会制作地图，而是因为社会太小了，对地图没有足够的需要或支持。

对我们来说，要像孩子般发明山丘符号已经来不及了。我们都太老了。很早以前，我们就已经准备好要如何来“面对周遭所见的一切”（我们太习惯于很快地做好决定）。我们曾经听过美人鱼彼此歌唱：我们知道他们不会对我们歌唱。我们知道的太多。利益的气味在我们鼻孔前挥之不去。即使是超现实主义者，也不能让地图脱离这种气味。看看他们的地图：在地图拥护着他们利益的情况下（美国被消除掉了，复活节岛被夸张成欧洲那样大！），和罗宾逊与墨卡托的地图有什么不同呢？甚至500年前绘制了一座早期蝴蝶山丘的米兹特克制图家也知道太多（蝴蝶山丘是一个城镇的名字，它被放到地图上，是为了显示对扎卡特佩的忠顺与奉承）。利益散布到每件事情，它无处不在，它的重量难以承受，压制着我们。

所以，如果想要作些改变也许太迟了。然而为何奋力想挣脱它呢？为何不承认地图中的利益，承认就是利益借助挑选，而使得地图成为再现，为汤姆·凡·桑特服务，为国家地理学会，为美国地质测量局，为北卡罗来纳州，为扎卡特佩的领袖服务。一旦人们接受地图就是利益的再现，一旦地图的历史偶然性完全被认识到，就不再需要遮遮掩掩了。免去了这种遮掩的负担，地图将能开始取得它最真实的特性，作为资料处理的工具、量化信息之推论的工具，以及说服力之论证的工具。挣脱了眼睛的宰制（地图从未是现实的视像），地图才能够回归到手（用来制作地图）、心智（靠地图来推论）、口（借助地图来说话）。不必再假装具有客观性，仿佛是观察的被动记录，地图就能重获其作为整个身体都拥有的工具性。不再是拿来看的东西，它变成了某种你可以制作的东西。如此就能够使地图为你，为我们工作。

延展阅读

《大地何以怒吼：地震和火山的故事》

〔美〕马里奥·萨尔瓦多里、马休斯·李维著。

本书是两个地震迷的寻震之旅，旅程溯及《圣经》上所述大火和硫黄的恶地，各种天摇地动的古老神话，贯穿里斯本的天谴、关东大地震、旧金山大地震等历史场景中，配以百余张生动插图。海洋沸腾，坚实地表在脚下如液体般浮动，大地像莲花在火中绽放，人类被卷入燃烧漩流……在本书中，从地球颤抖引发的现实灾难，到太空时代科学“先知”展现预测能力的热门话题，再到地震和火山爆发的神秘起源将一一被揭开。

《古地图密码：中国发现世界的谜团玄机》

刘钢　著

关于作者

刘钢，1983年毕业于北京大学法律系。现为知名商务律师、收藏家、地图史学爱好者。

刘钢曾在《地图论坛》和《测量学研究》等地图史学刊物上发表学术文章，并数次作为嘉宾在国内和国际研讨会上发表讲演。2006年1月，他将收藏的《天下全舆总图》公布于众，引起很大反响，《经济学人》《时代周刊》《纽约时报》、CNN、BBC、路透社、法新社等数十家国际知名媒体相继报道，引起全球轰动；凤凰卫视《文化大观园》曾经播出专题访谈节目。2009年9月下旬中央电视台播出三集纪录片《古图探秘》之后，刘钢及其收藏的《天下全舆总图》再次引发热烈探讨。

荐读理由

古地图是直观的。表面看上去，它们似乎无秘可藏。然而，有关中国古人世界探险的秘密却隐藏在古地图的线条和注释之中。

——刘钢

现今社会上流行收藏热，凡是古老的东西都成为收藏家争相竞买的对象，中国古代地图也是如此。但是能把收藏与研究融为一体的收藏家则寥若晨星，刘钢先生即是其中的佼佼者，而《古地图密码：中国发现世界的谜团玄机》一书正是作者在收藏并研究大量古代中国地图的基础上辛勤劳动的结晶。

哥伦布1492年首先发现美洲，麦哲伦1519年起历时三年首次完成环球航行，大航海、大探险带来"地理大发现"，这些都是教科书中的历史常识。2001年作者于上海购得《天下诸番识贡图》摹本，经过仔细地考证，作者发现该图显示出1418年前中国人已完成世界航行。在经过慎重的考量之后，2006年在英国地理学家孟席斯的支持下公布了此图。《古地图密码：中国发现世界的谜团玄机》即由此图出发，为读者朋友层层揭开中国人发现世界之谜的过程。

《古地图密码：中国发现世界的谜团玄机》独家汇集海内外珍稀古地图一百余幅，上下几千年，纵横千万里，古图古墓，悬念迭起。作者的很多发明听来匪夷所思，同时又令人震惊。如一幅11世纪古墓中的世界地图痕迹揭示了当时中国人已经完成了测绘美洲大陆的壮举，而且航遍了澳洲大陆的海岸线；数幅马可·波罗遗传的古地图显现出北美的部分轮廓，证明马可·波罗从中国获悉了北美大陆的信息；利玛窦及其世界地图，在中国地图史学界具有极为重要的地位，然而他的地图隐藏着一个惊人的秘密，即利玛窦曾经参考过中国古代航海家探险美洲的地图资料；还有一些中世纪地图，描绘出南极陆地的轮廓，说明中国古代探险家已经测绘过南极洲；600年以前，中国地图以北为上，伊斯兰地图以南为上，而欧洲地图却以东为上，中国古典地图投影术促使中世纪西方地图学家改变了他们的地图朝向，形成以北为上的地图绘制规则。

作者对中国古代科技史进行了详细而深入的研究，特别是古代中国在远洋航海、天文观测、数学测算、投影绘图和经纬测量等方面的成就。其中“中国古典地图投影术”一章，作者详述了中国地图投影术的发展历史，从《周髀算经》到裴秀的“制图六体”，从贾耽的《海内华夷图》到沈括的《守令图》，并高度评价了“不对等投影法”对于“地理大发现”的意义，认为它影响了欧洲的地理学家和地图学家，从而引发哥伦布横跨大西洋、“发现”美洲新大陆。

有感于中国传统制图方法的衰落以及现代人对传统技术的漠视，作者饱含深情地大声疾呼：“历史秘密不仅隐藏了史实，也掩盖了许多杰出人物的名字。为了测绘大地，有多少中国古代探险家葬身海底，又有多少中国古代科学家、地图学家耗尽了一生。他们测绘的世界地图为哥伦布、麦哲伦等欧洲航海家指明了探险的方向。然而教科书却只字不提他们为人类社会发展作出的贡献，这是多么的不公平！”

全书的点睛之处在于最后一章“历史之鉴”。作者从一个全新的角度对中国古代科学技术的衰退进行了阐释。在作者看来，道教的自然主义哲学观是中国传统科技发展的主要动因，是传统文化中最有价值并且最值得继承的。正是在道教神学主义的激发下，道教中人运用观察和实验的方法探索自然规律，使中国古代科技在天文、地理、数学、物理、化学等领域长期处于世界领先地位。这种观点看似荒唐，却有其合理之处。纵观人类社会发展史，主宰人类并且决定人类命运的主要因素既不是财富，也不是武器，而是自然规律和哲学理念。作者对中国古代科学技术衰退的解释让人深思。

孟席斯的《1421：中国发现世界》轰动一时，而《古地图密码：中国发现世界的谜团玄机》中提出的一些史学观点更加新颖，势必会引发更加广泛的关注和讨论。还等什么呢？让我们一起随作者走进历史，重新审视古人的发明和贡献吧！

先睹为快

中国古代地图学家发明的“不对等投影法”不仅在地图史中占有独特的地位，在世界历史中也应有一席之地。之所以给予“不对等投影法”如此之高的评价，其原因就是，这种“不对等投影法”误导了欧洲的地理学家和地图学家，从而引发哥伦布横跨大西洋、“发现”美洲新大陆。

……

这些说法虽有所不同，却都具有一个相同的细节。这就是，在首次横渡大西洋之前，哥伦布曾经看到过一幅世界地图，这幅地图显示出，欧洲西面有一片大陆。哥伦布误认为，这片与欧洲隔海相望的大陆就是印度。由于这幅地图的误导，当探险船只抵达巴哈马群岛时，哥伦布误以为此地就是印度，并将那里的人称之为“印第安人”。

《禹迹图》为正方形，方位以北为上。该图采用计里画方的手法，横向刻有七十一个方格，竖向刻有七十三个方格，全图总共有五千一百一十个方格，每方折地百里，比例尺相当于1:500万。全图以宋朝领土为主，标注出三百八十多个行政区名，近八十条河流和七十余座山脉的名称。图中河流的位置、走向以及海岸轮廓线与实际状况非常接近。《禹迹图》的准确性不仅反映出“以象观道”的理念，而且显示出中国古人在很早以前已经掌握了高水平的地理测绘技巧和高超的经纬度测量技能。西方汉学家李约瑟盛赞此图，认为它是“当时世界上最杰出的地图，是宋代制图学家的一项伟大成就”。

利玛窦在《坤舆万国全图》南美地域上写有两段注文，其中一段称："南亚墨利加今分为五邦……五曰伯西儿，即中国所谓苏木也……"在此段注文右边，另有一段注文写道："伯西尔，此古苏木，此国人不作房屋，开地为穴以居，好人肉，且食男不食女，以鸟毛织衣。"将此两段注文连读，我得到利玛窦的一段留言：在利玛窦的古代时期，中国人将现今巴西称之为"苏木"。

读到此留言，我感到非常吃惊。历史教科书告诉我，在利玛窦来华之前，中国人对美洲大陆一无所知。然而，利玛窦的留言却告诉我一个与历史教科书完全不同的史实。在历史教科书与利玛窦的留言之间，我究竟应该相信谁呢？

延展阅读

《1421：中国发现世界》

〔英〕加文·孟席斯著。

加文·孟席斯，英国皇家海军退伍军官。在皇家海军服役期间，他曾率船队沿着世界上伟大的航海家哥伦布、迪亚斯、卡布拉尔和达·伽马的航线行遍世界。退伍之后，他曾多次走访中国与亚洲各国，专注于中国明代郑和航海的调查与研究。孟席斯花了 14 年时间研究郑和率领的中国船队先于欧洲那些耳熟能详的伟大航海家发现新大陆的那段传奇旅程。他广泛搜集古地图以及东西方断简残篇的证据，用来支持自己的论点。他利用自己具有丰富航海和天文学知识的优势，成功地解释了近年所发现的当年船队沿路留下的遗物与碑文，以及中途的沉船，还有水手在各地祭拜妈祖的遗址等现象。最后作者得出了一个极具颠覆性的结论：早于哥伦布 70 年，中国人发现了美洲大陆，并且提前麦哲伦 100 年便已环行地球。

《文化地理学》

〔英〕迈克·克朗 著

关于作者

迈克·克朗，英国达勒姆大学地理学教授。他的研究兴趣集中在文化地理学方面，主要研究社会记忆与社会身份的关系、公共习惯与口述历史等。2006 年担任“地球的浪费：欧洲科学研究理事会合作调查”项目的主管。先后发表的文章有《文化地理学》《思考空间》《旅游：空间与表现之间》《编写地理志》《定性地理学手册》等。

荐读理由

西方文化地理学形成于 20 世纪 20 年代，其标志是 1925 年美国文化地理学家卡尔·索尔的《地理景观的形态》一书的出版。二战以后，英国文化研究学派异军突起，文化地理学从中吸收了不少文化研究的学术营养，开始从阶级、种族、性别、政治信仰等方面关注城市中各种文化的空间关系。20 世纪七八十年代，西方文化地理学产生了以杰克逊、科斯科罗夫妇为代表的新文化地理学。它是地理学的“文化转向”和文化研究以及社会科学普遍的“空间转向”之后学术互动的产物，与地理学以往的知识遗产（包括传统的文化地理学）存在着研究议题、认识论和方法论等方面的诸多差别，是走向批评范式的人文化和理论化的知识体系。

迈克·克朗的《文化地理学》便是新文化地理学的代表性专著。作者透过现实生活纷繁复杂、多姿多彩的现象，通过从世界各地撷取的丰富实例，深入思考了国家、帝国、民族、商业、公司、商店、商品、文学、音乐、电影等在文化中所起的作用，对当今社会的变化以及文化中所表现出来的“选择与融合”这一发展趋势进行了焦点透视。

全书共有十一章，每章都相对独立，分别论述了文化地理学的一个方面。具体来说，第一章至第三章，作者对文化地理学的很多基本概念作了界定，并提出了基本的研究方法。第四章至第十一章，作者分门别类地就文学、艺术、商业、民族等各种文化因素与地理的关系作了精彩的论述，深刻地阐释了文化地理学的内涵，内容丰富，论述精彩，发人深省。

概而言之，全书实现了对传统文化地理学的批判和超越。一方面摆脱了过去以现象学哲学为主的人本主义地理学的弱点，开始关注主体间性的意义系统，并吸收女权主义、后殖民主义、心理分析学派、社会心理学和文化人类学素养而形成“后人本主义地理学”；另一方面，又将研究领域扩展到消费、文化、社会、身份、认同和表征的空间研究，关注文化的空间性和空间的文化性，重新思考“经济”与“文化”的关系，关注空间如何成为文化体验的意义地图。

克朗的这些努力将对人文地理学其他分支学科以及社会科学的“空间转向”产生深远的影响，其丰富多元的知识系统也预示着新文化地理学将继续寻找文化批评与社会价值的关联点，延续“批评范式”的文化转向，努力实现文化研究的空间化。从这种意义上说，本书是您了解新人文地理学最好的选择。

先睹为快

我们如何看待电视为观众带来更加积极的作用和更加积极的地理？对这个问题的解释就是看到电视起着一个聚集地的作用。它至少在两个层次上起着这个作用。第一个层次是观众共同体；第二个层次是创造相互并不认识的观众共同体。首先，让我们思考一下看电视，就拿时下播得正火的美国连续剧《朋友》来说吧，在这部戏中，一群20多岁学业不良的年轻人，她们中的一些人从事着低档次的工作，如在那种为招揽顾客装潢得奇奇怪怪的餐馆里做女招待。她们中的另一些人住在相当不错的公寓里，却很少工作。剧中人物当然是那种个性特别、富有幽默感的人，但个个都非常漂亮。电视剧是由英国一家美发公司提供赞助的，该剧预告的目标是20多岁的单身女性。电视剧每周只播出25分钟（如果除掉中间插播的美国广告时间的话），但是，这并不意味着看电视行为的中止，因为人们谈论它的时间却要长得多。谈话的内容都是一些嘲笑护理头发的种种麻烦，还有女演员们为了她们的外表所受的节食之苦等等之类的事情。因此，电视节目成了人们闲谈、嚼舌头根子以及争论的一个社会根源。从这个意义上说，电视节目引起的社会行为或事件，可以馈入到其他的社会场合成为原料而不是替代这些场合。……

商品叙述的地理之一是那些被异族化的地区的地理。另外一些关于他者的含义和话语可以从第五章中看到。殖民化过程中的一种话语是关于被女性化的植物繁茂的热带地区——在那里，大地的果实是不需要经过劳动便自己长出来，土著人不必劳动。今天，这种思想也渗透到商品的意义中。

英国有一个宣传“天赐巧克力”（Bounty Bar）系列广告，画面上有浓郁的异国情调的沙滩，广告的主体是吃着条形巧克力的女郎。Bounty 这个英文单词的意思是“慷慨赐予的礼物”，作为巧克力的牌子，它不仅暗示这种椰心巧克力其美味非人间所有，也表明它是上天赐予的，是可以不劳而获的。其中一个镜头是椰果自己掉到地上，裂开了，露出里面的巧克力，这个 20 世纪 90 年代的广告主题仍是宣扬在那异域他邦（西方人将其女性化、性征化），人是可以不劳而获的。这是 300 年前的主题，现在又得到了重复。

这样的地理观不仅限于食品，我们也能从其他商品那里看到，如室内装饰品和浴室用品……

延展阅读

《文化地理学手册》

〔英〕凯·安德森主编。

《文化地理学手册》比较全面地介绍了当代西方文化地理学的知识谱系。全书共分九部分，其中前八部分分别从受到文化研究影响的文化地理学视角讨论社会、经济、自然、景观、主体性、帝国、西方、地缘政治等本体论议题，最后一个部分则探讨了文化地理学的认识论或方法论议题。本书的出版，不仅将彻底更新国内大多数非地理学界乃至我国地理学界本身对文化地理学的传统认识，也将因其所探讨议题思想上的先锋性以及与现实世界密切的关联性引起其他人文和社会科学领域的广泛关注，对其产生所谓“空间转向”或“地理转向”的影响。

《后现代地理学——重申批判社会理论中的空间》

〔美〕爱德华·W. 苏贾 著

关于作者

爱德华·W. 苏贾，美国杰出的地理学家，加利福尼亚大学洛杉矶分校都市规划系教授。爱德华是都市研究的后现代取向的洛杉矶学派的领军人物，其主要著作除本书外还有《第三空间》和《后大都市》等。

荐读理由

一种完整的历史，需要描述诸种空间，因为各种空间在同时又是各种权力的历史。这种描述存在于地理政治的大策略和居住地的小战术。

——福柯

在批判社会理论中，人们过去往往偏重于对人类历史的研究，沉湎于历史的想象，希望在此种方法中考察人类的本质、社会的诸种关系权力的交替、体制的运作和人民的生活，但由此带来的直接后果是对地理、空间的漠视。诚然，空间是自然的空间，是无边无际的大自然赐予人类的语境。殊不知，我们现在生活的空间，已不再是一种纯自然的“真空”空间，而是一种被人类具体化和工具化的空间，是社会组织、社会演化、社会转型、社会交往、社会生活的产物，是蕴含着各种社会关系和具有异质性的空间。这就是福柯所说的“异位”空间，它与时间和社会存在三位一体，构成了人类生存的一切具体方面—— 一幅波澜壮阔的现实画面。因此，我们今天所欠缺的，不是历史想象，而是地理想象或空间想象。

目前发生于世界各地的民族战争、民族国家之间的矛盾、国家和区域的不平衡发展、帝国主义的侵略、殖民地的开拓、城市的扩展、农村的城市化、地方的区域化、富人区和穷人区的分离和集中，无不反映出它们与地理或空间具有某些直接或间接的联系。如果调换一下顺序，我们不妨说，争夺或关怀地理或空间是所有这些问题的根源。“占地为王”和“无地不成王”虽是强盗的逻辑和行为，但从另一个方面却折射出“地”的重要性。因此，人类对地理或空间的探究，其意义和价值是不言而喻的。于是，就有了《后现代地理学——重申批判社会理论中的空间》一书的问世。

本书是爱德华·W. 苏贾的代表作之一，集中反映了作者对后现代地理学的研究与思考，是我们全面系统了解后现代地理学不可多得的佳作。全书共九章，内容分别取材于作者已发表的九篇论文。虽名为“后现代地理学”，实际上是探讨后现代空间关系学，探究国家与国家、区域与区域、城市与城市、社区与社区、文化群落与文化群落、人与人等之间在不同的社会环境中对空间的组织、开发、占有、构建、需要以及对周围空间的感觉，融人文地理学、社会科学和哲学于一体，对空间、时间和社会存在三者之间的辩证关系作了全面而深刻的表达和剖析，对历史地理唯物主义作了言之有据又饱含深情的辩护。

作者严厉批判“历史决定论”及其对地理学想象的限制作用。在论述福柯、伯杰、吉登斯、贝尔曼、杰姆逊，特别是亨利·勒菲弗等“后现代地理学先驱者”的研究成果的基础上，极力主张一种历史的和地理的唯物主义，即对空间、时间和社会存在的辩证关系作根本性的再思考。在作者看来，空间性是各种社会关系和社会结构的物质基础，而社会生活必须被视为既是空间性的生产者，又是空间性的产物。这种双向关系就是社会—空间的辩证关系，它是空间—时间辩证关系的一部分，同时又是地理和历史社会生产之间紧张而又充满矛盾的互动关系。

总之，作为具有开创性的学术性专著，本书思路之清晰、立意之新颖、分擘之有序、例证之丰富、笔锋之锋利、视角之前沿，读来令人耳目一新，时时振聋发聩，掷地有声。

先睹为快

因此，后现代主义的激进政治文化的发展，迫切需要超越，超越那些意味着科学理解但又常常隐匿政治含义的各种严格的经验性描述；超越那种排斥历史唯物主义所有洞察力的过于简单的反马克思主义，这种反马克思主义是继马克思主义在当代暴露了一些缺陷和不足以后产生的；超越那种过时的学术性劳动分工的学科性沙文主义，这种学科性沙文主义顽固地死守因袭已久的各种优越性；超越那种以为只要在历史的唯物主义中再加一个形容词“地理的”便已创立了历史地理唯物主义的马克思主义地理学。必须大力发展一种新的“认知图绘”，这是这样一种新的方法：看穿反动的后现代主义和后期现代历史决定论毫无存在必要的面纱，以建立一种政治化的空间意识和一种激进的空间实践。因此，最为重要的后现代地理学仍然有待创造。

关于区域去中心化的总数据也遮掩了洛杉矶经济活动中一种史无前例的重新中心化，而且对传统上的城市分析构成了另一个令人困惑的挑战。这表现为两个主要形式，每一个形式都彰显了城市空间经济的国际化以及技术革新和组织革新的综合，而技术革新和组织革新已标志了在商品和服务设备生产方面的灵活专业化的崛起。这两个形式的特征可以通俗地被描述为“闹市区的复活”和“外围城市”的兴起。

有人声言，洛杉矶如果作为一个城市，充其量只有一百来个郊区。人们公开或私下认为，这一声言并不准确。经过几十年的这种辩论之后，这座巨大的区域性大都市在以往的 20 年中已形成了一个显而易见而且具有扩张性的商业区核心。况且，如果人们将沿威尔希尔干道的地带至太平洋岸边的 20 英里延伸地段也包括于这一商业区核心的话，那么洛杉矶在今天就是一个中心城市，基本上相称于该区域经济的规模和范围。时至 1960 年代洛杉矶的市中心已经成为美国政府部门就业的第二大集中地，而且是一个重要的国内银行和金融中心（尽管很明显依然落后于旧金山）。自那时以来，洛杉矶作为一个政府和财团的堡垒、一个商业和工业的核心以及国内和国际资本的一个控制中心，其扩张是十分引人注目的。

延展阅读

《后大都市：城市和区域的批判性研究》

这是作者的另一部精品。

在当今学术研究领域中，都市研究领域在城市研究的学术法则和主题的多样性上从未像现在这样显得如此丰富多样，有如此多的新理念和新方法，如此广泛地与我们时代的主要政治经济事件相结合，以及在理论和方法论上如此地动荡。本书以洛杉矶为代表，从城市和区域的批判研究角度，对“城市空间的地理性历史”“后大都市的六种话语”“1992 年洛杉矶的都市空间”等问题进行重新界定和讨论，不仅扩展了城市和区域批判性思想的范围，还打开了都市空间被感知、被把握以及实际生活于其中的新方式。

《历史的地理枢纽》

〔英〕哈·麦金德　著

关于作者

哈·麦金德（1861—1947），英国著名地理学家，被誉为近代地理学的鼻祖。1880 年哈·麦金德进入牛津大学攻读自然科学和近代史两个学科。1887 年担任牛津大学地理学讲师，一直到 1905 年。1889 年牛津大学创立英国第一个地理系，哈·麦金德担任系主任。1932 年，他担任英国皇家地理学会的副主席，并于 1946 年获得佩特伦奖章。主要著作有《地理学的范围和方法》《历史的地理枢纽》《民主的理想与现实》等。

荐读理由

《历史的地理枢纽》一书包括哈·麦金德的两篇论文，即《地理学的范围和方法》与《历史的地理枢纽》。两篇文章虽然都不是很长，但影响却广泛而深远，特别是后者甚至对人类历史发展都产生了影响，所以译者以它作为书名。

这两篇文章都是麦金德在英国皇家地理学会宣读的。《地理学的范围和方法》于1887年1月宣读，立即在英国引起了很大的反响，把英国的地理教学推到一个新的阶段，并奠定了今日英国地理学的思想基础，被誉为英国地理学的经典文献。许多现在在地理思想和地理教学中很一般的概念，都是由麦金德首先提出的，如区域观念等。

《历史的地理枢纽》于1904年1月在英国皇家地理学会宣读后，更是产生了世界性的影响。在论文宣读后进行讨论时，斯潘塞·威尔金森说："当我聆听这篇论文时，我遗憾地看到会议室里有一些座位还空着，我更感到遗憾的是其中的一部分座位并没有内阁成员在座。"20世纪80年代初，有人把此文与达尔文的《物种起源》、马尔萨斯的《人口论》、爱因斯坦的《相对论》、潘恩的《常识》等16种书并称为"十六本改变世界"的"巨著"。

《历史的地理枢纽》这篇论文之所以能影响世界政治，让人们作出这种或那种评价，是因为麦金德是第一个以全球战略观念来分析世界政治力量的人，他在文章中提出了"枢纽地带"理论，这一理论在后来被他修正为"心脏地带"。他将世界划分为三大地带：枢纽地带、内新月地带和外新月地带。其中枢纽地带是指欧亚大陆中心地区；内新月地带是紧邻枢纽地带的区域，包括德国、奥地利、土耳其、印度和中国；而外新月地带是指被海洋孤立的包括英国、南非、澳洲、美国、加拿大、日本等国在内的地区。他认为掌握枢纽区域的国家会不断强盛，然后就能扩张到欧亚大陆的边缘地带，然后动员丰富的大陆资源来建造舰队，成为海上和陆上的霸主。

联系麦金德宣读这篇论文时的历史背景，我们可以发现这篇论文无疑是从英国争霸世界的角度出发的。如果从深层的民族精神来看，麦金德的思想实际上是盎格鲁—撒克逊民族所特有的民族恐惧感的反映。他在其著作中通过强调技术革命给大陆国家带来的机遇，得出海洋国家对陆上国家所享有的优势正在受到侵蚀的结论，集中暴露出其民族的生存焦虑。

当然，作者并不是地理决定论者。他在最后提出了应对之策："在任何特定时间里政治力量的实际对比，当然一方面是地理条件——既有经济的又有战略的，另一方面也是对抗双方国民的相对数量、活力、装备和组织的乘积。随着对这些数量正确估算程度的提高，我们可能不必诉诸武力去调整差异。"

刚出版时，此书在英语世界并不受重视，反而在德国受到纳粹地理学家豪斯霍费尔的青睐，成为德国地缘政治学的思想来源之一。直到第二次世界大战，德国与苏联的结盟以及之后的背盟，才使此书引起英美的重视。1941 年和 1942 年，《新闻周刊》《读者文摘》和《生活杂志》等都提到了本文。不可否认，这篇论文在地理学史上引起了很多争论，特别是纳粹问题。但是众所周知，思想的传播是不受时间和空间的限制的，正如麦金德在 1944 年接受美国地理学会授予的查尔斯·戴利奖章时所辩解的那样，"不管豪斯霍费尔从我的书中引用了些什么，都是我四十年前在英国皇家地理学会的一次演讲中摘录下来的，远远在有任何纳粹政党问题之前"。

这本书中的两篇论文都是西方地理学的名作，它们有很多偏见，但是集中了一个时代、一个阶级的思想，成为一种思潮的代表，值得我们去学习，去剖析，去研究。

先睹为快

一个富庶的文明社会是对征服者有诱惑力的地区。现代的征服者包括两种人——"陆狼"（land - wolf）和"海狼"（sea - wolf）。他们是怎样分别进入位于恒河河谷的掠获地的？请首先考虑一下印度的向陆一方边境。在东北部，喜马拉雅山脉对于一支军队实际上是无法通过的。西北部是苏莱曼山脉，贯穿着许多山口。从以苏莱曼山脉为边界城垣的伊朗高原上，卷来了一次又一次的征服者的浪潮。但是在山脉界限以内，却是一个有效得多的障碍——塔尔沙漠及其延伸部分，即卡恰的兰恩沙漠。在塔尔沙漠与喜马拉雅山麓之间，肥沃带最为狭窄。不管是谁要想进入恒河河谷，都必须穿过这道大门。亚历山大曾经前进到它的入口处。当时他改变方向，向右沿着印度河进军，使印度得以幸免。

当我们考虑对这个广阔的历史潮流所作的迅速回顾时，不是觉得明显地存在着某种地理关系的持续性吗？欧亚大陆上那一片广大的、船舶不能到达、但在古代却任凭骑马牧民纵横驰骋，而今天又即将布满铁路的地区，不是世界政治的一个枢纽区域吗？那里从古到今，一直拥有适合一种具有深远影响而又局限性质的军事和经济力量的机动性的各种条件。现在俄国取代了蒙古帝国。它对芬兰、斯堪的纳维亚、波兰、土耳其、波斯、印度和中国的压力取代了草原人的向外出击。在全世界，它占领了原由德国掌握的在欧洲的中心战略地位。除掉北方以外，它能向各方面出击，也能受到来自各方的攻击。它的现代铁路机动性的充分发展，只是一个时间问题而已。任何可能的社会变革，似乎都不会改变它和它的生存的巨大地理界线之间的基本关系。它的统治者明智地看到它的力量的局限性，所以放弃了阿拉斯加，因为对俄国来说，不在海外占有领土，和英国必须拥有海上优势一样，是一条政策的守则。

……

最后，可以很明确地指出：某一新的力量代替俄国对这片内陆地区的控制，将不会降低这一枢纽位置的意义。例如，假如中国被日本组织起来去推翻俄罗斯帝国，并征服它的领土的话，那时就会因为他们将面临海洋的优越地位和把巨大的大陆资源加到一起——这是占有枢纽地区的俄国人现在还没有到手的有利条件，构成对世界自由威胁的黄祸。

延展阅读

《地理学与历史学》

〔英〕阿兰·R. H. 贝克著。

该书集中探讨了北美、英国和法国的历史学者与地理学者的著述。作者分别分析了历史学者和地理学者有关历史学与地理学之间关系的观点；依次论述了区位地理学与历史学、环境地理学与历史学、景观地理学与历史学以及区域地理学与历史学。为了跨越历史学与地理学之间的鸿沟，作者提出了一些关于历史地理学与历史学、历史地理学与地理学的一些基本原则，这是一项旧学新的项目，意味着这门综合学科的一个新开端。

《地理学与地理学家》

〔英〕R. J. 约翰斯顿 著

关于作者

R. J. 约翰斯顿，英国当代著名地理学家。主要从事人文地理学的理论与人文地理学当代史研究，代表作有《地理学与地理学家》《哲学与人文地理学》《人文地理学词典》等，在国际地理学界影响颇大。

荐读理由

约翰斯顿的《地理学与地理学家》，从1978年出版至今已有30多年的历史，但依然是学习和了解欧美战后地理学发展和流派必须要参考的著作，备受学者追捧和读者青睐。是什么让本书具有如此大的魔力？其中一个非常重要的原因就是作者能够与时俱进、精益求精，不断修正和改进自己的著作。该书出版之后，几乎每四年就重新修订一次，补充学术界最新的研究成果，剔除落后的、过时的内容，始终走在科学的最前沿。我想这种精神和态度本身就使本书熠熠生辉，值得读者阅读。

从内容上看，作者对当代地理学的叙述有严格的界限。首先，本书限定于人文地理学，不涉及自然地理学。理由有若干条，最重要的是，根据目前的实际情况看，自然地理学与人文地理学之间的关系并不密切，两者之间的主要联系只是在科研技术和研究方法上类似，而这些东西与其他学科也同样类似。其次，本书主要涉及英美人文地理学，兼及澳大利亚、加拿大等国，而对世界其余地区的研究工作，则大致从略。最后，本书关注的只是第二次世界大战以后几十年间的英美人文地理学。二战是许多方面的历史的分水岭。

因此，我们可以说这本书实际上是一部 1945 年以来的英美人文地理学著作。从现在看来，仅仅叙述二战以来英美人文地理学确实有失片面。但从另一个角度来看，大而全的作品往往会流于形式，限于泛泛而谈，没有太大的使用价值。而那些小而精的作品则因其叙述简练、分析精确而取得成功。《地理学与地理学家》的成功正是一个典型的例证。

从方法上看，作者的目标是要“报道别人写作的内容”，因此，在写作中，作者有意保持中立性——这也是本书最大的特点。作者尽力避免利用私人回忆，主要使用已经公开发表的文章和著作；引文很多，但大多都很短。正如作者所说：“尽管本书是非客观的，却是中立的。我并没有讲述自己的观点，一不想故意暗示过去写过的东西。书中没有评论，只有一些我认为精华特色的复述。”

作者对中立性的追求表现在文章的结构上就是采用书中写书的方法。“在叙述英美人文地理学内容的转变时，试图解释特定问题被讨论、实践的原因，以及由什么人，在什么地方。”欲做的这种“解释”不会是中立的，所以处理的方法是书中写书。具体来说，全书共九章，可以分为两部分：外层的书和内层的书。“外层的书”包括第一章、第二章、第三章、第四章以及第九章，其中前四章采用科学史学者们建立的模式从理论上介绍地理学的学科性质与特点，第九章则是对前面所有章节的总结；“里层的书”包括第五章至第八章，在这些章节中，作者分别对行为地理学、人本主义地理学、应用地理学以及激进派的地理学进行了客观的评介，是对地理学与地理学家的中性的叙述。

文章最精彩之处莫过于最后一章作者对几种地理学学科发展模式的评价。作者对照前面概述的材料，对库恩、拉卡托斯、波普尔、穆尔凯和富科等人的思想进行了客观而准确的点评，精彩而恰到好处。在这里，作者贯彻了他的中立性思想，积极引导读者就这些问题进行独立的思考。与之相比，国内类似的著作则逊色许多。

总之，《地理学与地理学家》可以开阔读者的视野，同时教会读者客观地看待和评价历史上的地理学学派和地理学家，能够让读者高屋建瓴地建立起自己的地理学体系，是一本再合适不过的地理学入门书。

先睹为快

在实证主义趋向的研究中，行为地理学被广泛接受。它对人与环境的相互关系进行提高概括，寻求环境中的空间模式，然后以它们为发展变化的基础，进行环境规划，“修正影响我们和他人的空间行为的环境”。古尔德（1980 年）在书中说，这种研究基于四大特征：

1. 个体行动的环境是他所察觉到的环境，它“可能与真实世界的实际性质有显著的不同”。

2. 个体与环境相互作用，反映于环境，也对环境进行再造。

3. 研究的焦点是个体，而不是群体。

4. 行为地理学的研究是多学科的。

在这个总的框架中，研究的方法具有相当大的差别，但总的趋势——归纳概括，以规划改造环境——则是不变的。人们最终希望的是出现一个“强有力的新理论”（考克斯和戈列奇）。尽管这个新理论还没有出现（戈列奇），但是，戈列奇认为，由于对“个人的偏好、观点、态度、认知、认知地图、意知等等”——他称之为过程差异——的研究，在理解空间行为上已取得了实质性的进展。

马克思主义的分析主要是寻求识别在下部结构中运转的过程，并把这些过程与上部结构中的各种表现形式联系起来。在人文地理学中，这意味着推导出历史唯物主义的一般理论来解释各种特定的表现形式。这些表现形式本身不能用来识别过程——尽管它们可以对过程的内容提供线索……对政治地理学而言，泰勒已经提出了一个世界经济运转的唯物主义的框架，在这个框架中国家发挥着作用。同时这个框架也衍生出关于国家的定义和职能作用的理论，但不涉及国家对具体时空的个别刺激因素的反应。

于是，目前人文地理学的特征是：在世界观上处于多范式状态；在至少两种世界观的学科基体之间互相竞争；在全部三种世界观中有大量范例作为研究的基础。正是由于最后一种特征，也由于许多人文地理学家并没有深入学习任何一种学科基体，更不用说使用范例了，从而使地理学看上去充满了动摇不定，个体研究者们纷纷探索（常常通过第三个世界而不是个人间的相互联系）各式各样的地理学实践。

……

像社会的所有其他方面一样，地理学是由地理学家们在不同地方，以不同规模为他们自己所创造的一门学科，并由他们不断进行再创造。后一点是决定性的，因为——如进入人文地理学的现实主义所强调的那样——人们在特定环境中被社会化了，接着他们又创造了其他一些人在其中被社会化了的环境的一部分。那些地方并不是孤立存在的，一地的变化可以引起另一地的变化。但是正如本书所描述的，在英美范围内，在如何利用地理学方面各地一直有着显著的差别，它反映了那些地方和人的特征；从国际范围讲，这种差别甚至会更大。

延展阅读

《哲学与人文地理学》

这是作者的另一部精品。

本书是《地理学与地理学家》的姐妹篇，主要介绍了当代西方哲学对第二次世界大战后人文地理学的影响，以及人文地理学为当代西方哲学提供的解释。作者把人文地理学看做是社会科学，主要研究社会生活与空间和地方有关的方面。这种研究显然受哲学及其方法论的支配，作者把影响当代英美人文地理学发展的哲学思潮归纳为实证主义、人文主义和结构主义三种，逐一介绍了它们各自所包含的多种哲学方法论观点，讨论了它们的基本原理及其与人文地理学的关联。

《觉醒的地球》

〔英〕彼得·拉塞尔　著

关于作者

彼得·拉塞尔，英国理论科学研究院院士、世界商业学院教授、布达佩斯俱乐部名誉会员。

彼得·拉塞尔是英国剑桥大学理论物理和实验心理学的优秀毕业生，他曾去印度学习研究东方哲学，回到英国后开始研究冥想心理学。之后，他致力于整合东方和西方对心灵的理解，来探索和发展人类意识。主要著作有《从科学到上帝》《醒了时间》《觉醒的地球》等。

此外，他也是将自我发展引入商务世界的先驱者之一，他的团体修习项目受到了许多公司的好评，如苹果电脑、美国联通、英国石油等。

荐读理由

这是一个看上去美丽、和谐、平静的星球，蓝白相间的云团，无不给你深深的感受……家、存在、本体，这就是我喜欢说的瞬息间的地球意识。

——埃杰·米切尔

对第六个登上月球的人——埃杰·米切尔来说，这次激动人心的经历使他与地球产生了一种强烈的神秘联系：地球，我们的家。从某种意义上说，月球探险的最大价值可能不在科学、经济、政治和军事等领域，而在意识领域。登上月球这一行动使人类在历史上第一次俯视这个千万年来作为自己家园的蓝色珍珠，并把它作为一个整体来看待，而作为一个整体的地球或许本身就是一个活的有机体。地球真的是一个生命有机体吗？阅读拉塞尔的《觉醒的地球》之后，你就会有自己的答案。

《觉醒的地球》从理性的层面探讨了地球存在的本源和意义，是一部关于现代信息革命如何改变人类的心灵，以及如何影响我们赖以生存的地球的巨著。"地球是一个生命有机体这一论断"是全书的出发点和基础。作者在研究宇宙进化历史的基础上，把地球看作是一个集体的自我调节的生命有机体，并勾勒出自地球形成以来从能量到物质、到生命再到意识的整个演变过程。本书在1982年出版后，因其立意新颖、构思奇特而深受读者欢迎，跻身于畅销书之列。

该书除序言外，可分为两部分。第一部分简略地介绍了地球过去、现在和未来的进化历程。在论证地球是一个生命系统的基础上，拉塞尔进一步指出作为整体的地球经历了从能量到物质、从物质到生命、从生命到内省意识这几个层次的进化，并大胆预测宇宙将进入到第五个层次的进化，即向"盖娅场"这一层次进化。

第二部分"内在的进化"是全书的重点。作者在论述物理层次、生命层次的进化的基础上，花了大量篇幅探讨了意识层次的进化。在拉塞尔看来，由于生物学、原子物理学、能源、通信等方面的飞速发展，人类正逐渐越出生物学意义上生命的进化，而跨入意识的进化，并随着人类意识的进化在人类行动中占据支配地位，人类也将从信息时代进入意识时代。

作者高度评价这种“内省意识”，称“其意义不亚于生命的产生”。但是在这一阶段，人类却面临着诸多困境，如环境污染、意识形态的冲突等。为了解决人类在内省意识这个阶段所面临的困境，人类“要从一个协同程度较低的社会，向一个高度协同的社会转变，将需要一种元范式的转变—— 一种基于自我模式的深刻转变。这种意识中的转变成为进化的迫切任务”。如何实现人类意识的转变呢？不同于以往的悲观主义者，拉塞尔对人类的未来充满希望。在文章最后，他给出了问题的解决之道——意念治疗，“要改变人类已有的观念，它们可能是最有效的手段之一”。

正如作者所说，“不管我们愿意与否，我们现在是地球进化过程的监护者”。而作为地球生命体的一分子，当进化的脉冲在我们面前闪现时，我们每一个人都有责任抓住那股内在的冲动。这正是本书给人类的最大的启示。

先睹为快

真正的问题并不在于外部世界所强加的物质约束，而在于我们自己心灵的约束。当前流行的世界观是：人是自然的支配者和操纵者，天生就是侵略性的，有强烈的国家意识，以生产率、物质进步、经济效率和经济增长为首要目的。科学被看作获得知识的最重要的方法，它最终能够解释一切，技术被当成是达到所期望的任何目的的手段。

尽管这种世界观几乎为发达国家所普遍接受，但仅仅在上几个世纪才为我们所具有——它随着工业革命出现。中世纪的模式不是把科学，而是把宗教的教义看作知识的来源，把上帝看作至高无上的裁判者。它对我们当今的模式显然不再管用了。旧的模式正在失去其用场，而且正在威胁着我们在这个行星上的继续存在。此外，我们依附旧的世界观越久，我们停留在目前受阻的地方的可能性就越大。

日益明显的是，如果我们要避免共同灾难的话，某些重要而且根本的改变将是必需的：我们同我们自身、我们的肉体及周围事物的联系方式中的变化，我们的需要中的变化，我们对于其他人和这颗行星的需求中的变化，我们对世界的认识和了解中的变化。正像许多人指出的那样，需要一种新的世界观——一种整体论的、不滥用自然资源的，在生态学上合理的、长期的、综合性的、爱好和平的、人道的、合作的世界观。我们需要转变到一种真正全球性的观念上，在这种观念中，个人、社会和这颗行星都被给予充分的重视。换言之，我们必须从一种协同程度较低的世界观转变到一种协同程度较高的世界观。

这里已经暗示了，在当代社会中，导致如此低程度协同的根源就是，我们用皮肤包裹着的自我模式来当作我们自我确认的主要依靠。直到最近，还几乎没有理由怀疑这种二元论者的模式；它似乎相当令人满意地起作用，而且大多数语言和文化传统有力地支持了它。但是，迅速地临近全球性危机的危险性正在迫使我们意识到，这一模式包含了某些根本的缺陷。

延展阅读

《地球》

〔意〕贝托拉兹著。

贝托拉兹，1961 年生，曾在意大利帕维亚大学主修哲学，旅游爱好者和自然主义者。这本书所描述的并不是以人类为主角，人类只是以旁观者的姿态出现，全书没有道路、城市、纪念碑，有的仅仅是树林、山峰、海洋、沙漠，以及更多自然景观。在这幅迷人的世界画卷中，我们人类只是过客，而非主人。有一些自然景观，尤其是这本书中提到的，能够帮助我们去理解、去认识，进而热爱这个我们赖以生存的环境，它们就是与我们息息相关的山岭、沙漠、火山、海洋以及生活在天堂中的主和其他神灵。

《全球时代：超越现代性之外的国家和社会》

〔英〕马丁·阿尔布劳　著

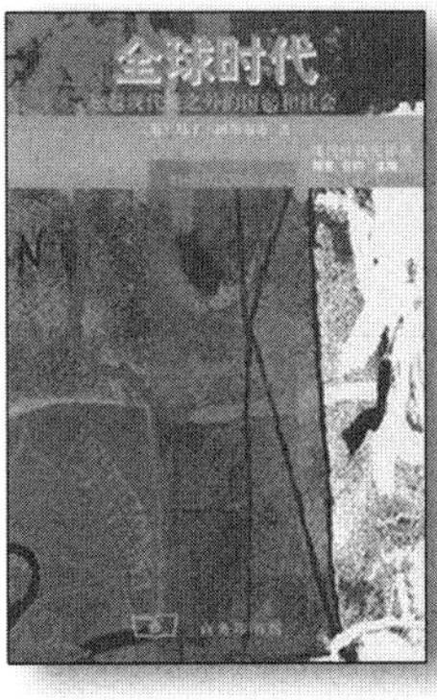

关于作者

马丁·阿尔布劳，英国伦敦罗汉姆普顿学院社会科学研究教授，伦敦经济学院访问学者和威尔士大学名誉教授。他早期的研究兴趣在社会化理论、公共管理和组织结构等领域，从20世纪80年代后期起，主要从事全球化与全球问题研究，作品有《全球时代：超越现代性之外的国家和社会》《科层制》《马克斯·韦伯的社会理论建构》等。

荐读理由

在我们这个时代的公众意识中，普遍弥漫着一种超越民族和意识形态差异的“与过去决裂”的感觉。我们经常听到种种关于“新时代”的说法，如“自动化时代”“原子时代”“太空时代”“电子时代”“太阳能时代”等等，但不可否认的是依然流行着这样一种观点：就某种意义上说，我们仍然处于“现代”。在这种情况下，后现代只能够依据其与现代的关系来定义自身，即后现代只不过是现代的一个阶段。

现代性使其信徒们陷入了一种双重困境：它承诺新的未来，同时却又声称它自己是不可替代的。摆脱这种困境的办法在于拒绝采用原有的话语方式。我们只能继续向前，既超越现代性，又超越后现代性，并且认识到一种新的现实，才能够摆脱困境。于是，就有了马丁·阿尔布劳的《全球时代：超越现代性之外的国家和社会》一书的问世。

随着科学技术的不断进步和全球经济一体化步伐的逐渐加快，世界各国对全球化理念的认识也越来越深刻。何谓全球时代？从根本上讲，全球时代意味着以全球性来取代现代性；对于个人和团体来说，这也意味着一种在行为基础和社会组织方面的全面变革。在作者看来，全球化就是全世界人融合在一个社会，即全球社会。

在这个社会里，人们利用技术的潜力，拉近了彼此的距离，全世界能够进行互动与交流，世界因之发生了现实的变化。这些变化主要表现在八个方面：交通旅游手段的变化；电信交通的变化；全球范围内生产和消费的融合；全球金融体系的建立；全球治理的发展，国家间的依赖加强，必须共同合作解决遇到的问题；人类对环境、粮食和能源等问题的认同；社区的重构；全球社会的出现。正是在这些变化中，国家之间的关系更为紧密，这也说明在全球性取代现代性时，国家、政府、经济、文化和社区都已不再是中心，各个国家必须在相互协作中谋求共同发展。因此，全球化的发展速度是史无前例的。尽管有一些反全球化的声音，但是，历史在进步，这个过程是不可逆转的。

本书共九章，前三章重新评价论述与现代时代相关的问题。第一章“重续纪元史”讨论了为写现在的历史所必须具备的一般必要条件，其中包括把它从现代性的种种自我叙述中解放出来。第二章“民族国家社会之构建”则揭示了对于作为一个包括物质性生存和精神性生存问题的综合框架的“现代规划”来说，种种现代性的叙述所具有的意义。第三章“现代规划的衰败”则进一步指出“现代规划”最辉煌的时候也就是它寿终正寝的时候，并因而指出寻求一条新的历史性叙述的必要性。

为说明与全球化有关的语言对于实现一种对我们的时代的新的自我理解所能够作出的贡献，第四章“全球化：过渡现象的理论化”对有关全球化的语言加以筛选。而第五章“针对新时代的历史叙事”则审视了有关我们的时代的种种说法，发现这些说法因试图同化与已成为往事的现代时代而曲解了各种划时代的变化。

在第六章“全球时代的构架：系统”和第七章“全球时代的构架：人民”中，作者接受了把我们的时代当作一个超越了现代性的历史新纪元来看待的时候所得出的结论。他们对各种现象的新构架作了探察，以展示这些现象自身特有的非现代的条理。

第八章“未来的国家和社会”考察了全球化议题对于政治而言的种种后果，认为这要求恢复社会的概念化和以往被现代性抑制的国家。该章确认出一种被称为“表演型身份”的受民众欢迎的国家结构。由此，使得政治家们需要重视民族国家的相对化和他们对国民提出的要求，而在以往的现代时代中，他们认为这些要求是理所当然的。

第九章则通过提出如下观点而结束全书：全球时代的叙事所包含的不只是要求改变我们用以思考我们时代的思维方式，还要求把它作为用以说明文化转型和社会变革的一种解释性前提。

英国杜克大学爱德华教授给予本书高度的评价，他说：“阿尔布劳开辟了一个新的领域。书中的分析不仅博学、富有说服力，而且十分大胆和富有洞察力。作者的行文明确而清晰，读者会非常欣赏其章节结构和贯穿全文的优雅的引用。这是最好的社会学作品。”相信读者朋友在读过本书之后也会有同感。读者也可借由作者的分析，更深入地思考全球化背景下地球环境与资源面临的巨大挑战，并为适应这个新的时代做好准备。

先睹为快

对于宣告现代时代的开始来说，最有决定性的事件是

1492 年美洲的发现。与此相似的具有划时代意义的事件，是 1945 年将原子弹投放到日本，这一事件标志着现代时代之即将终结。两个事件之间发生的现代性的故事，是一个旨在扩大人类对空间、时间、自然和社会的控制的方案的故事。该方案的主要代理人，是依靠并通过拥有资本的、军事的组织来起作用的民族国家。它赋予人民生活和世代更替以鲜明的式样。然而，当它在全世界统一之际达到了巅峰的时候，也就是它寿终正寝的时候。随着世纪的终结，虽然即将来临的新时代的里程碑已然树起，却四处弥漫着后现代的迷茫。问题恰恰首先就在于没有认识到它意味着什么。冷战、三个世界、人类在 1969 年登上月球、电子化的“全球村”、美国因苏联在 1991 年解体而欣喜，以及最终是全球气候变暖，这一切都并非意味着凯歌高奏的现代性，而是意味着崭新的全球性。二十世纪八十年代，“全球化”成了关键词。二十世纪九十年代，则出现了一种总的认识，即：现代时代行将就木，全球时代已然开始。

无名氏　公元 2050 年

前面本章开头的那段话可能会使一些人对其感到古怪，甚至感到自相矛盾。它那匿名的作者此刻也许虽然还正在求学，然而却以一个相当常见的有点老式的编年史家的方式在写作。它读起来像一篇现代的叙事，然而却宣告现代时代的终结。这难道不是在自挖墙脚吗？它留给我们的是因以下情形而令人困惑的感觉：我们时代的历史，却被按照为过去的年代写史的方式写出来。

但是，我却要为它辩解：这个叙事很有意义。由它引起的困难并非源于它的自相矛盾，而是源于在当代对现代性和后现代性的解释之中存在的广泛而现实的混乱。本来应该完全可能写一写现代时代的终结和新时代的开始，如果事实上真的是现代时代已经终结而新时代已然开始的话。但是，我们却甚至连冷静地想一想作这种说明的可能性都未能做到。现代性已经牢牢地控制了知识分子们的想象力，甚至在它已经失去了对世界的控制之后仍然如此。

社区的沉浮是旧现代理论的一个标准的主题：无论是工业化对传统的生活模式的影响，还是在一些明显不适合于社区的条件下在城区或贫民区对社区的维持，都包括在这一主题之中。对社区问题的研究，受有关“地方”“地段”和“邻近性”的观念的支配。从这种意义上来说，尽管研究者们在正常情况下总是力图使自己的研究对于来自官方的种种说法保持相当的独立性，但其研究还是受制约于一种行政逻辑。在现代国家看来，把领土划分为区和分区，使其和种种统一规定好了的、在功能上互相协调的任务一起起作用，这一直是一条公理性的组织原则。

延展阅读

《一切坚固的东西都烟消云散了——现代性体验》

〔美〕马歇尔·伯曼著。

马歇尔·伯曼任教于美国纽约市立大学，讲授政治理论和城市生活研究。本书用迷人的笔触，以 19 世纪的政治和社会革命为背景，透过歌德、马克思、陀思妥耶夫斯基等人的主要作品，向我们展示了一幅充满矛盾和暧昧不明的现代世界画面。通过重新阐释马克思和深入思考罗伯特·摩西对现代城市生活的影响，作者标示出了 20 世纪及其以后世界的发展轨迹。他得出的结论是：适应不断的变化是可能的，建设真正现代社会的希望也正是在这里。

善待我们的地球母亲

《地球传》

徐刚　著

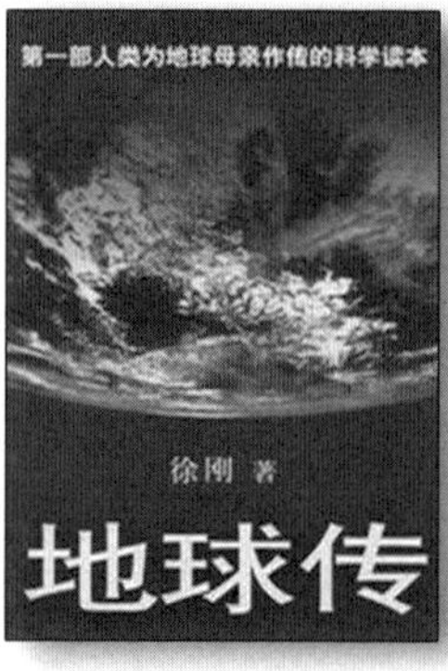

关于作者

徐刚，1945年出生，上海人。毕业于北京大学中文系，以诗成名，兼及散文、传记文学，现任中国作家协会会员、中国环境文学研究会理事、国家环保总局特聘环境使者等。近20年来则以环境文学、人与自然之创作著称。

其主要著作有：《徐刚九行抒情诗》《抒情诗100首》《小草》《秋天的雕像》《夜行笔记》《倾听大地》《伐木者，醒来!》《沉沦的国土》《江河并非万古流》《中国风沙线》《中国，另一种危机》《绿色宣言》《守望家园》《国难》等。其作品近几年来曾获中国图书奖、首届徐迟报告文学奖、首届中国环境文学奖、第四届冰心文学奖等。作者徐刚也曾获选“世界重大题材写作500位”之一。

荐读理由

我们为什么不能像寻访儿时的摇篮那样，寻访地球?

我们为什么不能像了解母亲的身世一样，了解地球？

我们的摇篮也是我们祖上的摇篮，它摇动过一代又一代婴儿的哭与笑，晃大过一个又一个孩子的梦。

如同摇篮也会破损、需要修复一样，我们的母亲操劳过度后，那头顶的白发，额上的折皱，以及病痛的呻吟怎能不牵动我们的心？

我们每一个人都有一个生身母亲，我们所有的人共有一个地球母亲。

——《地球传·引子》

把地球比作母亲，是人类对地球深沉感情的集中体现。确实，没有地球，就没有人类。从这个意义上说，我们每一个人都是地球的子孙。可是，看看我们是怎么对待我们的母亲的?！环境污染、资源浪费、人口膨胀……我们的地球已经快要达到承载的极限，我们的地球母亲衰弱了、苍老了。其实，地球母亲还很年轻，她不是真正的老了，而是未老先衰。拯救地球母亲，就是拯救我们自己。

现如今，环境问题已引起越来越多的重视，在一些发达和发展中国家有了不同程度的立法。但在我们的生活中这却还常常只是文化人的话题，绝大多数人的环境意识十分淡薄。帮助人们恢复对地球的记忆，重建现代意义上的文明史观，这是一个非常紧迫的工程。正是在这种紧迫感的促使下，徐刚完成了此书。但是，《地球传》岂是一个人能够完成的？岂是一本书可以写完的？应该有三本《地球传》、五本《地球传》，应该由不同国家的作家从不同的角度用不同的笔法书写，让大家得到一个最接近（或曰比较接近）地球面貌的认识。基于这一点，我们就应该对摆在我们面前的第一本《地球传》表示敬意。

作为知名诗人、散文家的徐刚，以主要精力从事人与自然的研究及环境文学创作已经十年。其作品《伐木者，醒来!》《沉沦的国土》《绿色宣言》《中国，另一种危机》及洋洋百万言的《守望家园》在读者中影响巨大，同时培养了他对环境问题的敏感，加深了他对大自然的尊崇与热爱。在《地球传》中，他“以优美的文字言说地球的历史，地球无与伦比的美丽和神秘，地球与人、与其他万事万物的联系，真实记录了地球今日的现状和困境”。与其他纯数字、纯科技的《地球传》不同，本书有其不同一般的特色和风格。

首先，作者在书中饱含深情地呐喊、疾呼，振聋发聩，表现出了强烈的社会责任感。环境恶化，家园荒芜，既遥远又切近，它遥远得如一个抽象的数字，如全世界每天有5 600万吨二氧化碳排入大气层；它切近得如北京天空弥漫的灰尘，如我国诸多城市连年降下的泥雨、酸雨。作家痛彻心扉地看到，经济在高速发展，灾害也在高速发展。把这种触目惊心的现象揭示出来，让在利益驱动下忙乱不堪的人群浮躁的心态能够冷静一点，这表现了徐刚作为一个作家的强烈的社会责任感。

其次，在作者眼中，地球是一个有生命的个体。作者把地球比作人类的母亲，不仅是源自地球对人类及万物的世代不竭的生命力，同时更是一种感情的自然流露。地球既是物质的又是精神的，她的物质性表现为四季的更替、草木的枯荣、山川河流、动植物的繁盛，自然中的一切；她的精神则充满了神秘：我们不知道海洋的波动是不是她的呼吸，岩浆地火是不是她的血脉，冰川相撞、地震雪崩是她的欢乐还是痛苦，大陆漂移、造山运动是她的俯仰还是抽搐。所谓文明史，主要是人类逐渐掌握工具与武器的历史，我们增加了对自然局部的了解认识，对她的整体感受与爱，却丧失了更多。虽然作者沿着前人对自然认识的脉络来为地球作传，但他的基本姿态是把地球看作一个生命整体来崇拜和赞美。

现在，我国比以往任何时期都更加关注生态文明建设。从喊喊口号到踏实行动还有很长的路要走。地球母亲已经为人类付出了太多，该是我们回报的时候了！跟随徐刚的笔触，让我们在重温对大自然的疯狂破坏中忏悔，让我们找准关键，痛改前非，还地球母亲以第二次生命！

我们各有一个自己的生身母亲。

我们还有一个共同的地球母亲。

读《地球传》，关注地球母亲的痛苦。你准备好了吗？

先睹为快

除了地球以外，谁能追忆以往？

我们已经清楚了：地球不发一语，不着一字。

人类的梦想之一，便是了解并进而把握地球。

可是，地球呢？就连人对着人大喊“理解万岁”的时候，它也是沉默的，沉默地转动、运行、负载，风雨如晦，分秒不息。

我想起了泰戈尔的《我的忏悔》中的几句话：

一只鸟天生就会飞翔、觅食、筑巢，

我凝望着小鸟的一切动作，

我在它的欢乐中感到怡然。

不必询问，泰戈尔已经告诉我们了，那种怡然便是“生命的意义”。所以只要当我思及地球的意义时——那是生命意义的集大成者——敬畏之情便油然而生。这时候，科学与知识、地底下的化石到实验室里的试管，乃至人为的地质年代的划分等等，都不再是呆板、冰冷的了。神圣与激情使这一切均显得千姿百态，因为我们真正认识到地球是一个巨大而又无微不至的生命，人类和生灵万物只是在这巨大生命之中，才有了各自的生命。

地球的意义是从始至终。

地球的历程是包孕万物。

黄河则是另一番教人心碎的景象：断流之后，连续10年年甚一年的断流之后，到1997年断流时间已达226天，一年中的2/3时间，黄河下游是无水的、干涸的。黄河水呢？黄河上游的青海河段地区乔木林覆盖率仅为少得几乎没有的0.35%。森林被砍伐到这种程度，过度放牧与采金又使草地退化，黄河已经无遮无掩无所保护了。黄河从源头开始流量便日渐减少，下游不断流又能怎么样？“统计资料表明：1956年—1989年的34年间，黄河上游多年平均流量为每秒677立方米，而1990年—1996年的7年间平均流量下降为每秒527立方米，减少22.7%。更为令人瞩目的是，1997年第一季度以来水量降到了历史最低点，致使龙羊峡、刘家峡水库蓄水量比1995年同期少了24.9亿立方米，比严重枯水的1996年同期还少14.3亿立方米，是建库以来蓄水量最少的一年。”（《中国环境报》1998年2月26日）

谁曾想到，有一天黄河之水不再流？

延展阅读

《地球的故事》

〔美〕亨德里克·威廉·房龙著。

房龙是美国著名的人文主义文学大师。他的著作文笔优美，知识广博，深入浅出，其智慧的妙语和真知灼见更是让人获益匪浅。《地球的故事》是房龙关于人类地理的力作。他用文学手法，赋予知识以灵性，将自然地理的规律和人文地理的千姿百态展现在你的面前。

《万物简史》

〔美〕比尔·布赖森 著

关于作者

见《欧洲在发酵》之“关于作者”。

荐读理由

物理学家利奥·西拉德有一次对他的朋友汉斯·贝特说，他准备写日记：“我不打算发表。我只是想记下事实，供上帝参考。”

“难道上帝不知道那些事实吗？”贝特问。

“知道，”西拉德说，“他知道那些事实，可他不知道这样描述的事实。”

《万物简史》就是这样一本描述万物发展事实的科普著作。该书2003年5月在美国出版，旋即在欧美各国引起极大的轰动。不仅连续数十周高居《纽约时报》《泰晤士报》排行榜最前列，而且荣登亚马逊网站2003年度十大畅销书之列，在年度科学类图书排行榜中，更是勇夺桂冠。

如果说市场的反应并不能完全证明一本科普读物的价值，那么让我们来看看学术界对本书的评价。牛津大学教授、国际理论和应用化学联合会会长彼特·阿金斯称，《万物简史》“可以跻身于最引人入胜的图书之列”；国际知名科学家、南澳大利亚州科学委员会主席提姆·弗兰纳认为本书是“一部具有里程碑意义的作品”。2004 年初，本书被美国《科学》杂志评选为 2003 年度最佳科学著作之一。2004 年 6 月，又一举夺得由英国皇家学会颁发的世界著名的科普图书大奖——安万特奖。时任安万特奖评委会主席的罗伯特·温斯顿在获奖祝词中说：“这部雄心勃勃的著作，通过一种富于智慧和极易理解的方式，将科学与最广大的潜在读者联系在了一起。”

这是一部有关现代科学发展史的既通俗易懂又引人入胜的书。全书共包括六部分，作者从宇宙介绍到太阳系，又到我们的地球，然后以很大的篇幅介绍生命的起源，最后以描述人类的产生和发展结尾。作者用清晰明了、幽默风趣的笔法，将宇宙大爆炸到人类文明发展进程中所发生的很多妙趣横生的故事一一收入笔下。

本书最大的看点在于回溯了科学史上那些伟大与奇妙的时刻和同样伟大奇妙的科学家。书中引用了近年来发现的最新科学史料，几乎每一个被作者描述的事件都奇特而且惊人：宇宙起源于一个要用显微镜才能看得见的奇点；全球气候变暖可能会使北美洲和欧洲北部地区变得更加寒冷；1815 年印度尼西亚松巴哇岛坦博士拉火山喷发，喷涌而出的熔岩以及相伴而来的海啸夺走了 10 万人的生命；美国黄石国家公园是“世界上最大的活火山”……与此相对应的是那些沉迷于科学的科学家们也是千奇百怪的：达尔文居然为蚯蚓弹起了钢琴；牛顿将一根大针眼缝针插进眼窝，为的只是看看会有什么事情发生；富兰克林不顾生命危险在大雷雨天里放风筝；卡文迪许在自己身上做电击强度实验，竟然到了失去知觉的地步……

这本书在讲述科学奇迹与成就的同时，还浸润着作者浓郁的悲天悯人的人文关怀。全书从科学发展史的角度对“我们从哪里来？我们是谁？我们到哪里去？”这一千古命题作了极为精确恰当的阐释。这本妙趣横生又令人大开眼界的书适合各个年龄段的读者。不仅能唤起广大青少年对科学的兴趣，在他们心里播下热爱科学的种子，而且十分适合成年人，使人们了解到科学其实并不像人们想象的那样神秘和高深，它每天都发生在我们身边。一位美国小读者的父亲说：“（我的儿子）读过《万物简史》之后，他对死亡不再感到恐惧……”北京大学原校长、中国科学院院士、第三世界科学院院士许智宏极力向读者推荐本书，他说：“浸润在书中强烈的人文关怀，使每一个人在阅读此书之后都会对生命、对人生、对我们所生活的世界产生全新的感悟。”

亲爱的读者朋友，还等什么呢？赶紧拿起书，让我们一起来分享作者的惊奇与喜悦吧！

先睹为快

这种看法多么有意思，多么激动人心。我们也许只是几百万个高等文明社会中的一个。不幸的是，空间浩瀚，据测算，任何两个文明社会之间的平均距离至少在200光年。为了让你有个清楚的概念，光这么说还不行，还要作更多的解释。首先，这意味着，即使那些生物知道我们在这里，而且能从望远镜里看到我们，他们所看到的也只是200年以前离开地球的光。因此，他们看到的不是你和我。他们看到的是法国大革命、托马斯·杰斐逊以及穿长丝袜、戴假发套的人——是不懂得什么是原子或什么是基因的人，是用一块毛皮摩擦琥珀棒生电，认为这挺好玩的人。我们收到这些观察者发来的电文，很可能以“亲爱的大人”开头，祝贺我们牵着骏马，能够熟练地使用鲸油。200光年是如此遥远的距离，我们简直无法想象。

因此，即使我们其实并不孤单，实际上我们还是很孤单。卡尔·萨根推算，宇宙里有可能存在生命的行星多达100万亿亿颗——这个数字远远超出我们的想象力。但是，同样超出我们想象力的，是它们所散落的宇宙的范围。“要是我们被随意塞进宇宙”，萨根写道，“你在一颗行星上或靠近一颗行星的可能性不足十亿亿亿亿分之一（即10^{-33}）。世界是很宝贵的。”

因此，这也许是好消息：1999年2月，国际天文学联合会正式裁定，冥王星是一颗行星。宇宙是个又大又寂寞的地方。我们能有多少个邻居就要多少个邻居。

大量的疾病不是因为微生物对你的作用而引起，却是因为你的身体想要对微生物产生作用而引起的。为了使你的身体摆脱病原菌，你的免疫系统有时候摧毁了细胞，或破坏了重要的组织。因此，当你身体不舒服的时候，你感觉到的往往不是病原菌，而是你自己的免疫系统产生的反应。生病正是对感染的一种能感觉到的反应。病人躺在病床上，因此减少了对更多人的威胁。

由于外界有许多东西可能会伤害你，因此你的身体拥有大量各种各样的白细胞——总共大约有1 000万种之多，每一种的职责分别是识别和消灭某种特定的入侵者。要同时维持1 000万支不同的常备军，那是不可能的，也是无效率的，因此每种白细胞只留下几名哨兵在服现役。一旦哪个传染性介体——即所谓的抗原——前来侵犯，有关的哨兵认出了入侵者，便向自己的援军发出请求。当你的身体制造那种部队的时候，你就可能会觉得很不舒服。而当那支部队终于投入战斗的时候，康复就开始了。

延展阅读

《果壳中的宇宙》

〔英〕史蒂芬·霍金著。

史蒂芬·霍金，出生于1942年，现任剑桥大学卢卡斯数学教授。他被推崇为继爱因斯坦后最杰出的理论物理学家，主要著作有《时间简史》《霍金讲演录——黑洞、婴儿宇宙及其他》和《果壳中的宇宙》。在本书中，霍金利用通俗的语言解释制约着宇宙的原理，把读者带到理论物理的最前沿——真理在那里甚至比幻想更令人眼花缭乱。

《大灭绝：寻找一个消失的年代》

许靖华　著

关于作者

许靖华，世界著名地质学家，瑞士联邦理工大学教授，在地质学、海洋学、地球物理学和环境学等许多科学领域都卓有建树。许靖华1929年生于南京，15岁考入中央大学（1949年更名为南京大学），19岁获理学学士学位，并以优等生资格获政府奖学金赴美国俄亥俄州立大学深造，获硕士学位，25岁成为美国UCLA理学博士。1967年从美国移居瑞士，1975年出任瑞士联邦理工大学地球科学部主任，后任该校地质研究所所长。此外，他曾先后被七家世界级权威学术刊物聘为主编或编辑。

他过去各有三分之一的时间在中国、美国和欧洲度过。在科学生涯到达顶峰的时期，许靖华先生希望回到祖国做一些工作。2004年，他受聘为南京大学高级讲座教授，开设《现代科学发展史》公共课。2008年，许靖华成为河南大学环境地理学专业博士生导师，2009年开始招收“地表化学元素迁移与人体健康”方向博士生。

荐读理由

我们该探究的是生物与其环境之间的相互作用，而不是生存竞争。适者生存律可能并没有意义……如果大多数物种的灭绝是由灾变引起的，那么决定生物生死存亡的将是机遇而不是优越性。

——许靖华

六千五百万年前，恐龙灭绝了！从小我们就相信这是“物竞天择，适者生存”的结果。我们从来没有质疑过达尔文的进化论，更没有谁敢如此贬低“物竞天择”学说。因此，在《大灭绝：寻找一个消失的年代》（以下简称《大灭绝》）的发行之日，无论学术界还是普通读者无不为之震惊，紧接而至的是无休止的批判和攻击。为此，作者曾多次在剑桥、芝加哥、苏黎世等地与生物学家进行辩论，从而赢得了打遍天下的“许旋风”“许大侠”之称，而《大灭绝》一书也被一位英国诺贝尔奖得主列为最能影响人类文明的书籍之一。

是什么让《大灭绝》引起如此之大的争议？又是什么让许靖华的学说越来越成为人们普遍接受的事实？读者朋友们需要仔细研读该书，然后才能得到合理的解释。

《大灭绝》篇幅不长，约 20 万字，共包括 13 章，但它给我们的震撼和启示却远非区区 20 万字所能承载的。作者在深入探讨研究陆地灾变事件和地质历史上生物大规模灭绝事件的证据的基础上，提出了地球演进史的“灾变说”，严厉批判了达尔文的进化论主张，提出“根本没有生存竞争这事，更没有保存优秀物种的天择”的观点。

如同本书副标题“寻找一个消失的年代”一样，许靖华在书中所描写的正是对恐龙灭绝问题的探根究源。他以一个个独立而又连续的故事，揭示了探寻恐龙灭绝秘密的过程。在地质历史中的白垩纪末期，即距今六千五百万年前地球曾受到陨星（彗星或小行星）的撞击。正是这次撞击，导致地球上生物种属大规模的灭绝，其中最主要的是恐龙。制造这种灭顶之灾的“杀手”是来自宇宙中的“天外来客”。“天外来客”撞击地球何以具有这样大的杀伤力？当陨星撞击地球时，造成漫长与黑暗的“核冬天”降临，植物的光合作用受到抑制，引起生物链的瓦解；另外，巨大的撞击甚至可以诱发火山爆发、大陆分裂等，使全球气候与环境产生巨大灾变，从而引起大规模的生物灭绝。

当然，地球还遭遇过多次陨星的撞击，而 1994 年夏发生的“彗木相撞”，无疑给此观点提供了新的“证据”。通过这种“对一个消失年代的寻找”，作者从根本上动摇了达尔文提出的生物演化的规律。许靖华指出了达尔文的“适者生存”失去了意义，因为大多数物种的灭绝是由灾变引起的，那么决定生物生死存亡的将是机遇而不是优越性。正是这种大自然的灾变促成了生物演化的巨变。事实上，在数十亿年的自然进化过程中，生物之间的互助共存是通则，互斗灭亡才是特例。

在作者看来，达尔文的进化论不仅在科学上没有根据，而且进一步演化成强大者压迫弱小者天经地义的理论，为 19 世纪资本主义血腥扩张提供了所谓依据。对此，作者进行了深刻的批判，他说：“‘天择说’决非科学，只不过是一种社会偏见，而且是非常邪恶的偏见。它已经严重地干扰了人类清醒地领悟生命历史的能力，也影响了人们耐心相处的能力。”作者的观点和言语可能有些偏激，但这源自于他的科学良知。正是为了对这种“社会偏见”“宗教信仰”进行质疑和批判，许靖华才写了这部《大灭绝》。因此，这部书最主要的就是告诉读者：达尔文主义并非科学，而是以传统英国社会哲学为基础的错误的科学解释。

值得一提的是，在《大灭绝》一书中，从第一章“学海疑云”到第五章“灭绝之谜”再到第八章“中子神探”，许靖华把追查“谋杀恐龙的凶手”的过程，以侦探故事的形式展现出来，引导读者一步步探究造成恐龙灭绝的真正元凶。把科普与侦探融合在一起，这种独具一格的行文方式无疑是本书成功的重要原因之一。且不论“生物进化论”和“灾变说”孰对孰错，许靖华都为我们开启了一扇观察自然的窗户。此书绝对值得一读。

先睹为快

演化可能会创造，但作为创造者的大自然却不会按照达尔文的教条，缓慢而又一成不变地把每一块大理石削成固定的形状，使它完全适合原先的格局。我觉得这种物种形成作用更像一位文思泉涌的作家用个人电脑进行创作一样。他猛力不断地敲击键盘，磁碟几乎已经录满；一会儿改改这儿，一会儿敲敲那儿，这里删掉一个字，那里换上一个词义相近的词。经过一段时间之后，终于有一天，偶然发现磁碟已经完全洗掉，不得不从头开始撰写原稿。

新稿可能优于原稿，也许根本不如原来的稿子，但毕竟是不同的稿子，新稿也不是原稿的真正修改稿。新稿只受知识和词汇量的限制，就像生物面貌要受到物种发生、辐射渠道、生物与栖息地的关系等因素的限制一样。实际上，他已经将文章完全重写过一遍。

试图解释这一原稿化石记录的科学家，当然困惑不已。人们发现，章节上连续的原稿，内容却迥然不同。达尔文解释这个疑团的办法是假设二者之间，例如晚中生代和早新生代之间生命形式的转变，在记录中缺失掉了。尽管地质记录必定是残缺不全的，某些章节或某些页码可能甚至完全没有记录，但是我们的最新证据却说明，中生代与新生代之间章节并无缺失，中间也没有过渡带。古比奥剖面是连续的。

正如麦克拉伦在演说中所声明的，虽然科学家还在争论这种灭绝的速率和原因，但是现在几乎已没有古生物学家质疑大规模生物灭绝现象。也没有人认真地认为生物灭绝的原因是生物之间的生存竞争，更没有人认为恐龙的灭绝是由于哺乳动物与恐龙的斗争，或者由于二者为了争夺小生境而进行的斗争。但是，那些顽固不化的达尔文主义者，仍然试图挽救祖师爷的教诲，说什么适者生存是指生物对危机的幸存能力等等；不过一切这些花招已经于事无补了。

……

那么，什么是适应性的含义呢？所谓适应性就是指适应于生物的小生境。如果小生境遭到破坏，那么会出现什么样的情形呢？当然，生物就变得不适应了。

恐龙的适应性一直是极好的。既能适应生物之间的相互关系，又能适应所居住的自然环境。后来，一颗陨星击中地球，恐龙一下子变成了不适者，最后终遭灭绝。爱尔兰麋鹿和被毛哺乳动物适应冰期的环境是毋庸置疑的，可是当气候回暖时，它们反而灭绝了。环境本身既然反复无常，适应与否也就没有意义了。

延展阅读

《古海荒漠》

这是作者的另一部精品。

本书是一本充满知识性、探险性的科普读物。作者与一群科学家乘“格洛玛·挑战者号”出海探索，通过岩石样本揭开了这个深埋在海底的地学之谜。《古海荒漠》记录了这次钻探之旅风波迭起的海上生活、科学家在探索真理的道路上的曲折历程，以及地中海奥秘揭开后的阵阵回响。

《寂静的春天》

〔美〕蕾切尔·卡森 著

关于作者

蕾切尔·卡森（1907—1964），美国海洋生物学家，现代环境保护运动的先驱。1929 年毕业于宾夕法尼亚女子学院，1932 年获得霍普金斯大学动物学硕士学位。1935 年至 1952 年间供职于美国联邦政府所属的鱼类及野生生物调查所，在此期间著有《在海风下》《海的边缘》《环绕我们的海洋》等多部科学人文作品。

《寂静的春天》1962 年在美国问世时，是一本备受争议的书。蕾切尔·卡森第一次对控制自然意识的绝对正确性提出了质疑。但在《寂静的春天》出版两年之后，她心力交瘁，与世长辞。作为一个学者与作家，卡森所遭受的诋毁和攻击是空前的，但她所坚持的思想终于为人类环境意识的启蒙点燃了一盏明亮的灯。

荐读理由

我对人类感到悲观，因为它对于自己的利益太过精明。我们对待自然的办法是打击并使之屈服。如果我们不是这样多疑和专横，如果我们能调整好与这颗行星的关系，并深怀感激之心对待它，我们本可有更好的存活机会。

——E. B. 怀特

在今天，“环境保护”已经成为全世界国家和人民密切关注和全力解决的问题。而回想一下不久之前还流行于全世界的口号——“向大自然宣战”“征服大自然”，大自然仅仅是人们征服与控制的对象，而非保护并与之和谐相处的对象。

1962 年，《寂静的春天》在美国一出版就成为一本很有争议的书。它那惊世骇俗的关于农药危害人类环境的预言，不仅受到与之利害攸关的生产与经济部门的猛烈抨击，而且也强烈震撼了社会广大民众。

《寂静的春天》一书犹如旷野中的一声呐喊，以它深切的感受、全面的研究和雄辩的论点改变了历史的进程。如果没有这本书，环境运动也许会被延误很长时间，或者现在还没有开始。可见，蕾切尔·卡森把我们带到人类与自然环境相互融合的奋斗历程中，其影响力已经超过了《寂静的春天》中所关心的那些事情。

那么，《寂静的春天》到底是一本什么样的书呢？这要从作者虚设的未来的城镇开始说起。昔日一切生物与周围环境和谐相处的小镇突然遭遇了飞来横祸：神秘莫测的疾病袭击了成群的家畜；新生的猪仔很小，只能存活几天；园后鸟儿觅食的地方冷落了，只能在一些地方看到气息奄奄的小鸟；小溪失去了生命，钓鱼人不再来访……是什么东西使得城镇的春天之声沉寂下来？这正是本书尝试解答的。作者从死神般的特效杀虫剂和除草剂入手，向人们揭示了其对地表水、地下水、土壤、动植物、河流造成的严重的破坏；当然还有人类，“错乱、幻觉、健忘、狂躁——这就是为了暂时消灭一些昆虫所付出的沉重代价。只要我们坚持使用那些直接摧残我们神经系统的化学药物，我们就将继续被迫付出这一代价”。

最后，作者为我们指出了“另一条出路”：人类必须与其他生物共同分享我们的地球。在蕾切尔·卡森看来，我们是在与生命——活的群体、它们经受的所有压力和反压力、它们的兴盛与衰败——打交道。只有认真地对待生命的这种力量，并小心翼翼地设法将这种力量引导到对人类有益的轨道上来，我们才有希望在昆虫群落和我们本身之间形成一种合理的协调。

卡森将自己的书命名为“寂静的春天”，是因为对于普通的美国人来说，在自家后院听不到鸟鸣，是件使人猛然吃惊的大事。可是，请大家回忆一下，我们中国的城市居民什么时候曾在自家后院或附近听到过鸟鸣呢？对于中国人来说，环境问题已远远不是什么听不听得见鸟鸣，而是人能不能正常生存的问题了。按照一般常识来说，后发展国家理应避免走别人已付出代价的弯路。但可惜的是中国走了，并仍在走着发达国家已经走过的“先污染，再治理”的道路，而且污染后肯不肯治理、能不能治理，也还是个问题。其实，中国今天面临的环境问题，要比 20 世纪 60 年代卡森笔下所描述的情景不知严重多少倍。

只有当多数中国人懂得了环境保护对自己和子孙后代的重要意义时，中国才有可能期盼一个绿色的明天。在这方面，卡森的《寂静的春天》将是我们向公众普及环保意识的 ·个最有力的经典读本。因此，我们有必要重温蕾切尔·卡森的《寂静的春天》一书。

我们衷心希望，这本彪炳史册的著作能为中国环境保护事业带来些启迪和动力，推动中国环保事业的健康发展，还“寂静的春天”以热闹和生气。

先睹为快

现今在一些地方，无视大自然的平衡成了一种流行的做法；自然平衡在比较早期的、比较简单的世界上是一种占优势的状态，现在这一平衡状态已被彻底地打乱了，也许我们已经不再意识到这种状态的存在了。一些人觉得自然的平衡问题只不过是人们的随意臆测，但是如果把这种想法作为行动的指南将会是十分危险的。今天的自然平衡不同于冰河时期的自然平衡，但是这种平衡还存在着：这是一个将各种生命联系起来的复杂、精密、高度统一的系统，再也不能对它漠然不顾了，它所面临的状况好像一个正坐在悬崖边沿而又盲目蔑视重力定律的人一样危险。自然平衡并不是一个静止固定的状态；它是一种活动的、永远变化的、不断调整的状态。人也是这个平衡的一部分。有时这一平衡对人有利，有时它会变得对人不利。当这一平衡受人本身的活动影响过于频繁时，它总是变得对人不利。

现代，人们在制定控制昆虫的计划时忽视了两个重要事实。第一是，对昆虫真正有效的控制是由自然界完成的，而不是人类。昆虫的繁殖数量受到限制是由于存在一种被生态学家们称为环境防御作用的东西，这种作用从第一个生命出现以来就一直存在着。可利用的食物数量、气候和天气情况、竞争生物或捕食性生物的存在，这一切都是极为重要的。昆虫学家罗伯特·麦特卡夫说：“防止昆虫破坏我们世界安宁的最重大的一个因素，是昆虫在它们内部进行的自相残杀的战争。”然而，现在大部分化学药物被用来杀死一切昆虫，无论是我们的朋友还是我们的敌人都一律格杀勿论。

第二个被忽略的事实是，一旦环境的防御作用被削弱了，某些昆虫的真正具有爆炸性的繁殖能力就会复生。许多种生物的繁殖能力几乎超出了我们的想象力，尽管我们现在和过去也曾有过省悟的瞬间。从学生时代起我就记得一个奇迹：在一个装着干草和水的简单混合物的罐子里，只要再加进去几滴取自含有原生动物的成熟培养液中的物质，这个奇迹就会被做出来。在几天之内，这个罐子中就会出现一群旋转着的、向前移动的小生命——亿万个数不清的鞋子形状的微小动物草履虫。每一个小得像一颗灰尘，它们全都在这个温度适宜、食物丰富、没有敌人的临时天堂里不受约束地繁殖着。这种景象使我一会儿想起了使得海边岩石变白的藤壶已近在眼前，一会儿使我想起了一大群水母正在游过的景象，它们一里一里地移动着，它们那看来无休止颤动着的鬼影般的形体像海水一样虚无缥缈。

延展阅读

《只有一个地球——对一个小小行星的关怀和维护》

〔美〕芭芭拉·沃德、勒内·杜博斯著。

本书是世界环境运动史上的一份有着重大影响的文献，其中的许多观点被联合国人类环境会议采纳，并写入大会通过的《人类环境宣言》。书中不仅论及最明显的污染问题，而且还将污染问题与人口问题、资源问题、工艺技术影响、发展不平衡，以及世界范围的城市化困境等联系起来，作为一个整体来探讨环境问题。本书对环境及相关问题的看法是在归纳、总结各方面专家意见的基础上形成的，因而具有广泛的代表性。

《地球：我们输不起的实验室》

〔美〕斯蒂芬·施奈德　著

关于作者

斯蒂芬·施奈德（1945—2010），美国斯坦福大学生物系教授、美国科学院院士和国际问题研究所高级研究员。研究领域包括：气候变化、全球增温、人类促使的气候变化的生态学和经济影响、气候变化的综合评估、古气候和人类对气候影响的气候模拟、温室效应、不确定性、人类对气候系统的危险干涉、突变性气候变化等。因其多年在学术研究、大学教学、公众演讲、政府咨询中卓越地综合、解释和运用了全球气候研究的成果而获得麦克阿瑟奖。由于在气候领域的出色工作，以他为首的一组科学家与美国前副总统阿尔·戈尔共同分享了2007年诺贝尔和平奖。

其主要作品有《野生动物对气候变化的反应：北美案例研究》《全球变暖：我们进入温室世纪了吗?》《气候与天气百科全书》《地球：我们输不起的实验室》等，以及200多篇学术论文和评论文章。

荐读理由

“今天早上醒来时，我哭了。作为一个成年人，这很难启齿，但我的国家的命运，就掌握在各位的手中，谢谢!”这是南太平洋岛国图卢瓦代表弗里在2009年哥本哈根世界气候大会上的开场白。岛国的眼泪背后是全球气候变暖问题以及发达国家与发展中国家之间的利益博弈问题。

对于全球环境变化和气候变暖问题，如果您想看到一本既有权威意义又简明扼要、既有科学辨析又有政策讨论的入门著作，那么美国斯坦福大学施奈德教授的这本《地球：我们输不起的实验室》无疑是值得推荐的著作之一。这本10万多字的小书，对于读者了解气候变化问题以及各国有关气候变化的政策有着很大的启蒙价值和思想意义。

具体来说，通过阅读本书，读者可以获得两个方面的基本信息。

第一，有关气候变化问题的科学信息。作为气候变化问题研究的知名学者，作者从地球系统科学的角度描述了气候问题在地球史上的演变，讨论了有关气候变化问题的各种科学观点和依据。虽然人们对于气候变化的科学方面存在着不同的看法，但是通过各种观点的讨论和辨析，作者指出了在科学上有强烈支撑的三个基本结论：一是有相当大的把握可以认为全球变化和气候变暖正在发生；二是地球温度上升的原因很大程度上与人类活动有关；三是地球温度上升将给人类带来正面的和负面的影响。

第二，有关气候变化问题的政策信息。作者讨论了不同背景的学者在气候变化政策问题上的不同态度，特别指出了在相信新古典经济学的经济学家和相信自然资本论的生态学家之间存在着的思想对立。作者幽默地概括说：“对经济学知道最多的人往往是乐观主义的，但对环境知道最多的人往往是悲观主义的。”这种不同的态度，主要表现在两个问题上：一是由人口、消费、技术这些要素决定的人类经济活动的发展是否已经使得物质增长达到了地球的生态极限；二是地球生态服务的功能是否对人类不重要，或者可以被人类科学技术的发展所替代。乐观主义的经济学家往往对前者采取否定的态度，对后者采取肯定的态度；而悲观主义的生态学家往往对前者采取肯定的态度，对后者采取否定的态度。

作为生态学家，作者认为对气候变化及其可能有的负面影响采取谨慎而积极的预防政策才是合理的。因为这是一场我们输不起的行星实验，我们从现在起就必须采取非延缓的负责任的行动。值得指出的是，尽管当前有关气候变化的政策建议仍然存在着尖锐的分歧，但是作者这样的看法正日益成为国际社会讨论气候变化问题、制定有关政策占主流地位的思想依据。

在环境问题和气候变暖日益严重的今天，人类应该怎么做？作者为人们的行动指明了方向：人类应该勇敢地承担责任，积极而谨慎地对待全球气候变化。如果我们不负责任地行动会怎么样呢？在这种情况下，我们是在进行赌博。然而，这是一场令我们，以及与我们分享地球但却不能介入决策过程中的其他生灵根本输不起的赌博。是的，地球对于我们来说只有一次，是我们输不起的实验室。

在文章最后，作者指出了创作本书的目的：每一个公民都有职责选择如何平衡经济发展中的环境风险与可知收益的矛盾，这就要有充分的知识，以便作出体现这种平衡行为的价值取舍。

相信读者能够从中获得有关气候变化问题的基本的科学信息和政策信息，从而作出正确的价值取舍，在了解气候变化相关知识的基础上参与到减缓全球变暖和适应气候变暖的行动中去，进而推进 21 世纪的世界向低碳社会发展。

先睹为快

人们很少会故意制造环境问题（非法倾倒有毒废物以及点燃油

田只是一些例外情况），然而，大多数的环境问题是全球各地无数小规模和看似微不足道的环境污染行为的总体表现。不管是偶然的还是故意的，其结果同样是有害的，如局部范围的鱼类中毒和全球范围的气候变化。对环境影响来说，动机是无所谓的。只是在处理这种影响带来的恶果时，动机才起作用。无论我们是有意还是无意，我们针对环境采取的大部分行为也是针对地球的一种实验。虽然视而不见或拒绝解决是政治上简单得多的“解决办法”，但我们每个人都有责任对我们无意识行为的潜在后果保持清醒的认识。正如斯坦福大学人口生物学家保罗·艾利希（Paul Ehrlich）曾经巧妙地指出的那样：“对自然规律的无知绝不是一种借口。”

如果地球吸收来自太阳的辐射而不通过某种方式把同样数量的热能返回空间，那么地球就会持续增温直到总有一天导致海洋沸腾。我们知道海洋并没有沸腾。地表温度计加上卫星也证明地球温度年复一年地保持大致稳定（尽管 20 世纪有 0.5℃的增热趋势）。这种接近稳定的趋势要求地球每年以某种方式辐射出的能量与所吸收的能量应该接近。换句话说，地球建立了一种接近平衡的状态或辐射能平衡，这种能量平衡的组成部分对气候起着至关重要的作用。

所有具有温度的物体都释放辐射能。地球释放辐射能的总量相当于一个黑体（物理学家发明的一种代表理想辐射体的虚拟结构），其温度大致为 −18℃。地球平均表面温度大约为 14℃，大约比地球黑体温度高 32℃。这个温热的地表温度与地球平均辐射温度的差值就是众所周知的温室效应。

传统经济学有关气候变化对农业或海岸线变化这类市场因素的潜在成本分析还有一个附加的问题：关于赢家和输家的说法。……在这一点上，耶鲁大学的森林经济学家罗布·门德尔松（Rob Mendelsohn）已经运用所谓“享乐主义（hedonic）”方法估计了典型的全球变暖方案在美国的成本与收益（影响）。……门德尔松利用这个方法的主要发现是，气候变热将使得原来热的地方变穷，而现在冷的地方变富。像加拿大这样的国家将是赢家，而像印度这样的国家将是输家——一种为 90 年前耶鲁大学的埃尔斯沃斯·亨廷顿（Ellsworth Huntington）所信奉的“新气候决定论”。门德尔松明智地承认，即使他的结论是具有强大经济的富国和气候较冷的国家在经济上比穷国（大都处于热带地区）获利更多，这也不是一个没有冲突的方案，特别是由于富国公民的生活水平是穷国公民的 10 倍甚至更多。

延展阅读

《全球变暖的发现》

〔美〕沃特著。

本书首次向人们揭示了全球变暖发现的过程——其中有许多意想不到的曲折和转变，还有来自经济和政治上的可怕障碍。这本书不同于我们所熟知的那些宣扬科学胜利的故事，而是向读者们展示了科学家进行的艰苦卓绝的研究和探索。虽然这些科学家得出的结论永远无法完全确定，但即便是临时的答案也至关重要，因为这关系着人类的生存。

《增长的极限——罗马俱乐部关于人类困境的报告》

〔美〕丹尼斯·米都斯　著

关于作者

丹尼斯·米都斯（1941—2001），美国著名的环境科学家，美国罗马俱乐部的长期会员。1963 年在卡尔顿学院获得化学学士学位，1968 年在哈佛大学获得生物物理学博士学位。从 1972 年开始，她在达特茅斯学院任教，直到逝世。

丹尼斯·米都斯的《增长的极限——罗马俱乐部关于人类困境的报告》（以下简称《增长的极限》）一书享誉世界，她的作品和观点对学院研究、政府政策和国际协议产生了重要的影响。为了纪念她的贡献，罗马俱乐部设立了“美国罗马俱乐部米都斯全球可持续行动奖”，用来授予那些为全球可持续发展作出突出贡献的个人。

荐读理由

环境和生态问题事关人类的生存大计。在世界环境运动史上，有许多绿色著作以其对生命和自然的深刻体悟、对美丽环境的细致描绘、对家园毁损和生存危机的忧患意识、对现代生活理念的历史性反思，感动过成千上万的读者，激励他们自觉投身于环境保护的事业中。其中，许多著作一出版就引起公众的巨大震动，成为人人争读的畅销书，有些甚至被称为“绿色圣经”。

这些书籍的广泛传播，在一定意义上改变着整个人类的思想观念和生活方式，促成了一系列国际性环境保护机构和组织的酝酿成立及国际性环境保护运动的风起云涌，也在一定意义上延缓了某些环境劫难的发生时间……

米都斯的《增长的极限》就是这样的一本“绿色圣经”，历来受到学者的赞誉和欣赏。美国著名学者马尔·贝克读过此书后，不无感慨地说道：“这本书给了我强烈的印象，促使我思考地球的有限性以及以现在速度开发资源的不可持续性。”加拿大学者斯科特·斯洛康布则认为，“正像蕾切尔·卡森的《寂静的春天》是一部最重要的大众环保著作，这本书是以科学的方式对待环境问题的最重要的著作。它是用模型方法看待全球环境资源问题的第一个重要尝试”。

那么，《增长的极限》到底是一本什么样的书呢？事实上，该书是罗马俱乐部于1972年提出的第一份研究报告。罗马俱乐部是关于未来学研究的国际性民间学术团体，也是一个研讨全球问题的全球智囊组织。该俱乐部成立于1968年4月，总部设在意大利罗马。其宗旨是研究未来的科学技术革命对人类发展的影响，阐明人类面临的主要困难以引起政策制定者和舆论的注意。

这部不到一万五千字的报告，共包括五章。经过严谨的分析和论证，作者得出以下结论：地球是有限的，人类必须自觉地抑制增长，否则随之而来的将是人类社会的崩溃。这一理论又被称为“零增长”理论。具体来说，该理论包括以下几部分：

1. 增长的极限来自于地球的有限性

在米都斯小组看来，增长是存在着极限的，这主要是由于地球的有限性造成的。他们发现，全球系统中的五个因子是按照不同的方式发展的，人口、经济是按照指数方式发展的，属于无限制的系统；而人口、经济所依赖的粮食、资源和环境却是按照算术方式发展的，属于有限制的系统。人口爆炸、经济失控，必然会引发和加剧粮食短缺、资源枯竭和环境污染等问题，这些问题反过来就会进一步限制人口和经济的发展。

2. 反馈环路使全球性环境发展问题成为一个复杂的整体

在米都斯小组看来，全球性环境发展问题之所以成为一个整体，是由于全球系统的五个因子之间存在的反馈环路决定的，这样就使问题越来越严重。反馈环路是一个封闭的线路，它联结一个活动和这个活动对周围状况产生的效果，而这些效果反过来又作为信息影响下一步的活动。在这种环路中，一个因素的增长，将通过刺激和反馈连锁作用，使最初变化的因素增长得更快。全球系统无节制地发展，最终将向其极限增长，并不可避免地陷于恶性循环之中。

3. 全球均衡状态是解决全球性环境发展问题的最终出路

通过对关系到人类生死存亡的重大问题的定量研究，米都斯小组得出以下结论：人类所在的地球的增长的极限有朝一日会在今后 100 年中发生，最可能的结果将是人口和工业生产力双方有相当突然的和不可控制的衰退。我们唯一可做的是把全球均衡状态作为了解全球性环境发展问题的综合对策，“使社会改变方向，向均衡的目标前进，而不是以往的增长”，力争在当代人范围内解决这些问题，而不是将之传给下一代。

本书第一次向人们展示了在一个有限的星球上无止境地追求增长所带来的后果，给人类对气候、水质、鱼类、森林和其他濒危资源的破坏敲响了警钟。现在看来，书中的观念和论点不过是平凡的真理，但在当时，西方发达国家正陶醉于高增长、高消费的“黄金时代”，对这种惊世骇俗的警告，并不以为然，甚至根本听不进去。全球气候变暖、海平面上升、人口的暴涨、土地沙漠化……种种迹象表明，人类正在为自己的所作所为付出代价。

自 1972 年公开发表以来，《增长的极限》一书热销了将近四十年。

在新的世纪，重读这本“绿色圣经”对我们仍然有深远意义。这不仅因为这本书早已是名满全球的一块丰碑，而且因为这份研究报告所提出的全球性问题，如人口问题、粮食问题、资源问题、环境污染问题、生态平衡问题等，早已成为世界各国学者专家们热烈讨论、深入研究并积极应对的重大问题。

书中大量的数据、表格和模型可能让读者有如坠入雾里云里的感觉，但不要放弃，接着读下去，最后定会对我们的地球和环境有更深刻的认知和感悟。

先睹为快

现在，大多数美国的大城市已经停止增长。比较富裕的人有经济条件选择，他们迁移到正在向城市四周扩大的郊区。中心地区的特征是喧闹、污染、犯罪、吸毒成瘾、贫困、罢工和社会服务崩溃。城市中心的生活质量已下降。部分由于各种问题没有技术上的解决办法，增长已经停止。

技术上的解决办法可以定义为“仅仅需要自然科学技巧方面的变革，而无须考虑人类价值或道德观念方面的变革方式”。今天有许多问题并没有技术上的解决办法。例如核军备竞赛、种族的紧张状态和失业。即使社会的技术进步把所有期望的事情都付诸实现，还存在技术上所不能解决的问题，而这些问题的相互作用的结果，最后会带来人口增长和资本增长的终结。

但是，我们在下列几个问题上是一致的：

1. 我们深信，认识到世界环境在量方面的限度以及超越限度的悲剧性后果，对开创新的思维形式是很重要的，它将导致从根本上修正人类的行为，并涉及当代社会的整个组织……

2. 我们进一步深信，人口的压力在这个世界里已经达到这样的水平，而且分布得很不平均，以致单单这一条就必然迫使人类去寻求我们星球上的一种均衡状态……

3. 我们认识到，只要许多所谓发展中国家与经济发达国家相比较，都有很大改善，世界均衡就可能成为现实，而且我们断言，只有通过一种全球战略才能实现这种改善……

4. 我们断言，全球的发展问题同其他全球问题如此密切地互相联系着，以致必须发展一种全面的战略，向所有主要问题，特别是人和环境的关系问题进攻……

……

8. 我们毫不怀疑，如果人类要开始新的进程，就必须有空前规模的国际上大力协同的办法和长远规划……

9. 我们毫不含糊地支持这种论点，给世界人口和经济增长强加上一个制动器，而绝对不是导致冻结世界各国经济发展的现状……

10. 我们最后断言，通过有计划的措施，而不是通过偶然性或突变，来达到合理的持久的均衡状态的任何深思熟虑的尝试，最终都必以个人、国家和世界的价值和基本目标变革为基础。

延展阅读

《自然的终结》

〔美〕比尔·迈克基本著。比尔·麦克基本是美国著名的环境保护主义理论家，20 世纪 80 年代以来，他先后出版了《信息遗失的时代》等多部论著，《自然的终结》是其最有影响力的代表作。本书是一部有关由于温室效应引起的全球变暖的诸多后果的悲剧的著作，分为两个部分：“现实”和“不远的将来”。

《绿色世界史：环境与伟大文明的衰落》

〔英〕克莱夫·庞廷　著

关于作者

克莱夫·庞廷，英国著名史学家、学者和前政府高官。出生于1947年，毕业于英国布里斯托尔语法学校。

庞廷著有大量具有开创意义的关于英国和世界历史的著作，如《绿色世界史：环境与伟大文明的衰落》《1940年：神话与现实》《世界历史：一个新的前景》等。但最让他为人所知的莫过于《知情的权利：贝尔格拉诺事件的内幕》所引发的著名的庞廷事件。因庞廷事件从政府辞职后，庞廷在威尔士大学政治与国际关系学院担任副教授，直至2004年退休。

荐读理由

“如果说在这样一个主题上，有一本书可以激励热心者、平息批评者、唤醒无知者，那么，这就是此书。”

——英国《观察家报》

“这本书标志着环境保护类著述中一种受人欢迎的变化……如果我们能有更多这样的书，我们才可能汲取我们应该汲取的教训。”

——英国《星期日独立报》

《绿色世界史：环境与伟大文明的衰落》一书从出版之日起就受到学者和民众的重视和推崇。从舆论讨论到措施行动，从首脑峰会到国际公约，从个人习惯到志愿者组织，在“绿色”意识早已经不是什么新鲜事情的今天，是什么让本书有如此之大的魅力？这要从该书的产生说起。在克莱夫·庞廷看来，尽管当时已经有许多关于目前环境状况和未来前景的著作，但很少有人深入到过去或者是探求环境在何种程度上塑造了人类历史，于是就有了这本从“绿色”的角度审视世界历史的尝试的著作。

对于什么是历史，人们无疑会有多个角度、不同层面的理解重心和阐释思路，但是我们通常注重的似乎是在历史长河中那些活跃的、显而易见的东西，那些戏剧性、故事化、以单个人为焦点的事件与经过，以及据此写出的一本本社会史、政治史、经济史、军事史、外交史、文化史等等。

在《绿色世界史：环境与伟大文明的衰落》一书中，庞廷却独树一帜，用绿色视角审视历史，一改传统史书对历史人物、政经问题的浓重描写，给人耳目一新的感觉。

《绿色世界史：环境与伟大文明的衰落》全书除序言和附录外，正文共有 17 章。这 17 章基本都可以独立成篇，同时又有机地构成完整的体系，系统地将人类文明史中人口增长、科技发展、资源开发与环境破坏的因果循环一一列举，从环境角度对世界历史进行了全景式的综合考察。

书中向读者强烈地传达了这样一种思想：人类的行为塑造着一代接一代的人类和不同社会居住于其中的这个环境。而这些行为背后的驱动力则是需要——随着人口数量的逐步增长，需要给他们以食物、衣物和居所。在庞廷看来，真正的人类历史是在养活人口和物质享受的压力驱动下，逐渐强化人工改变环境，干预自然生态系统的过程。

据此，作者认为世界历史从人类起源到20世纪90年代初，发生了两次大转变，第一次是五六千年前的农业起源，第二次则是17世纪开始的煤、石油等能源的大量使用。在这些过程中，基本的主题并无多大的改变。人类文明的发展和生存条件的改善，带来了人口增加的压力，迫使人类不断开发新技术，以养活更多的人，这就造成更大的需求。而更大的需求意味着人类需要消耗和利用更多的环境资源。在此循环之下，当环境的破坏达到一定的程度，就可能造成该环境的生产力急速下降，整个社会也可能就此崩溃。

根据这一理论，作者对罗马帝国的衰落作了新的考察和阐释，认为罗马帝国是随着人口急剧增长，以及耗尽其自然资源，最终导致生态崩溃乃至帝国的衰败。而罗马帝国的命运在人类史中不乏步其后尘者。克莱夫·庞廷对此都进行了细致的阐释。

今天，环境已经为人类敲响了警钟，“空气污染”“酸雨”“全球变暖”“臭氧层消耗”“物种灭绝”“可持续发展”“生物多样性”“森林退化”“沙漠化”这样一些我们的祖辈们所不熟悉的语汇不绝于耳。

何去何从？此书大量令人激动、极具启发性的细节，以及冷静理性的论证，迫使我们必须用新的眼光来正视历史的实质，采取新的措施来应对人类的环境危机。这正是本书的目的所在，也是我们推荐本书的原因所在。

先睹为快

欧洲的扩张导出了各种文化之间的复杂碰撞。印度和中国这样建立时间很长、较为先进和文化上较为稳固的社会生存得最好，尽管它们最终也在不同的程度上被欧洲的政治、军事和经济力量所压倒。(只有日本能够在政治上和经济上维持了它的独立）那些不够发达的社会受难最大，尤其是阿芝台克和印加帝国的人口，还有世界各地那些仍然以采集和狩猎或者是原始农业为生的土著民族。在欧洲的压力之下，许多当地的社会，不是被有意地毁灭，就是分崩离析。一个不容争辩的事实就是那些土著民族失去了他们的土地、他们的生计、他们的独立、他们的文化、他们的健康，而且，在绝大部分情况下还有他们的生命。尽管在具体做法上有所不同，欧洲人在这一过程中表现得很强烈的通行做法就是不顾当地的生存方式，急迫地、过分地掠夺当地的土地和当地的人民。在每一个大陆，如北美和南美的土著印第安人这样的民族、澳大利亚的阿布里吉人和太平洋岛屿上原来那些居民，都发现他们自己的社会在欧洲人的影响下崩溃。欧洲人进来之后，那些土著民族因他们所带来的疾病、酒精和剥削，出现了很高的死亡率，还有社会瓦解和当地文化的衰败，尤其是那些传教士们所起的作用。欧洲人对当地的信仰和风俗没有什么兴趣，只是最近这一百年中人类学家们才试图去考察那些业已破碎的社会所留下的残存之物。

人类与环境间关系的改变，是决定疾病影响人类社会的关键因素。在过去的1万年中，人类疾病的模式已发生一系列变化，而引起变化的是也曾根本地影响过人类历史其他领域的同样一些因素。采集及狩猎群体与定居社会有着非常不同的疾病模式，从少量的游动人群转变为大型的定居社团，影响了人类所患的疾病的数量和类型。动物的驯养在改变人类疾病的性质上也起了重要作用。在世界不同地方孤立发展起来的许多社会之间频繁的接触——首先是欧洲与近东之间、欧洲与远东之间的接触，然后是欧洲的扩展对美洲和太平洋地区的分别影响，实质性地改变了世界上疾病的传播。在最近的两个世纪中，还有另一个重要变化，即传染性疾病下降而“文明病”主要是在工业化国家变得日益重要，这与新的生活方式与食物的改变有关。

延展阅读

《自然与权力：世界环境史》

〔德〕约阿希姆·拉德卡著。

人与自然的关系史绝不仅仅是危机与灾难的历史，同样也是人与自然的联系以及自然环境的再生的历史。本书形象地叙述了纷繁交织的人与自然的关系所带来的极其广泛的文明、文化和生物的后果，同时展现了这一相互关系如何以及在世界历史上留下了怎样的烙印。由此清楚地说明了，为什么尽管人们不断致力于个人和自然相融合的环境政治，而人与自然的关系仍然时时呈现出不稳定和大量令人惊奇的现象，并因此需要人们时刻注意和小心。

《康复大地：和自然的艺术对话》

〔德〕约翰内斯·玛提森　著

关于作者

约翰内斯·玛提森出生于1946年，成长于德国的黑森林地区。大学攻读建筑学，从事了20多年的艺术教育工作，曾对战俘和工业企业中的学徒进行艺术培训。之后，作为创意设计师为大众汽车、瑞士航空以及国内外的画展和雕塑展工作，并在维也纳应用艺术学院和海德堡大学担任教授。多年来作为进行自由创作的景观设计师在世界范围内携手年轻人共同实施项目。他试图通过这些项目，修复被破坏的景观，并挽救相关的文化财富，例如印第安人或澳大利亚原住民的文化。因为工作上的贡献，他曾在波兰、美国和希腊获奖。他认为自己独特的工作重点在于设计主题公园和有疗效的能量场。

荐读理由

只有在人类和艺术的帮助下，自然才能健康和谐地发展。只有在自然的庇护和启发下，人类才能实现精神的超越。

——约翰内斯·玛提森

森林消失和全球变暖、现代工业社会的垃圾问题、处于危机中的饮用水供应、世界人口的飞速增长、严重的粮食短缺……尽管经常能从电视上看到这样的画面和数据，但是当我们安坐在温暖的小屋中时，电视上的画面并不能真正打动我们。所有这些问题都还没有找到有效的解决途径。曾经以为技术可以解决一切问题，无数科研院所、科技公司仍在努力而且成绩斐然，但是全球环境问题好像越来越严重；曾经以为人类加强合作就可以解决一切问题，但 2009 年末的哥本哈根会议的结果让我们觉得更加渺茫。是的，在那一池污水、一片沙漠、一座垃圾山面前，在技术、经济、政治的复杂框架下，无论是你，是我，还是他，个人都仿佛无处立足。

然而，读过约翰内斯·玛提森的《康复大地：和自然的艺术对话》之后，你也许就不会这么悲观了。作为一位著名的艺术家，作者秉持“教育即治疗，艺术即生活”的理念，积极通过艺术的手段来实现人与自然的和谐发展。他与青年人在世界各地开展的生态康复项目，他们修复残破的景观，挽救即将消亡的古老文化，以实际行动应对当今世界的复杂问题，恢复自然和人类的生命能量。约翰内斯的故事还向我们昭示了另一种信心：个体在无法改变政治和经济的状况下，仍然拥有一份力量，能够为大地的康复而行动。

全书可分为两大部分：第一部分作者讲述了自己艺术理念与拯救地球的思想，然后介绍了自己的人生路——对于将艺术、拯救地球和经验教学相结合的不懈追求。第二部分则罗列了作者在世界各地与青少年一同进行的“景观修复项目”。全书贯穿着作者这样一个理念，即不同文化的古老智慧所蕴藏的珍爱是人与地球之间的联结，因此无论是在美国印第安地区，还是在澳大利亚原住居民中间，无论是在奥地利，还是在中国，他都努力追寻着当地文化之根，倾听自然神灵的声音。他直面现实中的各种环境问题，并致力改善。在卡特里娜飓风之后，他加入了志愿团体，在新奥尔良及周边地区开展重建工作；在澳大利亚乌鲁鲁地区，他积极寻找和保护土著文化；在中国成都，他与学校师生一起治理被污染的池塘，使之成为学生的精神家园……

不仅如此，作者对环境有着独特的理解，在他眼里各种自然要素不仅是物质的，具有物理化学属性，更具备情感和精神意义。所以，他在看到土地荒漠化的同时会看到人与人之间的荒漠，因此带领着学生在西班牙的荒漠上种树，并通过在大自然中携手工作使学生体验志同道合的感觉，从而不仅把树种在地上，更把树种在人的心中。在混交林中，他看到不管是大自然，还是人类社会，同一形式、同一类别或者任何形式的单一化都会导致病态，最终由于贫瘠而导致物种死去。他带领青年一起，从古老的智慧中学习，以艺术的方式治愈地球，滋养青年人的心灵。这样的例子在书中比比皆是。纵观书中所说的众多项目，他把自然与艺术融入教育之中，其目的在于培养青年们感悟自然、与自然和谐相处的意识和能力。

正如约瑟夫・勃伊斯所说："每一个人都是参与构建地球的艺术家，而地球将成为我们共同的艺术作品。"面对共同的环境问题，我们每个人，特别是青年人都应该积极参与。约翰内斯・玛提森旗帜鲜明地指出，"能让年轻人的潜能更好地发挥，学校将成为创新的摇篮。只要成年人能够将工作场所、生活场所都看作开放式的学校，那么我们一定能为循规蹈矩的生活注入新的活力"。确实，在《康复大地：和自然的艺术对话》一书中，他做到了这一点。这正是我们极力推荐本书的原因，相信阅读过本书，您会明白素质教育的真正内涵。

总之，全书内涵深刻，涉及艺术、教育、环保、文化等多个领域，可以为众多读者带来启迪，是不可多得的一本好书。

先睹为快

现在，我们可以真正开始着手将规划付诸实施了。

必须立即让这一潭散发着恶臭、悄无声息、濒临死亡的池水动起来，让它进入持续的循环过程中。我们必须为被成片垃圾密封的睡眠打开一扇窗户，让它能重新呼吸，必须在水流的循环运动中实现一个高度差。我们找不到任何办法让水流出去接受净化处理。是的，一切都不容易，主要是因为几乎没有资金支持。

我们只能从改造直角的池岸做起。出于对儿童安全的考虑，我们不能让池岸垂直倒塌，必须先铲平整个池岸，然后植上沼泽草类。我们的关键任务是：出于美观、生态和水利技术等方面的考虑，为池塘打造出带有圆滑状河岸的整体造型。

在参与项目的家长和教师的大力协助下，我们打造出了校园池塘的和谐新造型。所有参与者都感受到一种美好、宜人的气氛。

开工之后，汶川大地震仅仅过去一年。恰恰因为这次地震，我们获得了足够的材料来搭建瀑布。我们从学校附近遭毁坏的房屋处找来很多建材，然后用石块搭起一座分层的小山丘，这样水流从山丘往下流淌时就能形成瀑布。

经过大量艰苦的工作，我们终于第一次启动了水泵。当看到水生机勃勃地流淌过山丘上的石块时，所有人都欣喜若狂，它让池塘真正动了起来。看到整个水面慢慢地、但又如此有力地开始转动，那种感觉真是妙不可言。“水动起来了！水动起来了！”一群孩子兴奋地欢呼着。从这一刻起，一种与校园水域之间的深厚情感在人们心间悄然而生。

之后，教授园艺课程的教师和学生们一起用粗大的竹节造了一只竹筏。乘着这只小竹筏，他们就可以定期开展清洁池塘的工作。由于竹筏稳定性欠佳，因此每次清洁行动都是一次特殊的冒险活动，这让校园生活变得生动有趣。

完成池塘改造以后，我又和许多受到鼓舞的家长和学生一起设计了一座神秘花园，花园里有高大的柱子，有浅色鹅卵石铺成的小道，还有巨大的花岗岩石块以及老子的名言。

参观者在踏进校园时，不应该立即被高大雄伟的建筑所震慑，而是被邀请与精心设计的自然无声地对话，可以在体现自然界原始力量的花岗岩石头上小憩片刻，可以在清风拂过时聆听竹子的沙沙声，可以用手感受竹竿光滑的表面和竹质雕塑上彩旗的迎风飘动。

在教室里，是无法培养学生对大自然敏感而深刻的理解的。

我特别希望，为成都华德福校园所设计的景观能绽放出一种美丽，这种美丽能让年轻人感受到真实的存在和人性的尊严，领会到大自然是成长过程中不可或缺的伙伴。

延展阅读

《生态城市——建设与自然平衡的人居环境》

〔美〕理查德·瑞吉斯特著。随着人类社会经济、文化的不断进步与发展，人类对自身赖以生存的生态环境的破坏也日益严重，我们生活着的地球正面临着史无前例的生态退化和景观破碎。作为国际知名的城市设计专家和生态活动家，理查德先生试图通过合理的城市规划和设计来延缓乃至结束这场浩劫。这一思想在本书中得到了充分体现。作者在努力探索一种可行的方法，以逆转或停止这场可怕的浩劫，使得由城镇、村庄组成的人类生态系统朝着好的方向演化。该书对于正处在大规模的城市投资和建设中的中国来说，有着重要的借鉴意义。

图书在版编目（CIP）数据

一生读书计划. 地理与旅游书架 / 主编潞潞；编著刘一豪, 全斌. -- 太原：山西教育出版社, 2016.7

ISBN 978-7-5440-8280-8

Ⅰ. ①一… Ⅱ. ①潞… ②孙… ③刘… ④全… Ⅲ. ①旅游地理学—推荐书目—世界 Ⅳ. ①Z835

中国版本图书馆CIP数据核字(2016)第010442号

yishengdushujihua diliyulvyoushujia

一生读书计划·地理与旅游书架

主　编　潞　潞　孙俊峰

编　著　刘一豪　全　斌

出 版 人　雷俊林

选题策划　孙　铁

出版统筹　魏雪萍

责任编辑　霍　艳

排版统筹　许艳秋

装帧设计　后声 HOPESOUND Pankouyugu@163.com 小海馬·书装

出版发行　山西出版传媒集团·山西教育出版社

（太原市水西门街馒头巷7号　邮编　030002）

印　　装　山东临沂新华印刷物流集团有限责任公司

开　　本　787×960　1/16

印　　张　26.375

字　　数　282千字

版　　次　2016年7月第2版　2016年7月第1次印刷

书　　号　ISBN 978-7-5440-8280-8

定　　价　43.90元
